古典文獻研究輯刊

三六編

潘美月・杜潔祥 主編

第47冊

陸繼輅集
（第四冊）

陳開林 整理

國家圖書館出版品預行編目資料

陸繼輅集（第四冊）／陳開林 整理 -- 初版 -- 新北市：花木
蘭文化事業有限公司，2023〔民 112〕
目 20+232 面；19×26 公分
（古典文獻研究輯刊 三六編；第 47 冊）
ISBN 978-626-344-305-1（精裝）
1.CST：陸繼輅 2.CST：崇百藥齋 3.CST：學術思想
4.CST：文學評論
011.08   111022068

ISBN-978-626-344-305-1

9 786263 443051

古典文獻研究輯刊
三六編　第四七冊　　　　　ISBN：978-626-344-305-1

陸繼輅集（第四冊）

整　　理　陳開林
主　　編　潘美月、杜潔祥
總 編 輯　杜潔祥
副總編輯　楊嘉樂
編輯主任　許郁翎
編　　輯　張雅淋、潘玟靜　美術編輯　陳逸婷
出　　版　花木蘭文化事業有限公司
發 行 人　高小娟
聯絡地址　235 新北市中和區中安街七二號十三樓
　　　　　電話：02-2923-1455／傳真：02-2923-1452
網　　址　http://www.huamulan.tw 信箱 service@huamulans.com
印　　刷　普羅文化出版廣告事業
初　　版　2023 年 3 月
定　　價　三六編 52 冊（精裝）新台幣 140,000 元　版權所有‧請勿翻印

陸繼輅集
（第四冊）

陳開林 整理

目

次

合肥學舍札記

陸繼輅著

合肥學舍札記序〔註1〕

　　言為心聲，信然哉！凡工於言者，未有不肖其心者也。惟其心肖之，則並其聲音笑貌亦無不肖之矣。予最愛祁孫詩，每郵筒至，開緘誦之，不終篇而栩栩然如坐祁孫於前而與酬答也。祁孫往矣，劭聞屬予序其詩，輒惘然於平生拊乎〔註2〕笑言，傴仰悲歎。閱不終卷，齎諮涕洟，不復可止。竟不能成。既又刻其所為札記寄予，囑〔註3〕為序。讀之，其聲音笑貌如見祁孫也。祁孫吐屬蘊藉，託意逋峭，雜座中，或援引故事，或商榷今古。祁孫談言微中，娓亹〔註4〕不倦，傾聽者猒心焉。札記之作，蓋編次其對客之語，及為校官時，所以語及門諸弟子者。中間多予所與聞。義理不必深微，考證不必精鑿，要是隨學力所及，平心易氣而出之，不為矯伉〔註5〕，無有偏詭，足以引翼後學。於近人中，阮亭《居易錄》最為近之。夫一人所見，一時之言，豈必有當於道？而其中偶有一得，往往遂為不刊之典據，故不可廢。如《居易錄》者，亦特其門生故舊因可見阮亭之聲音笑貌而存之已耳。而藉藉流傳耳目，遂至於今，固亦有取焉爾矣。予今有取於此書，亦以聲音笑貌所存也，況劭聞乎！其將來之藉藉耳目間與否，則亦視乎後之人也，予與劭聞俟之而已。李兆洛序〔註6〕。

〔註1〕見李兆洛《養一齋集》文集補遺，題為《陸祁孫箚記序》。（清道光二十三年活
　　　　字印四年增修本）
〔註2〕「乎」，《養一齋集》作「手」。
〔註3〕「囑」，《養一齋集》作「屬」。
〔註4〕「亹」，《養一齋集》作「娓」。
〔註5〕「伉」，《養一齋集》作「飾」。
〔註6〕「李兆洛序」，《養一齋集》無。

卷　一

于丕詩句

孫于丕讓。精於文律，而不耽吟詠。忽一日，作詩贈余云：「始信君心似秋水，只留明月不留霜。」座中人俱不解，蓋言渣滓淨盡也，予何敢當此？然良友之言，雖零章斷句，二十餘年，常在智次。

莊中允爐

莊迂甫表兄，通敏。少宗伯方耕先生仲子也。好宣德香爐。官翰詹垂二十年，和珅浸用事，君飲大醉，即呼名痛詆，盡取所蓄爐捽之滿庭。醒而惜之，則又購買，月或一二次。有賣爐者知其然，至移寓近之。君研精經學，而不好造述。歿後，予題其靈次云：上相憚風裁，罵座如披彈。佞疏遺經究終始，杜門偏諱箸書名。

阮孫二公小學

阮雲臺先生元。言：「『夫佳兵者，不祥之器』，『佳兵』二字不可解，乃『夫惟』之誤也。」孫淵如丈星衍。云：「『鄭康成高足弟子』，『高足』二字不可解，乃『高弟』之誤也。」一經道破，乃覺精不可言。

論語錯簡

聖人論成人不應輕視，見利思義，見危授命云云，當移在上節，而以臧武仲等四人移在「今之成人者何必然」下，文義似較順。

鏡銘

余客洛陽，嘗買得一鏡，背有楷書絕句，云：「月樣團圓水樣清，相隨閨閣伴閒身。青鸞不用悲孤影，開篋還如見故人。」蓋貞婦自慰之作也。或嫌「清」字不應與「身」、「人」字為韻。不知耕、青、真、臻，古人往往通用。如燕刺王旦歌「歸空城兮，狗不吠，雞不鳴。橫術何廣廣兮，固知國中之無人」，即以「人」、「鳴」字相韻。後此鏡為孫別駕葆元索去。

古今字義相反

「乃賡載歌」，「載」，始也，與「湯始徵，自葛載」同義，今乃訓作「再」。「原筮」、「原永貞」，「原」，再也，與「原蠶」、「原廟」同義，今乃訓作「元」。相因已久，不知其適相反也。偃仰，僕也。《晉語》：「籧篨不可使俛。」韋《注》：「偃人也。」《叅同契》「男生而伏，女偃其軀」是也。然《淮南子》「偃其聰明，抱其太素」，又作「掩覆」解。

重瞳

紀文達自言小時，中夜開目，一室皆覩，二十後乃僅見一二物，以為貴徵。然余小時亦然。今尚偶有所見。黃小仲乙生。有子曰淳余，兩目皆重瞳。子五歲而殤，尤不可解。

宛鄰語

雲臺先生左遷編修，充國史總纂，為張皋文惠言。作傳，入儒林。後出撫江西，有某尚書者以皋文所箸書顯倍朱注，去之。一時士論大為不平，爭欲偕皋文弟宛鄰琦。遍詣諸史官爭之。宛鄰不肯，曰：「先兄宜入儒林與否，將來自有定論。若如此求入，即與奔競何異？非先兄意也。」嗚呼！此可謂能知其兄矣。

夢兆

嘉慶戊午十月，余與洪稚存丈亮吉先後至杭州。余住蔣晴槎姊倩重耀。錢塘縣署，洪住湖上片石居。一日過之，見枕上書一紙云：「夜夢先宜人命作詩，詩成而覺，但憶弟二句，乃『經過烏魯木齊橋』也。」予戲云：「烏魯相習讀作平聲，公乃仍作上聲用邪？」明年果有伊犁之行。

關廟籤辭

乾隆癸丑七月，太孺人病餐泄，勢已極危。諸醫皆以為不治，一時窘迫無

計，齋宿泣禱於關帝祠，乞得笅辭，有「萱堂快樂未渠央」之句，果不服藥而瘳。自此篤信。有疑難事輒往求，無不如耳提面命，明白易曉。嘉慶己卯，為亡男耀連立後，從孫凡十二人，意在聰應而未定。乞得笅辭云：「彼亦儔中一輩賢，勸君特達與周旋」，意遂決。聰應勉之，毋使神言之不驗也。

接骨方

開通元寶錢，醋鍛研細末，以酒服下，銅末自結而為圈，束斷處。此理不可曉，然兄子伯喬所親試。束處微高，隱隱可見，大約古銅俱可用，不定開通錢也。

治痢方

川羌活四兩。炒茅山蒼術六兩，泔浸一宿。炒杏仁七十一粒，去皮去尖去油，杵成泥。草烏一兩，麵包煨熟。大黃一兩，切片炒。共為細末，磁瓶收貯。水瀉，濃薑湯下；紅痢，燈心淡薑湯下；白痢，淡薑湯下；赤白痢，淡薑湯下。一歲服七八釐，三四歲一分，八九歲一分半，十五六歲二分，二三十歲三分，四五十歲二分半，六十以外分半，三服即愈。愈後忌生冷麵食、葷腥、煎炒、發物數日。孕婦勿服。崔觀察龍見。傳甚效。

治瘟疫方

嘉慶甲戌春，燕豫大疫。予自洛陽入都，道出懷慶，過劉松嵐兵備。大觀。兵備授以一方，云邱瓊山所傳。羌活、獨活、茯苓、川芎、桔梗、枳殼、柴胡、前胡、花粉、乾葛、黃芩、甘草各一錢，水煎服。到京後，刊送服之輒愈。

黃烈女

余嘗主未昏妻不應守節之說，然既童養夫家，則不可絜論矣。吾鄉祁莊黃召奇女，年十四，童養於阪上莊氏。夫名慶長，客死都門，未成昏也。女請於舅姑，為慶長立後。即闔戶雉經死，距聞赴四十四日，年二十。吾友惲潔士，秉怡。慶長姑之夫，請予作傳。予以寥寥數語不能成篇辭之，而記其事於此，時嘉慶二十五年二月二十六日也。

趙氏貞烈

趙氏小字可兒，三姊婢也，甚明慧。大余二三歲，每為予摺紙作紗帽、印

箱種種戲具。後姊倩蔣晴槎官錢唐，令挈之去。從咎氏莊春庭兆麒。聘為妾。憲幕楊桐山者，見而欲奪之，晴槎幾為所挾。三姊持不可，即日遣歸莊，可兒猶懼有變，攜利翦置袖中，而自書其左腕曰莊春庭妾趙氏，故春庭甚感之。惜數年即溘逝，有一子，今為魏曾容女壻。

演義三國志

余深惡《演義三國志》，子弟慎不可閱。嘗見京朝官論蜀漢事，有誤引演義者，頗遭訕笑。甚至哀然大集其中詠古之作用及挑袍等事，笑枋流傳，非細故也。

先師贈詩

乾隆乙巳，予年十四，將隨楊西禾先生倫。讀書江漢書院，楊隨安先生嶰谷。作詩送之，云：「休誇早慧本三生，須識文章老更成。雛鳳清聲鸚鵡對，多年前耳陸郎名。」「兒時那不耽遊戲，夙號奇童果不虛。點漆瞳神緣底用，天教飽看等身書。」「曾聞截髮為留賓，料理盤餐費苦辛。無計留賓知髮盡，卻教弱息遠依人。」「三千里外舟中客，十四年來掌上擎。料道北堂拚不得，分飛烏鳥可憐生。」「三楚雄封到郡初，武昌山色遶巾車。舉頭黃鶴樓中望，此是生平未見書。」「外咎聲名并大春，相從千里意何屯。他年江漢歸來日，多少殷勤拭目人。」予蒙海內諸公投贈詩文，莫先於此。追憶師恩，不知涕之何從也。

稚存先生詩

乾隆庚戌，稚存先生計偕入都，有詩見懷，云：「同居冷巷聽嚴更，細草春來欲上城。絕憶綠暉橋畔路，兩株松下一書生。」「奇才樸學我兼師，辛苦高齋論述時。他日許教兒輩拜，臧生經術陸郎詩。」臧生者，在東鏞。也。後讀《卷施閣集》，無此二作，詢之孟慈，云：「以吾家庭樹乃古柏三株，詩中誤作兩松，故削之也。」

及見老輩

先君中表，繼輅及見莊仲、雅熊芝。莊方耕存與。兩先生；同年，及見儲梅夫、麟趾。袁子才、枚。盧紹弓、文弨。三先生；僚壻，及見蔣用安先生；和寧。中圭，及見錢文敏公維城。金夫人。若梁元穎先生，同書。則先君年家子；趙雲

松先生，翼。先母高夫人姪壻；皆非同輩矣。梅夫、用安兩先生尤愛繼輅，八九歲時，嘗命作文王贊、齊桓晉文譎正論，大被賞譽。今日思之，殆如隔世。

江西詩

予交江西詩人最多，曾賓谷先生、燠。蔣藕船、知讓。吳蘭雪、嵩梁。樂蓮裳，鈞。殆可稱四大家矣。然三家託興深遠，深得古人所言在此，所指在彼之恉。藕船有賦而無比興，固應不逮。且三家如側生，果色香味俱備，藕船如檳榔，非癖嗜不能時時下嚥也。

都門舊句

往在都門，得句云：「栗香前市火，菊影故園霜。」賣炒栗時，人家方蒔菊往來，花擔不絕，自謂寫景物如畫。後見蔡浣霞欒揚。詩，亦有「栗香前市火，杉影後門鐘」之句，未知孰勝。

狹邪

包慎伯世臣。云：「《長安有狹邪》，邪者，曲徑也，森然與槐柳並列則狹矣，所以深刺奔競也。」

莫不夜歸

莊珍蓀表兄述祖。云：「漢鐃歌『暮不夜歸』，語意重沓，不可解。蓋『暮』字本作『莫』，後人誤讀入聲為去。鈔胥復妄加日字，不知詩意乃言『師出以律』，無輿尸之凶，朝出攻者無不夜歸也。」

常懷千歲憂

徐仲平準宜。云：「人生雖不滿百歲，然當懷千歲之憂。苟不及時勤學，一棺戢身，名與俱沒，是可痛也。晝短夜長，何不秉燭？策勵之意顯然矣。」

池塘生春草

池塘水涸，春草叢生，此豈復佳境，而相傳以為名句耶？善乎權文公之言曰：「池塘生草，王澤竭也。柳變名禽，舊政更也。由此推之，自魏晉上溯《三百篇》，古人微詞奧恉思過半矣。」

耕青真臻通用

張玉田詞，耕、青通真、臻、諄、文，倚聲家多宗之。至詩賦則界限甚嚴，從未有通用者。然《易·觀》卦象傳「觀國之光，尚賓也」、「觀我生，觀民也」、「觀其生，志未平也」，此「平」字猶可讀作「便」。若《乾·彖傳》「大哉乾元！萬物資始，乃統天。雲行雨施，品物流形。大明終始，六位時成。時乘六龍以御天」；《兌·彖傳》「說以利貞，是以順乎天而應乎人」；《節·彖傳》「天地節而四時成。節以制度，不傷財，不害民」；皆通用，則又何也？且不獨《易》韻為然也。《離騷》「皇覽揆余於初度兮，肇錫余以嘉名。名余曰正則兮，字余曰靈均」；《遠遊》「嘉南州之炎德兮，麗桂樹之冬榮。山蕭條而無獸兮，野寂漠其無人。載營魄而登霞兮，掩浮雲而上徵」；《卜居》「寧誅鋤草茅以力耕乎？將遊大人以成名乎？寧正言不諱以危身乎？將哫訾栗斯、喔咿嚅唲以事婦人乎？寧廉潔正直以自清乎？將突梯滑稽，如脂如韋以絜楹乎」；《九辯》「泬寥兮天高而氣清，寂寥兮收潦而水清，憯悽增欷兮薄寒之中人」；是屈、宋皆通用也。《弔屈賦》「造託湘流兮，敬弔先生。遭世罔極兮，迺隕厥身」，是賈生亦通用也。

蔣烈婦

蔣烈婦，名端姑，華亭人。父曰蔣文卓。婿，李珍，徽州人。兄弟儌居松江，以賣藥為活。珍死，端姑依兄公，居貧甚。母族某者素無行，受莫氏聘，偵端姑歸寧，要而嫁之。端姑哭且詈，擲毀青廬奩具。乃閉置別室，令數婦人守之。乘閒出佩刀，欲自剄，婦人持之，乃自斷一指。莫氏知不可奪，歸之兄公。端姑卒不食，死年三十有一。

集字詩

上元韓奕山炎。傾家結客，五十後益貧。漢川劉海樹珊。奇其詩，招致合肥署齋，相待甚厚。韓嘗集《聖教序》字，成詩數十章。其贈海樹云：「垂老受知何所望，無言相對有斯人。」又云：「還家尚有鍾山在，感我無如漢水深。」自歎云：「譬如我未生斯世，或有人能愛此身。」贈予云：「羲皇上人真大隱，六一先生能古文。」皆無集字之跡。

蒸侵韻有可通

從瘖省，故音字可入蒸部。《小戎》「言念君子，載寢載興。厭厭良人，秩

秩德音」是也。「噫歆譥神也」亦作「噫興」，故「興」字可入侵部。《大明》
「殷商之旅，其會如林。矢于牧野，維予侯興。上帝臨汝，無貳爾心」是也。

有心相難

　　惲子居敬。論震川之文謹謹則置辭必近，其言甚當。吳仲倫德旋。非之，謂
謹莫謹於《春秋》，近莫近於《論語》，斯言過矣。今人有失之隘者，仲倫將曰
莫隘於伯夷邪？有失之不恭者，仲倫將曰莫不恭於柳下惠邪？震川之謹，非
《春秋》之所謂謹；震川之近，非《論語》之所謂近也。故知此文乃有心相難
之作，未足以服子居之心也。

真冷

　　《瀧岡阡表》：「回顧乳者抱汝而立於旁。」好奇者乃云「劍汝」之誤，而
引《曲禮》為之證。不知易此一字，即與通體色氣不如。子居《辨微論》用《莊
子》「真冷」字，無論「真冷」為「遺令」之誤，望溪之說無以易之；即否，
亦止可用之駢儷體中。若施之古文，是「劍汝」之類也。皋文、仲倫絕無此病。

拘幽操

　　嘗論昌黎《拘幽操》乃誤學《凱風》詩，大聖人必不作此違心語。近見及
門趙生彥倫詩「蒙難非臣罪，生還是主恩」，庶幾斟酌盡善矣。

佳句

　　凡詩目中一過久而不忘，必佳句也。何豈匏錦。《詠熒》云「得依休耿耿，
逢聚轉蕭蕭。為光非汝責，辛苦積陰宵」；莊伯鴻遠吉。《詠簾鉤》云：「多宛轉
時能約束，未團團處好勾留」；又《詠並頭蓮》云「若耶溪畔低回處，欲折還
教素手停」；李寧圃兵備廷敬。《曉行》云「一痕白氣秋林外，為水為雲兩不知」；
薛畫水玉堂。《以中書舍人出佐外郡塗中雜詩》云「今日中途醉司命，羨他一歲
一朝天」；周伯恬儀暐。云「誰家茆屋團團話，一縷鐙光出綠陰」；丁若士履恒。
云「可憐一片心如月，只向更無人處明」；祝筱山百十。云「酴醾雨重淹香夢，
楊柳風疏寫暮寒。記得小樓無恙在，落花一度捲簾看」；萬廉山承紀。云「東風
料峭百花殘，不典春衣一醉難。畢竟去衣還去酒，費人斟酌是春寒」；女士金
纖纖逸。云「小雨未來斜照淡，落花猶得片時紅」；歸佩珊戀儀。《題看劍圖》云
「自是難消才子氣，料無恩怨到胷中」；王梅卿倩。《鄧尉雜詩》云「夜深老鶴

來尋夢，踏遍梅花一寸深」；類此尚多，更當續記，以資吟諷。

蔣侍御雅謔

呂叔訥星垣。作《秋夜曲》，末句云「風動石妖千眼綠」，自詫以為創獲，以示用安先生。先生問何指？呂云：「熒也。」先生笑云：「然則為君得一偶句矣，『雨淋磚怪一拳青。』」呂亦不解，先生云：「蟾也。」老輩鍼砭人，不著形跡如此。

農聞詩句

嘉定張農聞彥曾。詩格不甚高，而善於言情。與予同客雲臺宮保時，嘗作詩寄婦云：「去住漫憑無準夢，瘦肥難寫有形書。」同人見之，皆作數日惡。農聞多病，而好像戲，幕府無其敵也。有材官禿髮者，求與對局，竟為所敗。予戲之云：「馬後公然砲一將，何來禿子太披猖。可憐天上張公子，五月披裘汗似漿。」後農聞卒，宮保為作行狀，引及此詩。感念今昔，為之下淚。

秋桑詩

雲臺先生作《秋桑》七律四首，一時和者數百人。先生云：「諸君詩工矣，然皆不免衰颯氣，惟陳雲伯文述。『獨有榑桑倚東海，一枝仙甚四時紅』二語最為岸異，遂有安排狀元宰相之許。」然亦不驗。時川楚教匪未靖，汪勤僖新。方官湖北巡撫，故方芷齋夫人芳佩。詩云：「烽煙未靜人將老，閒煞成都八百株。」此真立言有體矣。後予偕童萼君槐。過湖州，舟中聯句云：「題徧吳綾興未闌，分明詩意畫中看。蠶聲幾日陰逾減，前賦秋桑，本學使試士題。客緒連番歲已寒。筯下一樽成昔酒，石門九月市新紈。篷窗入夜風淒緊，猶似哀箏向耳彈。」

坐山入中

皋文相宅，主坐山入中之說，予心疑之。蓋坐山入中則五黃無不到向矣。後以質之姚秋農先生，文田。先生云：「聖人嚮明而治，不曰取諸坎而曰取諸離，是不以坐山入中也。」

灊湖櫂歌

予至合肥，欲作灊湖棹歌，未果。因課生徒為之，徐徵士漢蒼最佳。「去

年打槳過濼湖，湖上青山似畫圖。今日扁舟湖上泊，煙波無際月輪孤。」「朝霞山頂看朝霞，五色霞明帝女家。湖上女兒十五六，一時照水學盤鴉。」

海樹詩

海樹詩清於雲伯，豔於梅史。嘗以迎候長官，一夕成《紅樓夢》小說八韻詩二十首，余惜其無可著錄，為摘記數聯。《冷香丸》云：「冷語番番記，香心曲曲勾。壹臺原有使，嫉妒最難瘳。紫柘漿盈盌，紅梨汁半甌。玉環同內熱，會遣六宮秋。」《病中斷指甲》云：「斷箏銀甲卸，殘線翠裘孤。筍折麻姑爪，桃香細骨臞。鸞韝搔不著，鴻雪印全誣。」《東風壓西風》云：「柳梢眠上下，帳底鬥雌雄。池水干卿綠，桃花為底紅。我憐聊復爾，婢學可能工。不競南猶失，其涼北又同。」《芙蓉女兒誄》云：「碧落新碑樹，沉香小像薰。野棠寒食祭，春草玉人墳。」徵引不及稗官，故非尤展成輩所及。

漢宣帝更名詢

元康二年詔：古天子之名難知而易諱，今百姓多上書觸諱以犯辠者，朕甚憫之。其更諱詢、更諱當作更名。蓋蒙上兩諱字而誤。

降服

為人後者為本生父母服齊衰朞，猶女子子已行，為父母服齊衰朞也。此聖人之不得已也。若由此而推，遂有所謂降服孫者，則大非禮意矣。先君子之終，耀遹降服小功。吾時甫九歲，即心知其非。後太孺人歿，耀遹方客西安，難於違俗，仍服小功，而心喪者一年，此固行其心之所安。然子孫不能皆賢，不可不示以一定之法，使知所守。聰應於先君，故本生曾祖也，不得反以叔父為本生曾祖，則宜稱曾叔祖，於先兄稱本生祖，不得稱伯祖，於耀遹稱本生父，不得稱伯父。聰應之子為耀遹服齊衰朞，不得輒降五月，永為家規。

孫女在室服朞，已行亦服朞，朞無所謂降也。此可曉然。於本生祖之不應降服矣。本生祖既不應降，則凡本生之伯父、叔父、兄弟、兄弟之子皆不應降。他日吾與耀遹孰先後死，相為朞。聰應與循應、誠應、傳應及循應等之子，亦相為朞。非云寧厚毋薄朞，固無所為降也。

大父母及妻之喪，終喪不居內，伯叔父兄弟同一朞喪也。而獨處之期，則止於三月，非反厚於妻也。妻一而已，假令本支綿衍，從父及兄弟之喪皆不居內，人道或為之曠絕，故稍寬之。說本望溪方氏。今既定為本生大父母

服齊衰朞,則凡不飲酒、不居內皆以終喪為期。若情不稱服,是自欺之罪尤大,反不如從俗服小功之為愈矣。聰應謹識之。世世轉相誥誡,毋自外於人倫也。

叔翹七律

　　許叔翹^{所望}。七言律詩最佳。《詠王景略》云:「管仲一身齊治亂,武侯孤掌漢興衰。」《李藥師》云:「蛇門未必開禽虎,魚腹居然祖臥龍。」《宗留守》云:「南渡盡容追髮佛,東遷猶可振髭王。」《登亳州戍樓》云:「乾年望草如生穀,澤國登城當看山。」《詠史》云:「霜戈夜指王罷冢,雪帳宵移李愬營。寒鑪尚可揮仁扇,敗鼓何堪補智囊。侏儒失勢羞韓絳,奴婢登壇笑衛青。」《生日書懷》云:「野戍頻年驚鶴唳,江邨中夜感雞鳴。多情祇欠看花福,久病難為照鏡人。公等大都皆碌碌,鐵中何必又錚錚。」《友人棄妾生子》云:「金鐶故宅尋羊祜,芳草新名錫寄奴。」類此數十首,皆足奪臥子之席,元孝瞠乎後矣。

史半樓

　　合肥史半樓臺懋。五言似邢孟貞,七言亦有佳者。嘗得句云「中酒春人緣草臥,出林野鳥帶花飛」,予頗喜誦之。贈之以詩云:「平梁一詩人,寒瘦若古木。蕭齋著此客,覺我亦非俗。」半樓狷介,不妄取與。歲暮,縣令劉海樹遣吏餉米,敂門,出片紙云:「米幾斛,分遣詩人史半樓、孝子汪毓真。」半樓欣然受之。汪亦予箸籍弟子,父死廬墓者也。

烏龍膏

　　吾鄉吳氏家傳烏龍膏秘方,治一切無名腫毒。四面厚敷,中空一孔,未成即消,已成即潰。擅其利數世矣。豈知《本草綱目》固已載之,乃陳小麥粉炒黑,醋調成膏,無他藥。

胡文恪

　　胡希呂先生^{高望}。督學江蘇,內寬而外嚴,諸生終日伏桉,無敢左右顧視者。閱卷亦精細。繼輅以公科試補博士弟子,首題仍舊貫,次題「地之相去也」至「其揆一也」,詩題「花名記小屏」。評云:「首作氣息醇厚,次暢。詩工,字宜學草。稿全。」其詳如此。

劉氏閨秀

海樹一家，婦女並耽唫詠。女弟歸蔣氏者，名苣，字絮庭。歸王氏者，名蘭，字紉秋。蔣夫人贈五真詩云：「小閣春寒夜色分，傳來佳句澹如雲。梅花今見亭亭格，悔讀蘇家織錦文。」「賦茗簪花絕世姿，一門風雅並堪師。春官倘許蛾眉選，不櫛應看上第時。」王夫人云：「燈前倦繡漏聲長，梅影橫窗月色涼。那用鴟斑重撥火，新詩讀罷有餘香。」「披卷終宵不忍拋，芳容未覯已神交。相逢若話瑤宮事，記看瓊花第幾遭。」女公子三：韜，字鸞符；韞，字小絮；載，字霞裾。皆讀書臨帖，與兌貞善。

聰應次弟一

聰應本生同祖兄弟之次弟四，逮為耀連後，改次弟一。《三國志》：「諸葛喬字伯松，亮兄瑾之弟二子也。本字仲慎。亮初未有子，以喬為嗣，易仲作伯。」此其例也，書示聰應。

海峯先生論文

海峯先生《論文偶記》凡三千餘言，摘錄數條於此。一云：神氣者，文之最精處。音節，其稍粗者也。字句，其最粗者也。然余謂論文而至於字句，則文之能事盡矣。蓋音節者，神氣之跡也；字句者，音節之矩也。神氣不可見，於音節見之。音節無可準，以字句準之。又云：音節高則神氣必高，故音節為神氣之跡。一句之中，或多一字，或少一字。一字之中，或用平聲，或用仄聲。則音節迥異。故字句為音節之矩。積字成句，積句成章。合而讀之，音節見矣。歌而詠之，神氣出矣。又云：文貴遠，遠必含蓄。或句上有句，或句下有句，或句中有句，或句外有句。說出者少，不說出者多，乃可謂遠。故太史公文微情妙，指寄之筆墨，谿徑之外，並非孟堅所知。又云：文必虛字備而後神態出，何可節損。

姬傳先生論文

姬傳先生《答徐季雅書》云：「文章之事，有可言喻者，有不可言喻者。可言喻者，韓、柳諸公論之詳矣。若夫不可言喻者，則在乎久為之自得而已。震川有《史記閱本》，但有圈點。然極發人意，愈於解說。可借一部，仿為之熟玩，必覺有大勝處。」

輓聯

晴槎表兄卒，余題其靈次云：「文章與家世爭華，惜仕宦科名兩俱不顯；盛德為吏才所掩，問睦婣孝友何者懷慝。」趙味辛丈懷玉。指示弔客云：「此晴槎知己之言，可無庸更作論贊矣。」余生平所作哀輓楹帖甚多，惜皆隨手棄去，不復省憶矣。

揮塵錄

王仲言述米元章詼蔡京云云，雖未可遽信，然亦不能辨其必無。杜工部以稷、契自期，猶不免有「天佑唐室，誕育司空」之語，況米老習與蘇、黃遊處，而名不登於黨籍者邪？至云王荊公歿時，有幡幢羽蓋來迎幡上，書「中含法性，外習塵氛」八字，則必屬訛傳矣。

先君子鄉會試題房師座師舉主姓名

乾隆三年順天鄉試，首題「居敬而行簡」一句，次題「人道敏政」至「在人」，三題「規矩方員」一節。解元馬錦昌，無錫人。主考官興縣孫文定公，諱嘉淦，字錫公；吳江吳公，諱家騏，字晉綺。四年會試，題「生而知之」一節，次題「舜好問而好察邇言」四句，三題「君子所性」二句。會元軒轅誥，字謀野，汶上人。總裁泰安趙公，諱國麟，字仁圃；滿洲完顏公，諱留保，字松裔；奉新甘公，諱汝來，字遜齋；上海凌公，諱如煥，字琢成。殿試二甲，朝考一等，詩題「因風想玉珂」。閱卷大臣僅知章佳文端公，諱尹繼善，字望山；保舉堪勝知府閩督桂林陳文恭公，諱宏謀，字榕門。會試房師，常熟蔣文恪公，諱溥，字恒軒。鄉試房師，文恪鍾音公，字聞軒。

趙氏三世工詩

趙生彥倫之父子聘，孝廉，名席珍，廬陽弟一詩人也。子聘從父對澂，年甫弱冠，亦負雋才。嘗以郡試，故自其父官所馳千里南歸。比揭曉，凡錄千人，竟無對澂名。予怪之，亟從郡齋索閱試卷，乃潦草不及三百字，為之絕倒。余嘗語陳伯游云：「士必有不願乎彼者，而後有得於此焉。如對澂者，豈世俗所云佳子弟哉？」

有才無命

才人命薄，自古而然。造物於黃仲則、景仁。錢雙山、夢雲。橫山，季重。可

謂酷矣。然仲則詩，翁覃溪閣學、劉松嵐兵備、趙渭川大令各為刊行，殆遍海內。橫山尤工詞，皋文選入者雖不多，倚聲家奉為金科玉條。惟雙山先生老病龍鍾，全稿散失。有才子曰相初，年甫三十，方以舉人充內廷教習，病數日，遽卒。次子嘉初，犇走衣食，未知能為掇拾否。余妻，其兄女也。所記又絕少。《感懷》云：「賞心花月還天地，放膽文章擲草萊。」《詠門神》云：「只愁改歲桃符換，故李將軍奈爾何。」橫山《贈友》云：「早知即別休相識，料得重逢少後圖。」《寄錢竹初先生維喬。》云：「檢取邱遲書句報，雜花生樹亂鶯飛。」時竹初官鄞令，屢欲乞身而未果。得此詩，繙然竟歸。故尤為當時所傳誦。

毛先生

先君子之終，以乾隆庚子六月二十四日。同里毛先生者，篤行君子也，亦方病暑。薄莫，忽云東第陸君至，急索衣冠，出至廳事，坐譚良久。起立，似接一物置懷中。下階，長揖若送客升輿者然。還入寢，呼燭，作懷中出一卷，就燭展視狀。誦云某官某人，凡五人，其家人皆不識。又誦某官某，即先君。某官某，即毛也。最後為大學士程文恭公。誦畢，點首者再，仍納懷中，不脫衣冠而逝。東第者，吾家大門懸此額，董文敏書，里人皆稱東第陸家也。

先太孺人自知壽數

先太孺人嘗謂不孝等曰：「汝父之終，春秋七十有五，吾豈敢過之？」後以嘉慶己巳六月廿二日見背，年果七十五，距乾隆己巳六月來歸，甲子適一周。一夕，夢亡僕三人至，起居畢，云：「奉主君命，問何日可行？當以輿馬來。」夢中答云：「早晚惟主命，吾固無事。」旦日以告，不孝等即日制殮具，手自檢視。越兩月，無疾而逝，時方盛暑，面如生體若冰雪。蠅飛滿室，無一集靈牀者，戚族皆歎異，以為孝慈嚴正之驗。

卷　二

斂袵

虞虹升《天香樓偶得》云：「拜稱斂袵，不專指婦人。」是也。然引蘇詩「斂袵竊聽獨激昂」為證，則誤矣。此斂袵猶言正衿，非云拜也。何不引《戰國策》「一國之眾見君，莫不斂袵而拜」耶？

方柳邨詩

漢川方柳邨陶。以詩集索余刪定，又以示畫水。畫水指示一聯云：「『病中藥餌憑嬌女，身後文章託故人』，蓋哭友人之無子者，語絕沉痛。」余竟未規，墨其旁。然則讀古人書草率繙過處多矣。

船山楹帖

張船山問陶。齋中楹帖云：「相見又無話，不來還憶君。」畫水最賞之。吳次升塿。官郯城令時，題署齋云：「早年讀先聖詩書，到今日判墨塗朱，猶是芸窗故物；壯歲作諸侯賓客，管自己刑名錢穀，依然蓮幕生涯。」魏曾容題洛陽署齋云：「平生能受盡言，冀良友無容吾過；方寸差堪自信，願都人相見以誠。」賓谷先生題兩淮署齋云：「上客盡知名，杜牧詩才，鮑昭賦手；昔賢有遺躅，魏公芍藥，永叔荷花。」

長門賦

雲松先生《陔餘叢考》疑陳皇后既得復幸，何以不見於紀傳？〔註1〕不知

〔註1〕趙翼《陔餘叢考》卷五《漢書》：「武帝陳皇后廢，以百金奉司馬相如，相如為

陳後本未復幸，即奉黃金百斤為相如文君取酒，亦絕非真有此事。乃長卿自欲擬作此賦，姑妄言之，亦如無是、公烏有先生設為問答，固賦家之常耳。

篆書

鄧完白山人石如。篆書橫絕千古，代起者張皋文、吳山子育。也。近日少年中，惲彙昌子辨、薛仲德可久、莊又朔稚蕣、吳諮聖俞及余孫聰應皆羊豪懸肘，縱橫莫當，駸駸乎追山子而及之。老輩禿筆之陋，庶幾一洗矣。

利用刑人用說

今本「用說桎梏」斷句，而改「說」為「脫」，詞義頗不貫。蓋此「刑」字與《詩》「刑于寡妻」同訓。「用說」二字句，「桎梏以往」四字句，言當使民歡欣鼓舞，遷善改過，而不自知若桎梏以往。是獨任執法之吏治民，謂之虐也，故吝。

夕惕若夤

《說文》夕部引《易》云「夕惕若夤」，骨部作「夕惕若厲」。按《淮南子·人閒訓》：「『終日乾乾』，以陽動也。『夕惕若厲』，以陰息也。」《漢書·王莽傳》：「『終日乾乾，夕惕若厲』，公之謂矣。」《後漢書·謝夷吾傳》：「屍祿負乘，夕惕若厲。」張衡《思玄〔註2〕賦》：「夕惕若厲，以省愆兮，懼予身之來敕也。」無作「夤」者，諸家《易》本亦皆作「厲」。然「夤」字實與前後田、人、乾、淵字為韻，疑獨從《說文》夕部為是。若以「厲」字屬下為句，則宋以後讀法也。

善哉行

古詩《善哉行》，前後詞意頗嫌重沓。宛鄰先生云：「來日之難如此，正大臣焦勞之時也。顧汲汲行樂，有長生之慕焉，安其危而利其災，抑至此乎？作者因而自傷卑賤，不克有所匡濟天下，亦竟無如靈輒之報趙宣者。志節頹敗，引為己慼，不欲顯刺也。四解承來日大難痛切言之，月沒參橫，北斗闌干，是何等氣象。庶忘身殉國，飢不及餐，以期有濟。所云『天之方蹶，無然泄泄』也。五、六解憤激之辭。我亦惟有聽樂娛憂，付之不覯不聞而已。八公何在，六龍不來，其果能忘世否邪？」

後作《長門賦》以悟帝，後復得幸。此事宜載之《陳皇后傳》，而竟不書。」
〔註2〕「玄」，底本原作「元」。

子居刪詩

　　嘉慶庚午，雲松兵備再宴鹿鳴，作七律四首。時余方廢業，而公索和甚力，彊為之，不復存稿。公既捐館舍，回憶公得余詩喜甚，定為海內和作弟一，大興舒鐵雲位次之。知己存歿之感，愴然於懷。因向公子廷俊求得舊賸，補錄集中。後子居見之，以為不佳，仍為刪去。余年十六七時，至江陰應學使者，試作君山望江等詩，畫水攜呈顧晴沙先生。光旭。先生大驚異之，目為怪才。今此數作，亦並為子居所刪。

紀侯大去其國

　　「紀侯大去其國」，《公羊》以為賢齊襄公復讎也。《五經異義》引「《古周禮》：『復讎可盡五世之內。五世之外，施之於己則無義，施之於彼則無罪。』故魯桓為齊襄所殺，定公，桓九世孫，孔子相之，與齊會於夾谷，是不復九世之讎也。」愚按：王之取於紀也，魯實主昏，故魯次於滑。《春秋》譏之。況哀公烹於周，非烹於紀，乃敢遷怒稱兵，擅滅列國？國又王之外戚，是無論復讎之誠與否、九世之可復讎與否，而齊皆無以自解於無王之罪也。《公羊》於魯之不能救紀，尚知刺之，而反曲為齊說，何哉？然則曷為不書齊滅紀？諱之也。以天王之威不能芘一外戚，尚可以訓乎？故諱之也。諱之則何以知為齊滅乎？前書「紀季以酅入於齊」，後書「齊侯葬紀伯姬」，紀叔姬歸於酅，紀非齊滅，而誰滅之乎？且齊為今青州府臨淄，紀為青州府壽光，紀去其國，齊並其地，千世而下，猶可考也。

徐畫張題

　　徐氏素琴、張氏須鬘皆姑蘇人，母家有連。後素琴歸畫水，須鬘歸海樹，不相見者數年。一日，素琴寄寫生便面，須鬘報以詩，云：「唾華挹朝霞，釵股明霽雪。無處覓夢痕，幾時花裏別。」「出手寒愁折，染衣香沁紅。吹花入羅袖，不更怨東風。」寄意頗深婉，畫亦清麗。鬘字見《大方廣佛華嚴經》，元應注：「西國結鬘，以為飾好。從髟舉聲。經文作鬘，非體也。」桉《說文》：「鬘髮長兒，從髟萬聲，讀若蔓。」

梅邨序事非法

　　《秦良玉傳》言良玉剛正，陸遜之誤曳其袖，即引佩刀斷之。《綏寇紀略》乃言左右男姜十餘人。良玉在兵間，勢不能不如郭汾陽，女使健卒，侍執巾櫛。此時兵事方急，遜之何暇訪問及此，而知其左右為男姜耶？且此語與本事無

涉，即論行文之法，亦不應闌入。作文當深以為戒。

先西同音

或言：「彭文勤以『王勃然』對『何晏也』，可云工絕，尚有類此者否？」余曰：「『先施』之對『則天』也，亦藏兩婦人名。」蓋先、西字同音通用，故西施亦作先施。《古樂府》「魚戲蓮葉西」，乃與蓮、田、間字為韻，非上三句有韻，下四句無韻也。陳思王《吁嗟篇》「驚飆接我出，故歸彼中田。當南而更北，謂東而反西」，尚讀作先。《孟子》「願比死者一灑」之「灑」，洗音，義並同。

青青河畔草

《古詩·青青河畔草》一章，乍讀之，何其言之淺直邪？蓋諷人主用賢之作也。「盈盈」二語，喻賢人本思見用，非韜光石隱之流，難於識別。「娥娥」二語，喻才用。「倡家女」，喻未遇時。「蕩子婦」，喻遇後放廢。「空床難守」，危詞也。三黜不去，臣子之義。用人則當懷北胡南越之慮矣。《詩》「子不我思，豈無他人」，《離騷》「何所獨無芳草」；皆此意也。

王其愛玉體

黃初四年，任城王薨，文帝方以法繩諸弟，白馬、陳思俱懷不得令終之懼，故其詩曰「王其愛玉體，俱享黃髮期」。後人於尋常送別，往往襲用此語，頗覺可笑。

謝太傅

謝玄〔註3〕之御苻堅也，問計於太傅。太傅夷然答曰：「已別有旨。」已而，寂然。乃令張元重請太傅，遽命駕出遊。吾不知爾時果何所恃，而能如是。捷書至而屐齒折，疑非始願所及矣。桓沖之言，未可以為過也。涉淝水決戰，幾遭半渡之擊，非朱序在秦，勝敗未可知也。

坡公忌日

徐悌菴郎中、大榕。洪稚存編修於坡公生日，輒召客設奠。吾謂公以七月十五日終於常州孫氏宅，則忌日尤宜致祭，芻蔬煮茗，必當來饗也。

〔註3〕「玄」，底本原作「元」。

申耆句

李申耆_{兆洛}。以翰林出知鳳臺縣，題柱云：「栽花攜得蓬萊種，買犢親教渤海耕。」

學津討源

余生平無所嗜好。客洛陽時，偶喜古鏡。購得幾百枚，終日摩挲，至忘寢食。後以入都，行篋重累，悉舉以贈人。今尚存數枚，皆極精妙。然久不視，亦忘在某篋中矣。至於吹彈博弈，一無所解。太孺人晚年喜葉子戲，因命習之，以足人數。太孺人既棄養，遂絕不更作。每日無客，即展卷，不擇書而讀。雖稗官小說，亦為改正字畫。於詩文集，則選佳者規墨其旁，終日不倦。頃從海樹借得《學津討源》二百四十冊，如買米二十許擔，半年之糧可無憂矣。書之以志良友嘉貺。

童汪錡

宋人作童貫告詞，有「爾祖汪錡」之語，蓋用《左傳》嬖童汪錡事。割截嬖字，以童汪錡為姓名，媼相不知其戲己也。明末有人為獻賊題殿額，作「一元大武」字獻，大喜，以為頌己。二事頗相類，乃知權貴冠世，毒焰薰天，不如識一丁字也。

逸居集

宋時有揚州帥，貴戚也。語客曰：「三世仕宦，方解穿衣喫飯。吾欲著一書，備言衣帽酒肴之制未，得書名。」鮮于廣者對曰：「公今方立勳業，必無暇為此。他日逸居林下，乃可成書耳。請預名之曰《逸居集》。」帥不悟廣意實以禽獸比之，與「一元大武」事亦頗相類。

中酒詩

宋人中酒詩：「靜嫌鸚鵡鬧，渴憶荔支香」，放翁先生極賞之，以為非真中酒者不能知。頃偕韓奕山作隔句用韻詩，韓賦中酒三百字，有句云：「捧回如厠腹，慵轉應人頭。」更覺撫寫盡致，惜不令放翁見之。

自稱小名

《老學庵筆記》述周宇文護與母書薩保不孝，乃自稱小名。桉：宋武帝對

母亦自稱寄奴。齊神武媚爾朱榮，自稱賀六渾，其後詐爾朱兆，猶云「自天柱之亡，賀六渾復何所仰」，則益可笑矣。

剛腸散

余十二歲，讀《瀧岡阡表》《祭十二郎文》等篇，輒失聲哭，塾師訶之，猶伏桉歔咽，不能自己。又書歐陽公《〈與高司諫〉書後》云：「願錄此文一通，燒灰和酒飲之，名曰剛腸散。」語雖粗鄙，然性情血氣俱已激發流露。今聰應年亦十二，尚未解讀此，可不急思奮勉邪？

縱禽

沙隨程氏云：「蔡邕《石經》、郭京《易舉正》於『即鹿無虞，以從禽也』，皆作『何以從禽也』。惠定宇以蔡中郎《易石經》宋時已亡，程氏何據云然，疑即郭氏之亂說。然無『何』字，文義實不順。」愚意若讀「從」字作去聲，則無煩妄加「何」字矣。又如「王用三驅，失前禽」，鄭《注》：「前來者不逆射，旁去又不射，惟背去者順而射之，不中亦已，皆所以失之」，亦讀「失」為「佚」。失者，無心失之。佚者，有意縱之。《曲禮》：「欲不可從」，亦「縱」字也。《漢書·杜欽傳》「言失欲之生害也」，師古曰：「失，讀曰佚，與逸同。」

唐人詩學漢魏

義山五七律極有似老杜者，然遂以為義山學老杜，則非也。義山志潔物芳，深得《國風》、《騷》、《辨》之恉，變為今體，生面獨開，可謂自致青雲，不由依傍。宋、明人推尊老杜太過，凡中晚間作者輒謂瓣香所在，其實樂天、長吉、文昌、仲初學漢、魏而各得其性之所近，亦非肯遠捨古人，別求椝範者也。即以杜詩言之，石壕諸吏、新昏諸別、前後出塞等作，皆力追漢、魏長篇；如《北征》苦心學蔡文姬，形蹟未化，已雄視一代矣。其縱筆自為之者，即間有觕率生硬牽湊之病，學古亦何負於人哉？彼還珠買匵者，不足引為口實也。答仲倫語，摘錄於此。

隋碑

從子耀遹、劭文客西安，得二石刻，皆新出土者。一題《大隋故朝請大夫夷陵郡太守太僕卿元公之墓誌銘》。「諱□」、「字□智」，俱空一格。「洛陽人。魏昭成皇帝之後。以大業十一年太歲乙亥八月辛酉朔廿四日□□葬於大興縣

□□鄉□□里」，皆空格。其一《大隋故太僕卿夫人姬氏之志》。「即元公配以甲申日合葬」，「甲申」字不空格。銘辭四言，四十句，每八句提行，二石同一人書，蓋歐、虞之所從出，而非歐、虞之所能到，鋒穎如新，洵可寶也。劼文假朱中丞兩健騶負之以歸。

糾兄桓弟

《三傳異同表》力主桓兄糾弟之說，然小白入齊，可議有五。公及齊大夫盟，是齊人迎糾，未迎小白，一也。先書納糾，後書小白入，二也。糾稱子，三也。莒人未嘗納小白，小白輒自入，四也。全經書公子入國四，惟許叔以繼絕之故得稱字，余皆稱名。若以小白為正，則去疾陽生亦皆正乎？五也。書法顯然可見，如此何暇更辨其為兄與弟哉？荀子云：「桓公內行則殺兄而爭國。」荀子，周人，其言校薄昭自為可信。況漢文於淮南為兄，昭故避兄而言弟，又可據以說經乎？班氏《人表》：晉文弟四等，齊桓弟五等。

祭伯尹氏

「祭伯來」，《公羊》云：「奔也。」桉《漢書》劉更生《上災異封事》：「周大夫祭伯乖離不和，出奔於魯，而《春秋》為諱，不言來奔，傷其禍殃自此始也。」「尹氏卒」，《公羊》云：「譏世卿也。」桉劉更生《上災異封事》：「是後尹氏世卿而專恣，諸侯皆畔而不朝。」又《極諫外家封事》：「周大夫尹氏筦朝事，濁亂王室。」

楊妃

言各有當，不可槩論。即如楊妃一人，深戒色荒，則少陵比之褒姐；悲思幸蜀，則太白擬之皇英。皆是也。若以此為李、杜優劣，則俱矣。

呂氏陰移漢祚

婦人內夫家，唐武后可謂倒行而逆施矣。然猶未若呂后之險也。《史記》少帝及梁、淮陽、常山王皆非真孝惠子，呂后以計詐名他人子，殺其母，養後宮，令孝惠子之立以為後及諸王，以彊呂氏。《漢書・五行志》：「惠帝崩，嗣子立，有怨言，太后廢之，更立呂氏子宏為少帝。」是所云他人子者，皆諸呂所生也。使太后山陵後產、祿，各出就封，不為亂，平、勃即無由迎立孝文。少帝晏然承業，則雖以呂易劉，陰移漢祚而莫之能發矣。

嗽

蹙口出物，吳音謂之嗽。《漢書·佞幸傳》：「文帝病癰，鄧通為嗽吮之。」師古曰：「嗽，山角反。」

男子名夫人

《史記·刺客傳》：「得趙人徐夫人匕首。」《封禪書》「丁夫人、雒陽虞初等以方祠詛匈奴、大宛。」韋昭曰：「丁，姓。夫人，名也。」亡友莊叔枚軫云：「此夫字俱應讀作扶。徐夫人、丁夫人云者，猶言某姓人，佚其名也。」

何烈婦

合肥諸生何本善妻董氏，夫死即不食，凡餓七日死，時嘉慶二十五年七月廿三日，年二十有四。

《史記》錯簡

《始皇本紀·贊》：「向使嬰有庸主之才」云云，賈生之言也；「秦之積衰，天下土崩瓦解，雖有周旦之材，無所復陳其巧，而以責一日之孤，誤哉」，則太史公駁賈生之言也，安得總稱「賈誼、司馬遷曰」？蓋賈誼下脫一「曰」字，而「司馬遷曰」四字則當「在未當絕也」句下，「秦之積衰」句上。

物論

「彼亦一是非，此亦一是非，物論之所以不齊也。達者通為一。既已為一，且得有言乎？既已謂之一，且得無言乎？」自言《齊物論》之所由作也。近見詩文集中往往有摘取齊物二字者，誤。

羅烈婦

羅烈婦，合肥人，陳世旺女，羅殿傳妻。殿傳死，其父母欲嫁之。既受聘，烈婦始覺，遂自剄。時世旺已先卒。世旺婦，邨嫗也。陳氏族人亦無能為烈婦表章者。後八年，及門黃生承谷故與羅氏鄰，稔知其事，為作羅邨烈婦行，凡八百言，不及錄，但記其姓氏於此。

菰

《說文》草部，薪、菥、菰三注同，而《玉篇》、《廣韻》並無「菰」字，

蓋即「荍」字重出而稍訛。「蘄」字，注：「江夏有蘄春亭。」「亭」乃「縣」
字之誤，即今蘄州也。

稱字

近人相見數次，即相呼以字，雖高雅，然亦不可濫施。宋時，李蕭之三司
論事切直，仁宗嘉納，歐陽文忠手簡稱譽。蕭之喜曰：「歐公平日書疏往來，
未嘗呼我字也。此簡遂以字稱人，作好事可不勉哉？」觀此，可見前賢不輕稱
字。

畫水小詩

畫水不甚作詩，偶得一二首，輒可誦。《秋日》云：「靜看幽蠹落書棚，枕
簟清涼秋氣生。幾點豆花微雨後，夕陽疏柳一蟬鳴。」《睡起》云：「西山墻影
北山雲，謖謖松濤滿院聞。睡起桃笙涼似水，天涯孤枕又秋分。」

殺

宋時有括蒼老生，以所著《唐書》質王元敬。至建成事，元敬云：「宜書
弒。」老生因援《孟子》「象殺舜」為證，元敬無以難。愚桉「」《左氏春秋》
「晉里克殺其君之子奚齊」，《公羊》作「弒」。《漢書・宣帝紀》「進藥，殺共
哀后」，師古曰：「殺讀為弒。」然則象以殺舜為事，亦當讀作弒。元敬之說未
為紕也。《論語》「陳成子弒簡公」，皇侃作「殺」，《史記・六國表序》亦云「田常殺簡公。」《公羊傳》：
「昭公欲弒季氏。」蓋二字古亦不甚別。

戒之在得

《齊東野語》記道士許公言之言，曰「上帝所甚惡者貪，所甚靳者壽。人
能不犯其所惡，未有不得其所靳者。」〔註4〕吾友薛畫水云：「聖人言『戒之在
得』，不必定指貨財。血氣既衰，妄希長生，即得之甚者。」余深歎此論。人
能泊然無所營求，並年壽亦置之度外，聽其自然，則心地空明，不與壽期而壽
自永矣。

淘

吳語謂冷為淘。王導以腹熨彈碁局，云：「何乃淘。」劉惔出語人，未見

〔註4〕周密《齊東野語》卷八《許公言》。

他異。佀聞作吳語，正謂此也。《避暑錄》乃云：「今吳中無此語」，何耶？

如而字通用

偶得一鏡，銘曰：「漢有善銅出丹陽，以之作鏡清如明。」桉：如、而字古通用。《春秋》「星隕如雨」，即星隕而雨，故《左氏》釋之曰：「與雨偕也。」楊雄報鐳歆書：「而可且寬假延期，必不敢有愛。」「而可」亦即「如可」。

立位字通用

又一鏡銘曰：「立至三公。」桉：立、位字古通用。《周禮·小宗伯》「掌建邦之神位。」注：「故書作立。」鄭司農云：「立讀為位。」古文《春秋經》「公即位」為「公即立」。《焦山鼎銘》「僉立中廷」，亦位字也。此鏡為魏曾容索去。

司刺

《春秋》：「公子買戍衛，不卒戍刺之。」《穀梁傳》：「先名後刺，殺有罪也。」范寧謂取三刺之法。桉：司刺之刺，乃廉察之意，猶云刺取。即所云訊群臣、訊群吏、訊萬民也。若刺即是殺，則大辟已定，何云聽民之刺宥以施上服下服之刑乎？上服劓墨，下服宮刖，皆非死刑也。

《世本》

亡友洪孟慈飴孫。博極群籍，殆過稺存。先生著述繇富，所輯《世本》，搜採尤為完善。孫淵如《糧儲》詩所謂「自愛研經搜《世本》，人傳獨行肖家聲」者是也。後即因糧儲借觀鈔本，遂為何人所攫，雕版行世。時孟慈已歿於官，糧儲亦卒。余甚以為憤。既而思之，郭象竊向秀《莊子注》，書傳事亦傳；何法盛攫郗紹《晉中興書》，書不傳而事反傳。作偽心勞日拙，雖表丈盧尚書一併借與，終何益邪？後必有知之者。

不伐喪

晉士匄帥師侵齊，至谷。聞齊侯卒，乃還。《左氏》：「禮也。」公羊氏：「善其不伐喪也。」穀梁氏：「外專君命，故非之也。」愚桉：《穀梁》之意，以為宜歸善於君云爾。然聞喪竟還，若其君素以訓臣者，然其為歸善，不已美乎？

左右袒

　　《史記‧絳侯世家》:「為呂氏者右袒,為劉氏者左袒。」此雖倉卒之令,卻轉移不得。古制:凶禮左袒,當刑右袒。時在太后喪中,故為劉氏袒左,產、祿之鄜當坐誅,故為呂氏袒右。或言勃雖已入北軍,尚未敢訟言誅諸呂,故反右之以試士心,亦情事所或有也。

湘君

　　雲松兵備謂湘君、湘夫人非堯女也,乃一夫一婦,為神於湘水者。《湘君》篇中「望夫君兮未來」,若女子則不應稱夫君。此殊不然。「夫」讀作「扶」,「夫君」猶言「此君」,男女皆可稱。《洛神賦》「雖潛處於太陰,長寄心於君王」,且可以君王稱宓妃矣。又言「女嬋媛兮為余太息」,非指湘君,即女嬃也。尤非是。《九歌》乃神絃,非若《離騷》自述之辭,忽以己姊闌入,此何體邪?

動靜

　　桉上置鼻煙壺、印泥合各一事。偶掩卷默坐,忽有所悟。鼻煙宜靜不宜動,頻開則氣漸減;印泥宜動不宜靜,屢翻則色轉勝。物性不一,人亦宜然。各適其動靜之性,皆可長年。昔人云「流水不腐,戶樞不蠹」,又云「猿狙之性,動而彌壽」,皆妙契自然,正不必趺坐屏息,徒自苦為也。

攝身

　　蘇文忠自言常自攝身使如木,偶若少動搖,便墮地獄。如商君法、如孫子令,事在必行,有犯無恕云云。似覺劫持太過。予自戊辰正月入都,至今庚辰,客廬州,凡獨宿十三年矣。每午夜夢迴,智無一念,引手摩腹,頹然復寐。雖暖水浮漚,寒雅向日,未足喻其閒適也。因集成語題戶云:「上士異室,愚人無夢。」又題柱云:「天下何思何慮,老僧不見不聞。」恨無東坡居士為我縱筆書之。

司馬孚

　　王伯厚云:「司馬孚上不如魯叔肸,下不如朱全昱,而自稱魏貞士,可乎?」〔註5〕此論極快人意。愚謂貞士之稱,當移贈習陽亭侯司馬順。

〔註5〕王應麟《困學紀聞》卷十三《考史》:「司馬孚自謂魏貞士。孚上不如魯叔肸,下不如朱全昱,謂之正,可乎?」

相字入聲

吾常諺語：「一步弗相離」，「相」讀若「息」。此亦有本。香山詩：「為問長安月，如何不相離。」「相」字，思必切。又杜詩：「恰似東風相欺得，夜來吹折數枝花。」

雪如壙誌

余常作《雪如壙誌》一首，編集時去之，然非亡友意也。因錄於此：

雪如者，吳中良家女鬻於袁，遂冒姓袁氏，非其志也。雪如為袁氏女數年，益明慧。袁故無籍，使女習哥舞，為坐食計。女畏撻楚，勉為之。當是時，吳中盛行女優之戲。士大夫置酒高會，下至富商大賈、監司貴人之奴、郡縣之胥吏，樗蒱六博，無不旁侍女優者。官斯土者，或聞其風而惡之，下令嚴禁。逆旅主人坐則亡之他所，被執轂，厭梁肉，肩輿馳道中如故。且其父兄習惰，久捨是，無以為業。當事者察不便，禁稍稍弛，業此者愈益無忌。生女之家交相慶，間有一二女子有志如雪如者，雖所生，鞭箠交下。雪如既假女，又其分矣。雪如既以色藝冠其曹，車馬闐塞。雪如不得已，陽安之，以陰相天下士。臨川樂生者，遊於吳，雪如偶於廣坐中識之，曰是有異。凡三見。則請間，願以身歸生。生未之許也。會女病，生憐之，解佩玉為聘。數日，女病甚，生往省之，泣謂生曰：「妾命至薄，當流離轉徙，時固不死。比執賤役，日夜涕泣求死，愈不得死，乃終不自意。得以數年，僅克自保之軀，將副賢妻而侍君子，此妾之志，非妾之命也。妾殆將死矣。」已而，果死，年十有八。臨川生葬之虎邱。知其事者皆曰是可銘。銘曰：方女之樂死也，孰篤之？已而樂生，又孰促之？嗟乎！女乎！何集之非菀，而有所拂耶？何愛之非讎，而以為仇耶？女乎女乎，時汝之辜乎？

小人勿用

舊說謂論功行賞，勿及小人。朱子駁之，是矣。然憂以金帛之說，理亦未足。蓋王者之師，本無小人在行間也。「勿用」云者，既推原創業之由，亦垂戒守成之日也，故曰「開國承家」。

《益·象傳》

君之惠民，自君視之，則為益下以自益；自民受之，則固損上以益下也。君不惜自損以益吾民，而民有不歡欣鼓舞、相與感恩懷德於靡既哉？夫隱民取

食，季孫無君；家貸公收，陳氏竊國。其事正不敢以告人耳。今以一人作福，非私恩要結之為，自上下下，其道豈不大光乎？惟人主有此中正之德，故天下蒙覆被之仁，即朝廷享太平之福。不然，民猶水也，能載舟，亦能覆舟木，何以有矣？益，動而巽者。朝廷之舉動，或為臣下所旁撓，尤易為吏胥所侵蝕。必入於民，而後謂之益也。「日進無疆」者，勉其繼也。人主益民，不可始勤而終怠也。「其益無方」者，惠而不費，合於天時，設於地財，因民之所利而利之也。「與時偕行」者，「春省耕而補不足，秋省斂而助不給」，歷一時即有一時之惠政也。

《益》初九

此爻，《益》之所由立名也。「利用為大作」者，《考工記》所云「或飭力以長地財，或治絲麻以成之」是也。蓋君之益民，當務其大者遠者。男勤耕耨，婦謹蠶桑，老者衣帛食肉，黎民不飢不寒，益民之道備焉矣。「元吉，无咎」者，君能體仁以長人，故天下蒙樂利之休也。

《益》六二

君擇臣，臣亦擇君。《損》六五曰「或益之十朋之龜」者，求賢而得貞吉利往之臣也；《益》六二曰「或益之十朋之龜」者，筮仕而逢有孚惠心之主也。皆曰「弗克違」者，在六五為尊賢，在六二為貴貴，其義一也。言君道，故曰「元吉」；言臣道，故曰「永貞」。「王用享於帝」者，聖王先成民而後致力於神。六二能體九五之惠心以益民，九五因用六二之永貞以享帝。《書》曰「惟尹躬暨湯，咸有一德，克享天心」，君臣民胥吉矣。

《益》六三

「凶事」，大荒大札皆是也。《周禮·遺人》「掌邦之委積，以待施惠。鄉里之委積，以恤民之囏厄。縣都之委積，以待凶荒。」遇凶而發，民牧之職也。若畏罪之意，重惜民之念輕，必待入告而民困已極，是不能體一人有孚之意，反非中道矣。告公而用圭者，明臣之職應如是也。汲黯發河南倉粟，歸節伏罪，帝賢而釋之。君臣皆可法也。

《益》六四

三遠君，可以便宜行事。四近君，則當稟命矣。蓋中無定體，三、四各有

當行之道也。「告公從」者,以益民之事告君,而君從之也。四與初易位,有遷國之象焉,因即以遷國言之。太王遷岐,曰「不以養人者害人」;盤庚遷殷,曰「視民利用遷」。凡為益下計也。晉大夫欲居郇瑕,漢大臣欲都洛陽,皆私意矣。

《益》九五

此益下之主誠心惠民,不問民之感與否也。然君雖不問,而惠民以德,民自知之。重言「有孚」者,上下交相孚也。擊壤之歌曰:「耕田鑿井,帝力何有」,豈真不知帝力哉?正其深知帝力也。

《益》上九

於《益》之終極言不益之害。「莫益之,或擊之」,上不益下,下且擊上也,若是其甚與?《書》曰:「民罔常懷,懷於有仁」,《孟子》曰:「賊民興,喪無日」。烏乎!可不懼哉?蓋「無恆產而有恒心者,惟士為能。若民則無恆產,因無恒心。苟無恒心,放辟邪侈,無不為矣」。充放僻邪侈之為,不至於犯上不止也。立心不恒,深曉之也。上不能施惠行仁,而厚責民以不二,能無凶乎?君心恒,民心亦恒矣。

卷　三

病中下筆千言

余三十以前，作文最捷。四十後，乃日益遲鈍。今年三月，海樹太夫人開七褰，必欲得余文為壽。適胃氣大作，每書一句，即一呼痛片刻。文成，急傴臥，不及再閱，舉草稿付之。翼日，書成十二屏，周海樵、大槐。查梅史揆。曁海樹俱歡賞以為工。余戲語聰應：「汝曹志之。嘗病中走筆千餘，言文不加點。他日行狀中可著此一語。」

凌靜邨

凌靜邨先生名一中，合肥諸生。篤信宋儒之學，不空言性命，惟以躬行為務。有兄年老失明，靜邨歲時解塾，以生徒所饋束脩分半授室人，自攜其半，就兄食宿。至入塾，乃別去。數十年以為常。其兄語人曰：「吾弟至，吾不復以瞽為恨。」人請其說，則曰：「吾少渴茗，已置幾；少寒衣，已被體。吾無所用吾目，故不復恨也。」其友愛如此。余至合肥，靜邨已先數年卒，不及見。惜哉！

香草古今名

沈存中《筆譚》：「蓀即今菖蒲。蕙亦名薰，即今零陵香。唐人謂之鈴鈴香。花倒懸，枝間如小鈴，俗誤作零陵，實非湖南郡名也。茝即今白芷芸，即今七里香。蘪即今馬蹄香。杜若即今高良薑。其花芳華可愛，子名紅荳蔻。雞舌香即今丁香」云云。顧獨不及蘭，《楚辭》「紉秋蘭以為佩」，即今俗名醒

頭草者是也。

筆價

　　三百九十錢買筆三十枝，甥輩皆笑。猶憶小時，見先君子終日校錄經籍，所用筆名果然奇，一枝止值五錢，可作小楷萬餘。今湖州小楷筆一枝至三百錢。余在都門所寫紫毫，名天香深處者，二枝需銀一金。書法不及老輩，而筆日佳，可媿也。

堂聯

　　賜綸堂聯句：「久歷仕塗，心地一生差可問；勉繩祖武，書田奕葉願無荒。」先君子自製，王夢樓太守文治。書。貞壽堂聯句：「念先公廉惠慈祥，善無不報；願汝曹孝悌謹信，貧有餘歡。」先太孺人自製，繹堂宮保那彥成。書。

貲郎

　　戴埴《鼠璞》謂鬻爵與鬻官不同。晁錯令募天下入粟，得以拜爵，初非任以官事。是也。然以《張釋之傳》以貲為郎為鬻官，則誤。以貲者，以家有積貲，如淳《註》引《漢儀注》：「貲五百萬得為常侍郎。」非入貲也。《《司馬相如傳》注》亦云：「以家財多得拜為郎。」

試文不必宗舊說

　　嘉慶五年，江南鄉試題「述而不作」一節。予初以老為老聃，彭為彭祖。文成而悔之，遂改從商賢大夫。是科用舊說者皆未中式。又一科「放勳曰勞之來之」題，亡友臧在東獨依趙注作「放勳日勞之來之」，亦被落。因戒子弟試文，不必宗舊說。

駑材

　　駑材，金聖歎謂始於郭令公之罵其子，非也。劉元海云：「成都王穎不用吾言，逆自犇潰，真駑材也。」王景略云：「慕容評真駑材也。」語皆在前。又魏尒朱榮謂元天穆曰：「葛榮之徒，本是駑材。」蓋駑材者，駑下之材。《顏氏家訓》云：「貴遊子弟，離亂之後，失皮露質。當此之時，真駑材也。」

打油詩不足憑

　　嘉慶己未會試，最為得人，然猶有摘取魁卷評語作詩譏諷者。壬戌牓後，

又有「從今不怨朱師傅，縱不能文尚讀書」之句。康熙鴻詞科得人甚盛，有輕薄子作一詩云：「自古文章推李杜，而今李_{高陽相國}。杜_{寶坻相國}。亦希奇。葉公_{葉文敏}。懷懂遭龍嚇，馮婦_{益都相國}。癡呆被虎欺。宿搆零軒衡玉賦，失黏落韻省耕詩。若教修史真羞死，勝國君臣也縐眉。」嫉妒之口毀譽，豈足據乎？

戒聰應

余十三四歲，讀書即喜動筆，字既潦草，語多狂僭。今重展舊籍，觸處皆是，如見頑劣子弟，竟須與杖數十，於意方快。書之以戒聰應。

錢申甫文

亡友錢相初字申甫，余妻之弟也。以嘉慶丁丑四月卒於都門，時余亦大病，不獲檢視遺稿。越庚辰九月，忽於室人篋中得《重修廣濟九龍王祠碑文》草稿，筆蹟宛然，不勝淒愴。附錄於此，文曰：

蓋聞右享之神百，惟澤物者不祧；不害之時三，斯報功者獨茂。故云旗迴薄，無間椒蘭之馨；樂舞婆娑，盛彼歲時之會。降監不遠，廟貌攸崇。昭告之儀，弗可缺已。宔陽縣治西，舊有九龍王祠，惟神克懋靈司，永通元感。崑山衒耀，或並照乎古今；大海迴瀾，輒均潤於幽顯。久已書之銀筴，勒以穹碑。然或謂肇封之典，夗昧乎前聞；秩祀之隆，不詳於何代。澥池浸稻，雖遠協乎風人；湘浦降神，恐傳訛於騷客。不知受命上元，錫福茲土。宏祠式闢，即神明永聚之鄉；嘉霖因時，實俎豆維歆之本。逐清泠之耕父，不使揚光；起白石之波臣，同焉灑潤。用標懿號，載烜明禋。可弗疑報賽為無因，傳志之多闕也。又或謂遺文所列，跡涉玄〔註1〕虛；故老相傳，論殊悠謬。不知九閽螭捷，尚見登天；十丈蛟潛，猶能舞壑。矧乃飛騰有象，風雨挾以驅馳；變化無方，雷霆走其精銳。層雲袛尺木之階，重淵有鳴鼓之應。乘空馭氣，何所不之；金蟬翠綬，仰止斯在。又況溥春膏於儉歲，表靈躅於故山。醴泉有源，石洞方啟。敧逕屈曲，忽如蟠蛇；巉巖參差，矗立奇鬼。神光訝其合離，陰森襲於毛髮。仰流天澤，不數神女之湫；俯祐歲功，有類彭盆之窟。聚諸聞見，不少恢奇。豈盡屬鄒衍之談天，齊諧之志怪乎？廟之規模，昔稱宏整。多歷年所，漸亡舊觀。丹青剝落，粉墨眵昏。崇垣就圮，則甎甓零星；雕甍欲傾，則風日穿漏。余職在守土，惄然於心。爰出俸金，以倡紳士。經始於某年月日，於某月日訖

〔註1〕「玄」，底本原作「元」。

功。輪奐增美，像設維新。是役也，輸金者屬至，執事者梟趨。籍明靈之福蔭，順民庶之豫懽。尋以吉辰，敬修清薦。房仲幹非能變井，端賴神庥；祝右卿無竢曝身，永資默祐。既告厥成，謹刊之石。自注：代楊大令懋玖作。

陶公詩

陶公《讀山海經》詩，生平懷抱略可推見。自《文選》祗錄「孟夏草木長，遶屋樹扶疏」一首，後來選家遂多宗之。不知此一首猶時文之有開講，對策之有策冒，文字正在其後也。昭明尚爾憒憒，餘人奚責焉？

詞家三昧

橫山云：「用意用筆，皆當約之極窄處。」皋文云：「詞以結興為上，風神次之。北宋人惟淮海無遺憾。」宛鄰云：「詞有比興而無賦。」三子論詞俱深入三昧。近人詞往往如有韻家書，無所不說，閱之不能終闋。

橫山論詞

橫山又云：「迦陵詞，稼軒家挑水夫。蓉渡詞，少游家花面了頭也。竹垞固差勝，然如老嫗學舌，亦復不堪久聽。」其言雖似輕薄，然不可謂非確論。

伯父叔父

今人稱伯叔父曰弟幾伯叔，不知起自何時。桉《漢書》，疏廣謂其兄子受「豈如父子相隨出關」；《後漢書》，皇甫嵩從子酈說嵩曰「安危定傾，惟大人與董卓耳」；蔡邕叔父質為程璜所中，邕表謂「欲陷臣父子」。古人稱謂如此。子弟不令讀史傳，何由知之？

兄弟夫婦

詩人以如兄如弟狀夫婦和樂，立言最為有序。孔子舉杖磬折，問子貢曰：「子之大親毋乃不寧乎？」放杖而立曰：「子之兄弟亦得無恙乎？」曳杖而行曰：「妻子家中得毋病乎？」賈子述之，云：「所以明尊卑，別疏戚也。」吾見今人書疏，先問妻子，後及兄弟者多矣。豈明於尊卑而昧於疏戚乎？聰應識之。

姪

姑姪字皆從女，《左傳》所謂「姪其從姑」是也。然《爾疋》「女子謂晜，弟之子為姪」，則似兄弟之男子子亦可稱姪矣。《顏氏家訓》云：「晉世已來，

始呼叔姪。」吾意叔乃對嫂之稱，非可施於從父。姪乃對姑之號，可以通於丈夫。相習既久，差不悖於禮者，從之可也。《干祿字書序》、柳宗元《祭六伯母文》皆稱姪男。

為人後者稱本生父曰父，對他人則加本生二字，此必不可易者也。若為其本生父者，則宜稱之以姪先君先母於先兄，如此所以推而遠之，俾壹心專志於所後之父母也。

論降服又一條

同年吳君以妻喪來赴，其次子出為人後，書降服子某泣血稽顙，此亦非是。蓋齊衰與泣血情服不相稱，所謂過猶不及也。喪服四制，斬衰之喪，唯而不對；齊衰之喪，對而不言。情服相稱，從可推矣。

蘇幕遮詞

用安侍御嘗於虞山相國席上口占《蘇幕遮》詠燕詞，一時傳誦惜。首句「涎」字誤作平聲。侍御遺稿散佚，錄之於此：

尾涎涎，身踽踽。獨自飛來，結箇天涯侶。幾陣瀟瀟梅子雨，春色無聊，任爾銜將去。　抱孤情，垂弱羽。青瑣珠簾，可也留伊住。一樣飄零吾與汝，便不逢秋，客緒渾如許。

侍御去官後，好獎掖後進。里中洪編修、亮吉。孫糧儲、星衍。楊荔浦、倫。趙青州、懷玉。黃少尹、景仁。徐太康、書受。呂贊皇星垣。皆從遊，所稱毘陵七子者也。

𡩋

《文選·上林賦》：「此不可以揚名發舉，而適足以㝱君自損也。」《史記》作「貶君自損」。晉灼曰：「㝱，古貶字。」桉：「㝱」，依《說文》當作「𡩋」，「傾覆也，從寸臼覆之。寸，人手也。從巢省。杜林說。以為貶損之貶。」方斂切。

單刀

子弟閱《演義三國志》，偽造之事往往闌入正史，亦有誤疑正史為演義者。王仲瞿作《孫夫人廟碑》，用「單刀」二字，為人所抹，不知此二字實見《魯肅傳》，非演義也。

顧蘭厓㧑贈董縣丞敬善序

　　國家承平垂二百年，物眾地大，左道亂民乘間草竊髮櫛而苗耨之，無損於治。然變之猝起，若湯火之發於醉夢，苟非德足以動物，才足以靖亂，往往不能自保。碎首分也，喪職奚贖焉？吾嘗謂天下無卑官，雖在丞佐，緩急裨賴，與方岳等。官大制人，官小制於人。丞佐不幸有事，若坐眢井，形沮勢格，徽纆在前，鈇鑕在後，責重於邱山，而權輕於毫毛。雖謂丞佐之難難於方岳，無不可也。嘉慶十八年九月，賊首李文成發難於豫，以濬滑相脈附。既陷滑為賊巢，悉力攻濬。濬倚大伾為城，賊據山瞰城中，矢石皆摩頂而過，勢岌岌危甚。而令某疾作，不視事。是時，武進董君適為浚縣丞，殫機智竭，死力苦守二十晝夜。援未至而賊益眾，君韔刀涖事，為繯於署樓，戒家人城陷火起則盡室就縊。屬有天幸，又二日，大兵至，圍解，而令亦疾愈視事矣。天子以令有全城功，超擢四級。君故縣丞，若無事。然大府心知之，不能白君，君亦殊不肯自白，以為丞職當如是而已。嗚呼！昌黎氏有言：「丞偪於令，公事不容可否，占位署牘尾止矣。」若君之挺挺樹立，其為國家裨賴何如哉！事平，積毫髮功遷擢者相望，獨君以孤城扼賊衝，使不得橫軼，旁郡晏然，而大兵得據以擣其巢穴，轉戰削平，室家性命獲全於累卵之下。君即不言，當日監司郡守以一言白君無難者。有事則仗之，無事則置之，古今有同嘅哉！君志量甚高，以為適然之功，何足深計。口不言圍城之事，「占位署牘尾」如故。嗚呼！君之退然不居其功，此所以能成其功而有餘也夫。余固不識君，而得君守城之詳於余友陸繼輅祁孫，遂為文以寄之。時君始以河汛安瀾，將擢官矣。

余鐵香藏鏡銘

　　所見古鏡，斷以余鐵香鼎。所藏者為無上上品。余以意釋其銘詞，云：「絜潔。精白而事君，㤩怨。驩之弇掩。明。佩元錫之流澤，恐疏遠而日忘。懷麋靡。美之窮噎喜。外丞承。驩之可說。慕魚㳫貫。之窜寵。貴，願州州通作周。患思。而毋絕。內清質以昭明，光輝象夫日月。心忽煬傷。而願然，墮壅。塞而不泄。」

乩仙懷古詩

　　同年王君履基。好扶鸞之術。有梅道人作《秦中懷古》詩，云：「金牛多事闢蠶叢，天府由來百二雄。白璧一年山鬼弄，青松五等大夫封。賜來鶉首天原醉，剖得龍肝客未工。翁仲雙雙霸陵道，又凝酸淚逆西風。」「金輪仍建蓋天幢，海鳥東青各自雙。東去虬髯空馬服，北歸胡騎笑羊腔。恨啼謝豹三年血，

痛飲盧龍百日缸。為問房陵無恙在，更誰鐵券讓誅降。」又《薊門懷古》云：「天津橋又杜鵑啼，南北分明兆氣機。義士難收龍子骨，孤臣空葬烏官衣。荒唐夢澤無蘭芷，辛苦陽山有蕨薇。慘餞火雲歌一曲，黃冠容易故鄉歸。」「燕子飛來遜故都，居庸天險扼飛狐。當時白帽勞姦禿，例有青衣報黠奴。不信陰符歸豎子，何妨陽九做潛夫。騎驢只有先生笑，默玩先天混沌圖。」詩中有數語，未知何指。錄此俟考。

作字減筆

繼輅小時好鈔書，然欲其速成，字輒減筆。太孺人嘗怒訶之，以為不敬聖籍。稍長，讀《漢書》至《萬石傳》：「建奏事下，讀之，驚曰：『書馬者，與尾而五，今迺四，不足一，獲譴死矣。』」始知古人處心之慎。太孺人不甚讀書，而識與古合往往如此。恨不孝終不工書，愧負慈訓。閒中偶憶及之，徒增悔痛。

齆

齆，吳下詆人語。此亦有本。王充《論衡·別通篇》：「鼻不知香臭曰齆人，不知是非為閉。」

如喪考妣三年

《堯典》：「平章百姓。」《傳》云：「百姓，百官也。」《疏》云：「百姓或指天下百姓。此下有黎民，故知百姓即百官。」又：「百姓如喪考妣。」《傳》云：「言百官感德思慕。」蓋「百姓如喪考妣三年」本是一句，「喪」字亦當讀作平聲，言百官為帝堯服喪三年也。若庶人則禮已殺，但當時遏密八音而已。

考妣從乎死者之稱，益知「喪」字不作去聲讀也。

言告言歸

《葛覃》「言告言歸」，「歸」字與《桃夭》「于歸」同義，非《載馳》之「歸」也。「薄汙我私，薄澣我衣」，正女子將嫁情事。特公侯之女，執役者眾，而后妃實躬親之，與庶人家無以異。此其所以為賢，故曰「《葛覃》，后妃之本也」。然則父母孰謂？謂舅姑乎？非也。《白虎通義》云：「尊如父而非父者，舅也。親如母而非母者，姑也。」是舅姑不稱父母也。《斯干》之詩曰：「無非無儀，唯酒食是議，無父母貽罹」，歸寧之意亦猶是矣。

學

吾平生服膺顏黃門語：「孝為百行之首，猶須學以修飾之，況余事乎！」〔註2〕嗚呼！盡之矣。

圍碁

昔王中郎以圍棊是坐隱，支公以圍棊為手譚，橫造嘉名，遂稱雅戲，躭之者至忘寢食，真所謂鬼障也。吾見朋儕作此，往往掣亂之。書示聰應，慎勿廢事失時，習此惡技。

蹙頞

《孟子》：「舉疾首蹙頞而相告。」《說文》：「頞，鼻莖也。」朱《注》：「頞，額也。」桉：頞為鼻莖，故可云蹙。「蹙頞」猶言縐眉也。《呂覽》：「文王嗜菖蒲葅，孔子縮頞而食之。」蹙、縮，古今字，即「蹙頞」也。《說文》：「顙，額也。額，顙也。」是不可云蹙也。

密雲

《語林》：「有人詣謝公別，謝公流涕，人了不悲。既去，左右曰：『向客殊自密雲。』」蓋當時里俗語，戲謂不哭也。《顏氏家訓》述梁武帝送弟作東郡，淚數行下，弟竟密雲，坐此被責。正用此。余生平與劭文凡十數別，臨岐執手，悲動行路。甲戌春闈，自洛入都，與魏曾容別，至左右臧獲皆涕泣失聲。又壬戌之秋，虎阜舟次送汪小竹全德。之粵西，時畫舫鱗次，歌管正繁，一時寂然傾聽，驚為怪事。己巳九月，送姚春木椿。之蜀，又送周伯恬之粵東，皆大哭。春木亦悲不自勝，伯恬竟無淚，默然而去。此殆顏黃門所云「人性自有少涕淚者，腸雖欲絕，目猶爛然」〔註3〕者邪？抑正以彼之不及情矯余之過情邪？自來合肥，連與畫水、丙季、海樹別，皆強自制淚然，益難為懷矣。

教婦初來

姊子黃昌慈將授室，姊索余贈言。余書楹帖貽之：「愉色婉容，悅親有道；嚴氣正性，教婦初來。」

〔註 2〕顏之推《顏氏家訓·勉學篇八》。
〔註 3〕顏之推《顏氏家訓·風操篇六》。

伐奄三年

《孟子》：「周公相武王，誅紂伐奄，三年討其君。」所謂君者，奄之君耶？抑即紂耶？文義殊不明順。且誅紂亦未嘗三年也。當以「周公相武王誅紂」為句，「伐奄三年，討其君」為句，言誅紂之後，管、蔡流言，商奄背叛，故公「伐奄三年」而後「討其君」也。《詩》：「周公東征，四國是皇。」毛《傳》：「管、蔡，商奄也。」

陳咸

方萬年誡子時，咸睡觸屏風，豈非幹蠱之子哉？其後賂遺陳湯，卒以讕敗。往在都門，與方彥聞履錢。偶有評論，彥聞詆之太過。余曰：「此人亦無他，恨少熱耳。」彥聞曰：「坐此一字，正復何所不至？」唏！至言也。

治肝氣方

雄精二錢，鬱金三錢，琥珀三錢，枯礬一兩二錢，共為末。黃蠟一兩二錢，鎔化入藥末。攪勻，量加米粉為丸。辰砂二錢為衣。火酒、醋各半，溫下一錢。余服之有効。

蓼花賦

楊方訓，字子濤，兌貞壻也。年未冠，賦筆頗工。嘗賦蓼花云：淺水縈迴，晴雲淡蕩。荷沼香消，菱溪煙漲。長亭人去，蘆雪方晴；古渡秋深，水葓齊放。於時垂枝浥露，遠影飛霞。臨風掩映，隔岸欹斜。十里五里，天涯水涯。憶當年游釣頻來，前蹤如夢；惜此地樓臺不近，清讌誰家。若乃莫靄橫空，微颺乍起。紅樹半江，白雲千里。低間青蒲，近連香芷。隱歸鷺以孤眠，傍殘陽而散綺。漫比黜於水仙，怨方睽於婪尾。則有浣衣貧女，倚櫂衰翁。情人初去，老友重逢。拂修莖兮翳綠，映麗蕊兮頳紅。唱罷漁歌，人歸渡口；敲殘霜杵，月浸波中。莫不對金風而感物色，思零露之濃濃。

沈孫兩烈婦

沈烈婦，合肥張衡女。嘉慶廿五年，年十九，以十一月十四日歸同縣沈莢。道光元年三月初六日，莢病歿，張即以是日絕粒。越十三日，人定時卒。是月廿一日，又有孫極熙妻余氏絕粒殉夫。數日之中，得兩烈婦，具見風俗之美。

玉筯

劉芙初嗣綰。瀕歿，鼻垂玉筯五寸許，釋家之言亦竟有徵，可怪也。公子延和以狀來乞銘，具載之，餘削不著錄。

懲子弟逃學

太孺人言嘗見人家子弟入塾，步步回顧，甚者流涕被面，最為可憎。然皆姑息致之也。若解塾後屏果餌之賜，絕撫摩之愛，督令危坐，稍欹側倦怠即訶之，彼自以為苦不如在塾讀書之樂矣。述示兩女，並令聰應志之，他日以語汝婦也。

朱子尊鄭氏

宋胡紘論寧宗為孝宗之服止應期年，以光宗雖病，固尚在也。朱子心非之，而無以折。後見鄭志，乃有諸侯父有廢疾，不任國政，不任喪事之問，而鄭答以天子諸侯之服皆斬之文。方定父在而承國於祖之服。因歎若無康成，此事終未有斷決，而自訟學之不講。其心服鄭氏如此。

孫淵如詩

嘉慶四年，睿廟初親政，洪編修亮吉上書三府言事。孫糧儲星衍作詩譏之，有「梁冀初誅海內清，朱云何事欲捐生」之句。朱雲、梁冀固各有所指。然世相去太遠，究難連屬。若改作李雲，則又不可云「海內清」矣。

生子之早

文王十三生伯邑考。國君十五生子。方望溪氏謂漢平帝年十二，王莽欲以女配，故劉歆先竄此於經，其識精矣。然必謂十三不應生子，則亦不然。北齊瑯琊王儼被害時，年十四，而有遺腹四男。陳後主妃張麗華十歲得幸，即有娠。生子遲早，固不齊矣。

帳

《北史》：「宋世良括丁河內。魏孝莊帝曰：『如卿所括，過於本帳。』」《隋書》：「通事舍人趙元愷造職官辭，見帳未成。庶子劉榮云：『但爾口奏，不須造帳。』」又，「王世充為上閱視江淮良家女，取正庫及應入京物以娉納之，所用不可勝計。帳上云敕別用，不顯其實。」今別作「賬」，非。西魏蘇綽

始定記帳戶籍之法。

顧

《漢書》:「丙吉以私錢顧胡組、郭徵卿養視皇曾孫。」《顏氏家訓》:「三九公讌則假手賦詩,明經求第則顧人答策。」今別作「僱」,非。

隋書不避世字

《隋書》避太宗御名。傳王世充,作王充,與韓擒同例。然篇中序道士桓法嗣取《莊子‧人間世》、《德充符》二篇上之,謂上篇言世,下篇言充,仍不避「世」字。

母在為妻杖

楊伯厚大埔以妻喪來赴,自稱不杖朞。時伯厚惟母在,余報書以為宜杖。後以狀來乞銘,仍署不杖。蓋難於違俗,其實非也。《喪服小記》:「父在,庶子為妻以杖即位可也。」《正義》:「舅不主庶婦,故庶子得杖。」然則父在不為妻杖,亦止嫡子宜然耳,以父於適子之婦為喪主也。眾子之婦,其夫皆杖,即孤子之於婦可知矣。《〈雜記〉疏》:「父歿母存,為妻雖得杖而不得稽顙。」

項羽

聰應讀《項羽本紀》,余問項氏何以不得天下?答言弒義帝。此自是一罪,然不止此。「不嗜殺人者能一之」,斷之以孟子之言,而羽之無成可知矣。讀史者輒為之不平,非也。

羽非有所愛而不加刃於沛公也。沛公方入關,功大,遽為羽所害,天下必不服,群起而畔楚矣。此羽所以疑而不發也。即范增亦非敢顯害沛公也。其意欲給項莊擊殺之座上,而旋殺莊以說於天下。計亦不盡善。是以玉玦三舉,而羽卒嘿然不應也。

范增

范增拔劍撞玉斗,謂「奪項王天下者必沛公」。此時懷王尚在,增安得以天下屬之項氏邪?然則前此冠軍帳中之誅,後此衡山江中之弒,皆增謀也。增之將歸,言「天下事大定,君王自為之」,正指此二事。自命為非常之功,而蘇氏乃咎增不以斬宋義時引身而去,情事相去遠矣。

立懷王

項氏立懷王，自度能終事之乎？其心固以為權宜之計矣。唐王起義兵，亦必立恭帝而相之，然後自託於禪讓。變光明為曖昧，前後一轍，何哉？

弒義帝

《史記》：「項羽使衡山、臨江王擊殺義帝江中。」《漢書》作「九江王」。厥後，衡山、九江並為漢用。既即位，首封衡山為長沙王。若以趙盾不討賊，經書弒君之律例之，雖為發喪，袒而大哭，亦何以自解免乎？

禪學

子居謂劉念臺先生純是禪學。子居研精釋藏，而諱之頗深。如此言，非指謫儒師，正陰張禪學。余嘗面詰之，子居笑而不答。仲倫答以無論禪不禪，其人已無可議。然哉！殆可謂躬行君子之言矣。即如顏魯公好神仙家言，固不當以魯公故尊道術，亦豈得以道術故薄魯公邪？朱陸異同之爭，於是乎可息矣。

足下

古人書疏某某足下不定作起。公孫弘〔註4〕舉賢良，其邑人鄒長倩遺以生芻撲滿，書中云：「猗嗟盛歟。山川阻修，加以風露。次卿足下，勉作功名。竊在下風，以俟嘉譽。」卞忠貞《與溫忠武書》：「元規召峻意定，懷此於邑。溫生足下，奈此事何？」又，韓延之《報宋武帝書》直云「劉裕足下」，亦在半中。

溧陽公主

侯景伏誅，烹屍於建業市，百姓食之，至於肉盡。溧陽公主亦與食焉。此事之變而得其正者也。

史漢例

子居論《史記·孟子荀卿列傳》不題二騶、淳于，此法史家亡之久矣。抱經先生云：「史家有因事再見之例。《史記》淳于髡坿《孟荀傳》，以諸子故，略見。至《滑稽傳》始詳。《漢書》夏侯勝有傳，而《儒林傳》中眾經師傳授之次弟，亦不得獨遺之。張放既坿見湯傳，而《佞幸傳》又載之。後來不解此

〔註4〕「弘」，底本原作「宏」。

意，遂以復見為嫌矣。」

畔屬不坐

張安世女孫敬為霍氏婦，禹謀反，當相坐。安世瘦，懼形於顏色，宣帝特赦敬，以慰其意。國初，將軍孫延齡畔坿吳逆，其妻孔四貞以定南王故，不誅。寬大之典，正復相類。

字義不隨音變

抱經丈言《易》有三義：變易、不易皆音亦，而易簡之易則以豉切。《爾疋‧釋詁》：「臺、朕、賚、卑、卜、陽，予也。」臺、朕、陽為予汝之予，羊如切；賚、卑、卜為予奪之予，羊汝切。《廣疋‧釋詁》：「遂、畺、畛、畩、畢、瘁、終，竟也。」遂、畺、畛、畩為疆境之竟，居影切；畢、瘁、終為終竟之竟，居慶切。皆通作一條。此乃字義不隨音為區別，非假借也。桉《周禮》：「春見曰朝。」《注》云：「欲其來之早，亦仍以朝旦為釋。」又，「保章氏掌天星，以志日月星辰之變。」《注》云：「志，古文識。識，記也。」《禮‧哀公問》：「子志之心也。」《注》云：「志讀為識。識，知也。」是「識」字不分去入也。《說文》：「叚，非真也。」而引《虞書》「叚於上下」。是「叚」字不分上入也。又如美惡之惡、好惡之惡，古亦互用。《漢書‧呂后紀》：「我妃既妒兮，誣我以惡。讒女亂國兮，上曾不寤」是也。

卷　四

識幟通用

《叔孫通傳》:「設兵張旗志。」蓋幟與識通,而志為識古文也。《後漢·虞詡傳》:「以採綖縫其裾為幟。」《皇甫嵩傳》:「著黃巾為摽幟。」皆「識」字。《檀弓》:「孔子之喪,公西赤為志。」《禮運》:「某未之逮也而有志焉。」皆古「識」字。

巨

項伯語項王:「沛公不先破關中兵,公巨能入乎?」服虔曰:「巨音渠,猶未應得入也。」師古曰:「服說非也。巨讀曰詎,猶豈也。」桉:項伯雖羽季父,然方為沛公緩頰,其言不應徑直如此。若云未能遽入,語即和緩,服說是也。

頌繫

如淳曰:「頌者,容也。言見寬容,但處曹吏舍,不入犴牢也。」桉:《說文》:「頌,貌也,從頁公聲。」余封切。假借作寬容。今有讀頌繫為去聲者,誤。《吳王傳》:「他國吏來捕亡人者,頌共禁不與。」

折衝

《呂氏春秋》:「孔子曰:『修之於廟堂之上而折衝乎千里之外,其司城子罕乎?』」《注》:「衝,車,所以衝突敵之車。有道之國,使欲攻己者折還其衝車於千里之外,不敢來也。」桉:衝通道也,從行童聲。《左傳》「及衝」是也。

以借為衝突之字，遂為車名也。今書作「衝」。

種穜之穜

上一字從禾重聲，先種，後孰之穀；下一字從禾童聲，樹蓻也。《周禮》：「內宰詔王后帥六宮之人而生種穜之穜」，今本作「穜穜之種」，正互易。《詩》「于以采蘩，南澗之瀕」，今本作「蘋」、「濱」，亦互易。

隃

《漢書·英布傳》：「上隃謂布何苦而反」；《趙充國傳》：「兵難隃度。」隃讀曰遙。桉：《周禮》《禮記》：后夫人俱服揄狄。揄，雉名，讀曰搖。

晁

鼂與朝通。《左傳》「衛大夫史朝」，《風俗通》作「史鼂」。其後為鼂氏。又作晁，從日從兆，日初出也。《漢書·鼂錯傳》作「鼂」。其別見《吳王傳》中，並作「朝錯」。《說文》鼂字注乃云「杜林以為朝旦非是」，疑有誤。又《嚴助傳》「鼂不及夕」，師古曰：「鼂，古朝字。」

貣

《說文》：「貣，從人求物也。」「貸，施也。」《漢書》凡句貣字並作貣。若《卜式傳》「貧者貸之」，《王訢傳》「以明恩貸」，則皆作「貸」。今借貣為差忒之字，而從人求物乃反作貸矣。

溺字三音

溺，從水弱聲，而灼切。溺，水既西之本字也。後去水為弱，而以溺為湛休之字，奴歷切。又，《韓安國傳》「死灰不復然乎？然即溺」之溺，奴弔切，讀曰尿。一字三音，久之而本音或有不知者矣。

㠯

《漢書》「以」字皆作「㠯」，獨《高紀》「夫人嬰兒皆以君」作「以」，蓋元本乃「似君」，後人疑呂后不應亦似高祖，故妄易之，不知《漢書》都無「以」字。且「似君」者乃言「夫人嬰兒」骨相之貴正與君相似，非云狀皃相肖也。後呂后稱制，不僅從夫之貴，「似君」之說不益驗乎？《史記》即作「似君」。

《儒林傳》：「目立先王之教。」《注》：「音以。二字而無。」師古曰：「不知何人妄增。」傳中「目」字凡數十見。「目聖德遭季世」、「目答禮行誼」、「目文武之道成一王法」俱在此句之前，並不注，故知非顏氏所本有，而毛氏刊版時竟未削去也。

玉

上兩畫微近，下一畫稍遠者，王字，所謂一貫三也。三畫遠近均者，玉字也。本屬兩字，無煩加點。加點者，朽玉也。《周禮》：「九嬪贊王。」《注》：「不云王，當作玉。」而云王讀為玉，自是漢儒注經之慎。然學者或疑王字本有玉音矣。《逸論語・問王篇》，或云實問玉也。

鈎弋夫人

漢武趙倢伃之死，豈可為訓？乃後世竟有效法之者。至後宮有娠，輒禱天，願生諸王公主，不願生太子，而其後卒以母壯子幼致亂。班氏削不著錄，但云「有過譴死」，其識遠矣。

交龍

《史記》：高祖醉臥，其上常有龍。呂后云：「季所居，上常有雲氣。」所謂龍者，即云氣，狀如龍也。其後范增使人望霸上軍，亦云氣成龍虎。蓋靈徵異彩，在母已然，故太公往視媼，見蛟龍於其上。蛟龍自是二物，而兼言之者，正見雲氣蜿蜒璀璨，不可主名，其狀或如蛟龍也。《帝王世紀》：「黃帝征蚩尤，常有五色雲氣、金枝玉葉止於帝上。」《宋書》：「宣太后陵有云在松上如車蓋。」皆橅繪之詞。「已而有身」者，時太公未察媼有身，已而始知之，非雲龍交而有身也。自《漢書》省「蛟」為「交」，遂滋異議。至云「高祖自知非太公子，故不為項羽所劫持」，何其言之鄙倍無忌也！且《漢書》省偏旁之字甚多，如「碔砆」直作「武夫」，豈得云勇士不如美玉邪？

夢與神遇

班氏之意，祇言夢見神人耳。師古引「不期而會」為解，已屬可笑。而後來注《漢書》者，乃轉輾援引《草蟲詩箋》以實高祖之非太公子，吾不知媼爾時述夢於何人，而遂流傳以至今日也。薄太后將幸，夢龍據其胷。帝曰：「貴徵也，為汝成之。」昭霛夫人之夢蓋亦猶是耳。

車千秋

田千秋年老，上憂之，得乘小車入宮殿中，故因號為車丞相。而孟堅直云車千秋，已非體。下復云「本姓田氏」，似已改姓車氏者，然尤謬。杜欽創為小冠，當時號小冠杜子夏。孟堅亦將曰冠欽本姓杜氏邪？何以異於是。

漢書衍文脫字

《高紀》：「上問所以得天下，高起王陵對曰。」「高起」二字疑衍。《昌邑傳》：「陛下之詩不云乎？」「之」字疑衍。《司馬相如傳》：「相如病甚，可往悉取其書，若後之矣。」「後」字下疑脫「失」字。「高起」，《注》：「高官者先起而對。」「陛下之詩」，《注》：「陛下所受之詩。」「若後之矣」，《注》：「若今去已在他人後。」俱未妥善。

保辜

「保辜」，師古曰：「各隨其輕重，令毆者以日數保之限內，致死則坐重辜也。」《公羊傳》注「鄭伯髡原」：「為大夫所傷，辜內當以弒君論之，辜外當以傷君論之。」不曰保內保外而曰辜內辜外，則顏氏坐重辜之解，非矣。蓋「辜」與「估」通。計若干日當愈使自保之，不及期而死，則抵罪也。

辜榷次傳

《陳咸傳》：「發其姦臧，沒入辜榷臧物。」「辜榷」即今估計也。《淮南傳》：「載以輼車，令縣次傳次」，「傳」即今遞解也。

刪詩

聖人存詩，既云善者可以感發善心，惡者可以懲創逸志，則安所得不善不惡之詩為聖人所不錄者乎？既而思之，蓋古人亦自有玩物適情、流連光景之作，夫子以其無關風化，姑分別置之，七十子之徒不甚愛護，久而散失，遂不傳於世。若舉而焚棄之，當亦聖人所不忍也。有以近來詩集太多而欲為秦相李斯者，戲為此說答之。

《漢書》多古文

《周禮·保氏》，《正義》：「形聲之字。」左右上下內外凡六等，苟知其意，偏旁可去。《漢書》多古文，如值為直，歌為哥，佚為失，傑為桀，腰為要，網為罔，供為共，屢為婁，渡為度，伺為司，俸為奉，藏為臧，懈為解，擁為

雍，崛為屈，傳為事，臆為意，胸為匈，肢為支，仰為卬，不可悉數。然亦有加偏旁者，如專為剸，厭為魘，支為枝，眴為懼，單為禪之類是也。

別字

問名則知其字，問字則知其名，名與字皆一而已。至趙宋而老泉、半山始紛紛矣，然漢人亦閒有之。虞詡祖父經治獄平恕，自言子孫何必不為九卿，故字詡，曰升卿。而《水經注》引《虞詡碑》：「諱詡，字定安」，章懷太子以為詡之別字。

適莫

江南鄉試題「君子之於天下也」一節，余語諸生，此君子正是夫子自道，無適無莫，無可無不可也。義之與比，「從心所欲不踰矩」也。蓋聖人格物致知，造乎其極，天地合德，日月合明，故能不求比於義而義自與比也。若大賢以下，正宜有所必為，有所必不為，立義為鵠而以全力赴之，如之何其無適無莫也？時文家不知適莫為求仁徙義之要，動輒說壞，非經意矣。

李大遜

或言李充妻勸充與兄弟分異，充何難訓誡之？乃紿令具酒呼鄉里，竟爾斥遜，矯激之行，不如繆肜遠矣。予應之曰：「公言誠當。然立論之不可偏者，防其流弊也。世俗私妻子、薄兄弟久矣，雖日以大遜之事相誦說，猶患不能矯枉，而君乃慮其太激乎？」客去，因記所言，以示聰應。

漢文帝

論史者多以孝文之賢不能興三代之治為惜，吾意不然。觀其即位之初，論功行賞之不公，固知與三王奉天之道有天下而不與者異矣。其後請立太子而欲傳賢，何其言之不誠也。

漢公主

漢公主氣節掃地。丁外人奉詔及大將軍令，明侍鄂邑，不絕其驪。武帝親呼董偃為主人翁，館陶死，遂與合葬，尤可怪也。烏孫國王昆莫尚江都王女細君，昆莫年老，猶未死，即使其孫岑陬尚之。主不聽，上書言狀，有詔從其國俗，岑陬竟妻細君，生一女。其後楚王女解憂三為烏孫夫人，生四男兩女。失

節之咎，上實使之，於女子又何尤焉？

魯元

魯元公主，韋昭曰「諡也」。師古曰：「呂后語高帝，張王以魯元，故不宜有謀。當時已謂之元，不得為諡。韋說失之。」此殊不然。《漢書》：「家令說太公曰：『皇帝雖子，人主也。』」《史記》作「高祖」。又張敖謂貫高：「先人亡國，賴高祖得復，秋豪皆高祖力。」史公於此等錯誤不甚措意。顏氏將云：「當時已謂之高，不得為諡邪？」《呂后紀》明言賜諡為魯元夫人。

酒讎數倍

「高祖每酤。句。留飲。句。酒讎數倍」，言高祖每往酤負，嫗更留飲，而兩家之酒讎輒數倍於他日，以為高祖來飲之祥，故歲竟折券棄責，不復索償也。震川歸氏點定本，「高祖每酤留飲酒」七字斷句，「讎數倍」三字句，則似高祖倍讎此兩家，與下折券情事不合。

左司馬得

《漢書·高紀》：「泗州守壯兵敗走，至戚，沛公左司馬得殺之。」師古曰：「得司馬名。」《史記》：「泗州守壯兵敗走，至戚，沛公左司馬得泗州守壯殺之。」「泗州守壯」四字何煩復述，必是衍文，不得據為得非人名之証。

第

第，但也。語緩為但，語急為第。《丙吉傳》：「西曹地忍之，此不過污丞相車茵耳。」地，第音，相近，遂以當之，非有文誼假借也。

揥

《國語》：「公父文伯死，其母戒其妾曰：『無瘠色，無洵涕，無揥膺。』」韋《注》：「揥，叩也。土刀切。」今填詞家所習用《韻府》收入十七洽者，乃搯字，《說文》無此字，誤從舀，而豪韻反無揥字。

嚄唶

《史記》：「晉鄙嚄唶宿將。」《說文》：「謤，大聲也。讀若笮。莊革切。或從口聲。」類云嚄，大笑；唶，大呼。蓋信陵恐晉鄙合符而心疑之，叱吒不肯授兵，觀其舉手曰何哉。宿將意氣正爾如見。

寧馨

《宋書・前廢帝紀》：「太后怒語左右，將刀來破我腹，安得生如此寧馨兒？」「寧馨」即如此，蓋誤用山濤語。

字義不可解

字義有不可解者。嘗聞段大令玉裁。說笑字必應從竹犬，叩其故，即亦自言不能解。但《玉篇》《廣韻》《干祿字書》為可據耳。後與錢獻之州倅坫。同客丹徒，偶以語之。州倅不謂然，云：「應從屮。天風吹屮，夭屈如人之芺，此乃小變。」李陽冰竹受風吹之說，非確詁也。《說文》來字注引《詩》「詒我來麰」，言天所來也，故以為行來之來。然則夏殷之世，曾無來字邪？姑記於此，俟更質之識字者。如禹、卨皆蟲也，不云夏商王名者，非由二王始製此字也。至伊為伊尹，偓為偓佺，倕為人姓，伋為人名，則似已前本無此字矣。

類記獻之語

獻之語予：「婁字為母中女。摟其處子，即此字加手旁者，俗也。」又云：「《說文》無庵字，今依三公山碑作菴。吾意當作『闇』。桉《說文》：『婁，空也。』又借為數。《漢書》「婁」字都不加口。『闇，閉門也。』又借為暗。」錢說未知何據，類識之。

漢書次第

《漢書》以《外戚》、《元後》、《王莽》三傳連屬，義例最精。《南史・劉之遴傳》：「梁鄱陽王範得《漢書》真本，《外戚傳》在帝紀之次」，疑轉非班氏之舊。

哉生

予詩用「哉生」字，或詰之云：「生明邪？生明邪？」桉：月朏為哉生魄，望為旁生魄。旁，大也，全月皆明也。望後一日為既。旁生魄，晦為死魄。朔為既死魄，二日為旁死魄。魄者，月質也，故可云生死。明則生矣，不得復言生。此《偽尚書》之陋也。

荀劉

荀彧之事魏武，劉穆之之事宋高，雖為知己者用，然皆乃心帝室，未嘗贊

成逆節。故曹公將受殊錫而文若違言，太尉將進宋公而道和遽歿。二人所事固漢、晉之相臣，非魏、宋之新主也，差應有辨。

王季改葬不可信

《戰國策》：「王季葬於楚山之尾，欒水齧其墓，見棺之前和。」桉《喪大記》：「君葬，四綍二碑。大夫葬，二綍二碑。」蓋岐周之制，土厚壙深，其葬僅不及泉，非樹碑繞綍輴轤下棺無以從事。縱使墓為水齧，安得見其前和？此策士悟主，借事造端。韓非、劉向亦往往如此，不得據為實事也。

其言似不足者

《論語》「過位」節：「其言似不足者」，與《周禮·朝士》「錯立族談」之禁不合。劭文以為聘禮則使臣有寡君命臣於庭，二三子皆在之對。其說是也。而黃小仲以攝齊為疑。不知攝齊非摳衣也。摳衣乃即席就坐之儀。若升堂見君，暑無褰裳，安得摳衣以登乎？《詩·既醉》「朋友攸攝」，《正義》：「攝者，收斂之言。登階之時，齊易發揚，故宜加意收斂之。」《戰國策》：「攝衽抱幾。」觀攝衽可以抱幾，即知攝齊之無妨於執圭矣。

陽唐通耕青之誤

陳伯游方海。儷文工雅，亞於彥聞。頃示所箸《幕賓賦》，甚佳。惟以「刑」字入陽唐為不合。蓋鄭氏庠以東冬江陽庚青蒸併為一部，而伯游仍其誤也。然此誤相沿已久。傅毅《舞賦》以「容不虛生」韻「在水湯湯」，魏武帝《蒿里行》以「千里無雞鳴」韻「萬姓以死亡」，東漢人已有混而同之者。

齋日三舉

「王齋日，三舉不食，餕餘也。」鄭《注》引《論語》「齋必變食」為釋，至當不可易。若如潛溪鄧氏、明齋王氏改「三舉」為「不舉」，則下文但當云「大喪不舉」、「大荒不舉」，何煩歷加一「則」字邪？朱子注《論語》，以「不飲酒，不茹葷」當「變食」，亦未嘗言不舉也。

姓

氏非姓也。如魯、鄭姬姓，而三桓七穆則皆氏也。太史公承秦項喪亂之餘，氏族之學已紊，遂率書曰姓某氏，特不知鄭氏《禮記注》何以亦云「始祖為正

姓，高祖為庶姓」，豈沿《史記》之誤邪？

門生

今世弟子於師自稱門生，非也。門生者，弟子之弟子。故《後漢書·賈逵傳》：「顯宗拜逵所，選弟子及門生為千乘王國郎。」又《鄭玄〔註1〕傳》：「諸門生相與譔所答弟子問為鄭志。」而《泰山都尉孔伷碑》既有弟子，復有門生。故知《論語》「門人不敬」，使門人為臣仲子之弟子也；「門人慾厚葬」，顏子之弟子也；「何謂一貫」，曾子之弟子也；「治任將歸」，端木子之弟子也。皆對夫子而言之也。至「問交於子張」，則子夏弟子之弟子，何不可者？而或據此為門人即弟子之證，過矣。

文王稱王

《書·無逸》：「文王受命。」惟中身受命者，受天命稱王也。故《詩·文王》，《序》云「文王受命作周也」，《箋》云「受天命，王天下」。《史記》：「西伯受命稱王，而斷虞芮之訟。」同里賈子霄鵬。堅執以為皆不可信。桉《中庸》言「追王太王、王季」而反不及文王，是文王已稱王，不待周公追王。否則必云周公承武王之德，追王太王、王季、文王，上祀先公以天子之禮矣。

樊子學稼

「樊子請學稼。」憤不見用而諷夫子以隱也。夫子若不喻其意者，然故又「請學圃」。夫子心感其言，一則曰「不如老農」，再則曰「不如老圃」，誠不如彼其人可以置天下於不問而自樂以終老也。樊子未達而出，不可不正告以治天下之道，但得所藉手，亦甚易易。「小人」云者，正為樊子一破其胷中之塊磊，而非以稼為不當學也。

固天縱之

昔人謂「固天縱之」斷句，「將聖」而「又多能也」，此說甚佳。吾意「殷因於夏，禮所損益可知也」，以「禮」字屬下句，亦令讀者灑然。至《孟子》「齊饑」章「卒為善，士則之」皆三字斷句，而以「野」字屬下，似未妥善。

〔註1〕「玄」，底本原作「元」。

紀泰山銘

高初亭太守澤履。以所搨唐開元十四年泰山磨崖銘見貽，分書大徑四寸，其文與《舊唐書・禮儀志》不合者二十餘字。如「宰相庶尹」，石本作「宰衡」；「震疊九㝢」，石本作「震疊」。辭義相近，或後來史臣所更定。惟銘辭追序高祖、太宗、高宗、中宗、睿宗功德，故云「緬余小子，重基五聖」，《唐志》獨遺「睿宗」，而以「恭己南面，氤氳化淳」屬之中宗，則無是理矣。石刻「中宗紹運，舊邦維新」下有「睿宗繼明，天下歸仁」八字，乃知文義本完備，而《志》特遺之，不應如是之疎，殆鋟版時譌脱邪？

申論為人後者為本生之稱

余嘗論為人後者於本生不應改稱伯叔父，是說也近似歐陽文忠。吾友薛畫水見而非之，非之誠是也。然鄙見固有不盡如文忠者。文忠之意，特以《禮經》有「為其父母」之文，以為明明稱父稱母，未嘗因降服而並易其稱。此曲說也。司馬文正曰：「為人後者為其父母，此因服立文。捨父母則無以為稱，非謂其得稱父母也。」固已簡而明矣。而趙瞻爭之尤力。瞻之言曰：「義無兩父，服無二斬，乃敢裂一字之稱以亂大法。夫禮有出母去婦之文，出不為母，去已非婦，辭窮直書，豈足援據？」本朝顧亭林氏亦云：「謂所生為其父母者，本其初而名之，非有兩父母也。未為人後之時，以生我者為父母。已為人後之後，以命我者為父母。蓋帝王授受之重，固應統於一尊。即士庶之家，亦以大宗為重。」諸說誠無以易。若宗法既紊，凡無子者皆得立後，如先兄之於叔父，聰應之於耀連，皆非為大宗後也，則為後之塗既廣。即本生之殺，不應太嚴。且古人於世父、叔父往往竟稱為父，班固、蔡邕文皆可證。《王莽傳》：「繼四父而輔政」，是孟堅稱叔姪為父子也。乃以本生，故反斤斤於此一字，而必以伯叔冠之，心所不安。今加本生字於父母之上，與父母不患無別，又何嫌乎？嘗見鄉里之為人後者，有直稱本生父母為父母，而於所後之父母反創為嗣父嗣母之稱，則大謬矣。鄙見如此，他日更以質之宛鄰、仲倫、申耆、道久、卿山、申受諸君，未識以為然否。

石晉出帝稱本生為皇伯父

晉高祖之崩，五子已皆前死，而重睿方幼，諸大臣因立重貴。子姪之間，親疏有幾，而國賴長君。況重貴之為高祖子非一日矣，固高祖之命也。歐公違禮廢命之譏，已非晉大臣所任受。至出帝稱敬儒為皇伯父，統於一尊，昭然大

義，而以為滅絕天性，是於《禮經》「為人後者為其父母」之文始終未喻其指也，亦可云固執矣。

天行

余自小時讀《易》，即疑聖人釋象皆著卦名，不應於《乾》卦首亂其例。變乾為健，乾、健同音，得毋古字通用邪？後讀武大令億《經讀考異》云：「『乾』，古字作『健』，見《古今韻會》。傳《易》者因轉寫作『健』。」蓄疑數十年，忽得左證，為之快絕。又今讀「天下雷行，物與无妄」，各四字為句，於例亦不畫一。《九家易》：「『天下雷行』，陽氣普徧，無物不與」，是以「天下雷行物與」斷句，而卦名仍另讀也。

誅字在侯韻

顧亭林《答李子德書》：「『晉，晝也。明夷，誅也。』古人讀『晝』為『注』，正與『誅』為韻」，而引張平子《西京賦》為證。愚意孫奕改「誅」為「眛」，固謬；亭林讀「晝」為「注」，亦非。《說文》：「噣，喙也，陟救切。」亦通作「咮」。《曹風》：「惟鵜在梁，不濡其咮。彼其之子，不遂其媾。」「咮」字從口，朱聲。凡朱聲字皆屬侯部。顧氏不求朱字之音以從晝字，而改晝字之音以從誅字，誤矣。至《西京賦》「徼道外周，千廬內附。衛尉八屯，巡夜警晝」，「附」字符口切，正厚部中字也。

辨顧亭林語

顧亭林《與人書》：「君詩之病，在於有杜。君文之病，在於有韓。有此二子於胷中，終身不能登峯造極。」斯言過矣。學杜學韓，趨向不可謂不正。若薄其有所依傍，則孟子何以言師文王，何以言學孔子？士生古人之後而不學古人，輒自命為別開生面，正今日學者通病，豈復可以先生之言益壯其自用之氣邪？即以先生之文論之，亦自調達盡意，而究不得與於作者之林者，徒以不學韓、歐也。先生持論平正，獨此條不敢坿和，特辨之以示子弟。

吾與點也

此章與「顏淵季路侍」章不同。夫子明以「如或知爾」為問，故三子各言經世之志。曾點平居，本無不吾知之歎，所謂「異乎三子之撰」也。夫子忽忘其發問之本意，獨深許之，以為有天地萬物各得其所之妙，則子路「車馬衣，

裒與朋友共」亦何嘗非物我無閒胃次？蓋聖人雖志在天下，而一聞春風沂水之樂，不覺喟然動歸隱之思。「吾與點也」云者，言吾安得功成治定而與點共此樂也。《集注》過於求深，似與當時語意不合。

非其鬼而祭

「祭非其鬼」與「見義不為」何以連類而及？蓋為季氏、冉子言之也。「旅泰山」，「祭非其鬼」也。「弗能救」，「見義不為」也。曰諂曰無勇，蓋猶薄責之云爾。

尹宙碑

尹宙碑額「從銘」二字，篆法絕佳，疑本從事尹君碑銘六字而中四字漫漶，拓碑者遂遺之也。銘辭「位不福德，壽不隨仁」，「福」蓋讀若「副」，然應從衣，不應從示。《西京賦》有此「福」字。「仰福帝居，陽曜陰藏」，今本作「福」，非。

易象何以為周禮

《鮚埼亭集》有董秉純者，問於全謝山：「《易》象何以為周禮？」善哉問乎！而謝山不能答也。吾聞張氏之言曰：「《記》曰：『禮本於太一，分而為天地，轉而為陰陽，變而為四時。其降曰命。』〔註2〕韓宜子見《易象》，曰：『周禮在魯矣。』是故《易》者，禮象也。是說也，諸儒不能言，惟鄭氏言之。」又曰：「往嘗疑鄭君箋《詩》，以昏期盡仲夏已前。於經無所徵驗。及就《歸妹》之注考之，六五爻辰在卯二月中，辭曰『帝乙歸妹，以祉元吉』；九四爻辰在午五月中，辭曰『歸妹愆期』，然後知《箋》義蓋出於此。又嘗以『雷震百里』以象諸侯，周官制則不合。及讀《晉》『康侯』之注：『諸侯有三捷之功，錫以乘馬而廣之』，然後知《易》有三代之制。其他如此者甚眾。惜乎唐之師儒未有見及此者，遂使禮家微言泯沒而不傳也。」以此答董君，乃不負此一問。

漢諺

《陔餘叢考》集漢人諺語，「問字不休賈長頭」、「說經鏗鏗楊子行」之類凡數十條。〔註3〕余引《曹全碑》為補一條：「重親致歡曹景完。」

〔註2〕《禮記·禮運》。
〔註3〕趙翼《陔餘叢考》卷二十二《漢諺用韻法》。

名士

《陔餘叢考》言名士之稱始於《月令》，徵引張耳、陳餘以下數十人。〔註4〕然《漢書・王莽傳》：「戴崇、金涉、箕閎、陽竝、陳湯皆當世名士，咸為莽言。」此五人又在種暠、荀攸、太史慈等之前。

混號

《陔餘叢考》引《呂氏春秋》「夏桀號移大犧」，此為混號之始。於是自漢至明，徵引至四千餘言，〔註5〕可云好事矣。然猶有遺者。鈞弋倢伃號拳夫人，田千秋號車丞相，杜欽號小冠杜子夏，東昏侯呼羊闡為禿鶖，童貫當國，當時稱為媼相，皆混號。至井底蛙、冢中枯骨、借面弔喪、監廚請客，則不可謂之混號矣。

古文辭類纂

向聞姚姬傳先生有《古文辭類纂》一書，頃康蘭皋中丞始為刊版行世，所列前明及本朝作者止歸、方、劉三家。唐襄文《廣右戰功序》為明一代奇作，而桐城宗伯論最工，皆不錄。震川壽序錄至四首，恨先生已亡，不獲面質也。

僅

姚謂「僅字以多為義」，而引《晉書・劉頌傳》「三代延祚久長，遠者僅將千載」，《趙王倫傳》「所殺害僅十萬人」為證，〔註6〕非也。《公羊傳》：「是月者何？僅逮是月也。」何休《注》：「在月之幾盡，故曰劣及是月。」此「僅」之本義也。「僅將千載」者，言享國久長，靳之猶將千載。乃反言以見其多。與江文通《別賦》「暫遊萬里，少別千年」句法相近。又韓文「初，守睢陽士卒僅萬人」，柳文「賢人才士，被謗不能自明者，僅以百數」，蓋「僅」與「靳」通，亦借作「近」也。

〔註4〕趙翼《陔餘叢考》卷三十八《名賊》。
〔註5〕趙翼《陔餘叢考》卷三十八《混號》。
〔註6〕姚鼐《古文辭類纂》卷二十九柳子厚《與許京兆孟容書》：
　　　姜塢先生云：「韓、柳文及唐人詩內，凡用『僅』字，每以『多』為義。《晉書・劉頌傳》：『三代延祚久長，近者五六百歲，遠者僅將千載。』《趙王倫傳》：『戰所殺害僅十萬人。』則以『僅』為『多』，亦不始唐人矣。

武侯出師表

《文選》但題《出師表》，俗本妄加「前」字。姚仍之，非是。

老蘇《送石昌言引》

「建大旆，從騎數百。兒時見昌，言安知其如此。」姚云：「此明允胷衿陋處，昌黎必不然。」〔註7〕桉：文中固云「富貴不足怪，吾於昌言獨自有感也」。是「大旆」云云者，乃文辭開合頓折應如此，非有所羨也，安得遽以為陋？

廉山詩

萬廉山初至吳門，才氣甚盛。嘗有詩贈李安之，學璜。云：「江南百戰無堅壁，行內伯言真勍敵。獺兒僚壻有周郎，顧曲無心坐愁寂。」「周郎」者，周少蓮。「伯言」以況余，而「獺兒」則自謂也。余見之，戲以詩答，有「君毋知進不知退，勸君南轅且返旆，如僕碌碌何止數百輩。強宗大族傾國來相讐，恐君不免南冠囚」云云，君為大笑。不相見久，不知意緒近何如也。

〔註 7〕姚鼐《古文辭類纂》卷三十二蘇明允《送石昌言為北使引》。

卷 五

都門餞別詩

　　先君子以乾隆五年三月出為福建連城令,都門師友餞行之作,繼輅所及見者,虞山首倡,餘皆次韻。惟菠溪丈別操長歌。並錄於左,都二十九首。

常熟蔣文恪公溥

出宰新羅邑,花明淑氣妍。海疆思德政,鳧舄儼神仙,山隱金銀氣,<small>縣西南西寶山有白光發林麓間,或以為金銀氣。</small>心如冰鑑懸。民謠歌麥秀,報最有人傳。　　每喜論文久,何堪此一行。春風著陡栁,灑淚把瑤觥。去我七千里,送君三兩程。數行煩驛使,好慰別離情。

同里劉文定公綸

讌罷大羅天,鶯花憶最妍。一麾來作宰,雙舄去如仙。望以登韓重,情因借寇懸。君家鬱林石,清節至今傳。　　笑指無諸國,長歌於蔿行。谿祮呼捩舵,蕉荔勸持觥。到縣看山色,編詩紀驛程。艸堂懷夾漈,相送不勝情。

番禺莊相國有恭

帝里春光好,旗亭栁色妍。一官初作令,雙舄已成仙。金櫃千峯聳,<small>邑有金櫃山。</small>琴堂一鏡懸。清風應載道,處處頌聲傳。　　赴闕成名早,還鄉衣錦行。板輿迎鶴髮,花縣捧金觥。拔薤無妨捷,搏風莫計程。臨岐一相送,翹首有餘情。

同里程文恭公景伊

入洛聲名貴，之官節物妍。文章推積玉，衣鉢豔登仙。綵服青春麗，輕帆細雨懸。彭籛看捧檄，勝事里閭傳。　　閩海仙靈窟，雙鳧冉冉行。郵亭榕葉路，官閣荔支舠。力展書生志，寧隨俗宦程。清時堪樹立，判袂不勝情。

新建裘文達公曰修

離筵當二月，芳意十分妍。赤縣思賢宰，烏紗是散仙。春風雙騎遠，海日一帆。懸載石君家，事遺徽今尚傳。　　好去莫辭遠，前旌搖漾行。壯心誇捧檄，別意記浮舠。風物諮遺俗，鶯花慰客程。故鄉經過地，為我寄羈情。

同里蔣侍御和寧

栽花臨海上，次第趁春妍。繡虎才人少，飛鳧令尹仙。灘聲當郭合，峯勢入樓懸。如此奇山水，都須惠政傳。　　驃篠兒爭迓，攀條客送行。三間辭老屋，一石醉離舠。白袷杏花店，紅緗芳草程。長途頻入夢，予重故人情。　　祗覺為官易，真輸文筆妍。千花人上第，一水客登仙。宦興爭春發，鄉心帶月懸。連城舊聲價，仍借縣名傳。　　作宦先歸里，殊恩在此行。聽殘青社鼓，酌彼紫霞舠。畫舸攜家具，牙籤報水程。沿汀啖花蛤，清絕長官情。

沈君瀾

單車閩嶠路，花梆及春妍。卻過鳴珂里，還攜上樹仙。君便道旋里，挈眷同行。山城孤鶴唳，海角一星懸。採得風謠好，從教雁戶傳。　　璡院連年擢，仙鳧此日行。花封新到邑，灑泛舊時舠。旅橐裝詩帙，郵籤數驛程。風懷知不淺，天末迴含情。

周君景柱

舊聞東冶地，勝賞得幽妍。海水通三島，江峯入九仙。榕陰冰簟冷，荔實火珠懸。忽露雲中石，晉安有石隱雲霧間，官清乃見也。清名萬口傳。　　才子之官去，春風得意行。綠篁迎卷旆，紅酒佐飛舠。閩地多釀紅酒。筍箯臨山驛，杉船數水程。還將士龍賦，一寫宦遊情。

溧陽陳君大輪

迢遞文溪邑，花封春正妍。五車欽積學，雙鳥羨飛仙。別緒垂楊繞，離情落月

懸。遙知駐馬處，清蹟喜相傳。　　更羨揚鞭去，還從桑梓行。承歡戲綵服，話舊泛金觥。錦製三秋候，書回萬里程。江東與冀北，天畔總關情。

無錫秦丈勇均

捧檄牽帷去，春城景物妍。璚林騰鳳采，霞嶺卜鳧仙。壺裏冰常潔，庭前鏡朗懸。三年勤報最，謳頌聽遙傳。　　放鶴亭前路，曾同千里行辛。亥歲，同館於彭城。張氏常與君遊雲龍山、放鶴亭。雄詞驚奪幟，豪興託傳觥。星月懷三匝，雲霄共一程。報君期努力，蘭譜曷勝情。

南昌涂丈逢震

閩嶠之官去，嵐光早莫妍。雲霞生海氣，巖壑隱神仙。丹荔風枝綴，紅蕉露葉懸。使君吟興好，廨舍句頻傳。　　祖席當三月，相看叱馭行。栽花知滿縣，折柳勸飛觥。白雪開吟卷，青山數驛程。中年惜離別，惆悵不勝情。

南城魏君允迪

我愛連城陸，風流別樣妍。須知墨綬吏，不減玉堂仙。君以未得庶常改授即用，慮難勝任。海國珍奇聚，江山圖畫懸。謝公樓上望，應有句堪傳。　　匝月知交好，送君今遠行。微痾惟勸藥，時君小病初愈。惜別不持觥。邊雁催鄉思，荒雞促早程。數行郊外柳，牽拂若為情。

程君巖

驛路鳴驪去，春花到處妍。琴聲調古治，鳧影度飛仙。氣誼平生在，心旌此日懸。海邦歌父母，早晚玉京傳。　　治世須經術，君今及壯行。新詩籠短袖，別緒付深觥。雨露霑濡日，鶯花次第程。春明門外路，楊柳不勝情。

同里蔣編修麟昌

長安有籠復有筌，禽邪魚邪拘盈千。一客避囂掩雙戶，不雪亦作袁安眠。眠來布被當頭擁，誰解東隅赤輪湧。驀聞冬冬敏門聲，驚起遊魂神洶洶。披衣立向疎櫳看，有奴手執烏絲紈。前言主是連城尹，三月八日將之官。總總致辭猶未畢，復有寸緘手中出。緘雲遠作飛礫行，索君一詩壯行色。補山補山我何言，椿堂舊景其無諼。爾時乾坤若斗室，蹻足便觸千重藩。生不逢蘇門，落落步兵侶。又不耐郵師，涼涼與踽踽。惟我為君作楚歌，惟君為我作吳舞。歌歌舞舞

莞爾間，有時相對增愁顏。大珠小珠眼底落，羊裘萬點霜楓斑。蒼茫意氣孰相似，長鯨未沾一勺水。天池煙霧罨埜來，涸轍之鮒躍然矣。凌空躍過石塍嶼，會向滄波浴鱗去。掉尾掃取八閩雲，灑作千邨萬邨雨。迴思兩載相周旋，雅知君力堪承宣。翩翩墨綬出京邑，鳴琴何必輸先賢。況復連城東北之劇地，保障百里重儒吏。簿書雖屈士元才，盤根可礪虞詡器。勸君暫軟彭澤腰，晁君小試武城刀。百壺荔酒清且馥，盟鷗閣外春風高。行行莫瀉別腸淚，彼間望君如望歲。經營一夢尾君行，君其東爾馬首南爾旆。此詩與先生集中稍有不同，蓋後來所改定。此依手書本錄入。

孟塗佳句

　　桐城劉開孟塗，姬傳先生古文弟子也。然其文不盡守師法，故余尤愛其儷體。嘗跋其後云：「拾其片語，皆焦氏之奧詞；檢取數聯，成連珠之妙製。而作者才思噴湧，用之如泥沙。」非虛譽也。其詩長篇尤勝，茲錄其律句數聯，以為吉光片羽之玩。《傷逝》云：「夢中不識重逢樂，覺後翻嫌一見多。」《楚中雜感》云：「地開豪傑爭雄局，人得江天最早秋。」《粵中雜詠》云：「山窮不覺南天盡，地僻能令上客來」；「歡娛社稷辭良夜，歌舞江山換主人」；「全邊地險分三路，一日天光並四時」；「龍戲日珠紅照夜，鯨翻海氣綠侵樓」；「潮來曉霧都成瘴，日暖秋光不受雲」。《贈僧》云：「乾坤有我愁難遣，仙佛無家道易成。」《有感》云：「眼前奇士誰爭命，事後庸流善論人。」《抵星渚》云：「人與暮雲同路出，詩和春恨一時刪。」《寄家書》云：「有書難寫方成恨，生子能遊便不才。」《渡黃河》云：「星日氣皆隨水變，泥沙源豈自天來。」《齊都懷古》云：「仲父何功由鮑叔，昌黎失意感田橫。」《燕臺懷古》云：「沙塵欲變三春色，冰炭同經六月秋。」《雜感》云：「國士難成因負氣，佳人遲嫁敢傷春」；「奇興夜生思畫馬，高原風起聽呼鷹」；「黃菊飽餐留句遍，滄江歸臥避名難。」《客感》云：「萬里我猶嫌路短，四時天易縱秋來。」

又錄孟塗文〔註1〕

　　今使植孤介之操，抱肥遁之德，絺袍華於朱黻，茅茨豔於丹楹，可以謂之高蹈，而干時之量弗聞焉。馳精八極，勞眺三辰，託回飈以遠遊，指弱海而言邁，可以謂之逸軌，而垂範之美無取焉。至於藻厲名行，履蹈法度，生雖晚近

〔註1〕劉開《劉孟塗集》駢體文卷二《贈陸祁生廣文序》。

而兼周疋之才，居遠瀟湘而多楚騷之怨，則我陸君祁孫即其人矣。祁孫淵才亮茂，疋度宏毅，清裁有標世之稱，素業負絕群之譽。羈貫之年，克荷先軌；名父之子，敦尚家風。而且含寶守信，本自性成；篤學好古，捷由天授。揚藻於時彥，藏華於當春。固宜神龍噓雲，憑尺木而致雨；樓鴻得路，偕勁風以凌虛。匡贊清時，宣昭懿德。而乃局志一官，秉鐸百里。是猶鸞鳳競粒於庭場，龍麟雜厠於蓫薐也。開交君十載，縱吻千秋。朗月照人，不自覺其暱近；惠風披坐，猶時習其清芬。離思易長，良會苦短。惟期敷陳德教，雅好人流。無秉心矯跡之奇，有揚光發輝之望。庶幾獎我善類，宏彼士林。抑下扶高，排方入直。足以陶冶薄俗，鎮靜頹風。使車笠之盟長溫，陰雨之刺不作。今之交道難言矣。風誼彫喪，黨習糾縈。軒己而輕人，是同而非異，互為腹背，別有肺腸。荊棘其中而蘭蕙其外，金石其始而冰炭其終。如君亮直清方，純篤閒疋，以云求友，捨斯誰歸？所惜羊仲多貧，長卿善病。圍花作榻，妻守藥爐；刺鳳為幡，女求神艾。是蓋由絲竹之感，損謝傅於中年；芳草之情，牽王孫於遠道。離愁伐性，風景攻懷。等蒲柳之早衰，有雲鶴之清瘦。固雋才之為累，亦多情之所致也。開近年以來，奔命風塵，效役書史。夜對月而無興，晝御酒而寡歡。嵇中散疏懶不堪，張君嗣疲倦欲死。惟煙墨宿緣，文章痼疾，則結習所不能暫釋者耳。固承惠愛，輒頌光儀。累辭無文，書以為贈。

江南

　　蕩而無節，《東門》、《宛丘》之指也。

《烏生八九子》

　　烏生子至八九之多，而皆闊絕，父母生死不能相聞，何情事之慘酷也。白鹿以下，極言無辜遇害之多。若云彼勛要侍從之臣，山林飛遯之士猶不得免。矧我小民，又安足道？末乃歸之時數，以紓其無可奈何之痛，喻意深切著明。為此詩者，其當莽、卓之時乎？

《陌上桑》

　　此賢者不從游說之辭。「日出」二語，喻所處光大。「青絲」六語，喻志行修潔。「行者」以下，見眾望之歸。「羅敷自有夫」，大義凜然，亦既言盡於此。「東方」以下，復以詼諧作結，直令使君爽然自失。周公瑾所云「內結骨肉之恩，外託君臣之義，雖蘇秦、張儀不能動其豪末」者也。

《相逢行》

此刺權要之辭。「君家誠易知」，有「高明之家，鬼瞰其室」意。「易知復難忘」，有「千夫所指，無病而死」意。

《豔歌行》

此為不能固窮而貶節者諷也。「水清石見」，意亦無他。然君子不處嫌疑閒，雖復石見纍纍，終不如歸也。

《古歌》

「秋風蕭蕭」，此何時乎？「出亦愁，入亦愁」，曼曼靡騁也。座中之人，誰不當懷憂，而獨使我白頭也？

《豔歌》

「青龍鋪席，白虎持壺。姮娥垂璫，織女奉裾」，皆必無之事也。如此乃能為樂。則其悲思復何以自遣邪？

《古詩》

「顏色類相似」，相其表也。「手爪不相如」，言其用也。華實既殊，遲速亦異，而愛憎取捨一切反之。末世錄才，大都如此。

三章朋友有故而去，不能強留。「贈子以自愛」，誼也。「新心有所歡」，慰之也。「何時復來還」，傷其不復來也。

《短歌行》

此魏武言志之作也。「對酒當歌」四語，有妄竊帝號，聊以自娛意。「但為君故，沉吟至今」，謂吳、蜀二主也。「我有嘉賓」，清議可畏也。「心念舊恩」，民未忘漢也。「山高水深」，自言積厚流長，吾子孫必有成吾之業者。吾自效法周公，以求諒於後世，較之劉裕、蕭道成以垂莫之年行弒逆之事，其志固已遠矣。

《羽林郎》

不言霍家而言霍家奴，君子居是邦，不非其大夫，故託之下執事也。然奴之橫恣無忌如此，即其主愈可知矣。

阮公《詠懷》

四章「天馬出西北」，喻司馬氏也。「春秋非有託」，四時更代，魏祚將移，不能長保矣。「露被皋蘭」、「霜霑野草」，〔註2〕即銅駝荊棘之意。六章審所自處。七章仍以成功之去比運祚之移，而於萬萬必然之中，冀其或不然也。八章「隤日」、「回風」，〔註3〕喻魏恩未泯，彼磬折於權臣者，寧念故君之顛頷哉？我固甘隨燕雀，不欲高飛，所恐從逆諸臣一旦鳥盡弓藏，亦未必以功名終耳。「中路安歸」〔註4〕，所以深警之也。十一章傷魏主荒淫，不能自振，致有黃雀之哀而不能救。十二章申明中路安歸之意，言彼依附司馬氏者，亦一時之榮寵而已，非果有丹青之誓也。為人成何等事，而望其不相負邪？十三章因上章而益開悟之，言李公叛扶蘇而附二世，蘇子狹三河而去衰周，卒皆不得其死，則何如求仁得仁之為無所怨乎？八章言「寧與燕雀翔，不隨黃鵠飛」。二十章言「一飛沖青天，豈與鶉鷃遊」，喻富貴則賈充輩固，儼然黃鵠也；喻志節則皆鶉鷃耳。「揮袂無長劍」，幾乎握拳透爪矣。急以比體自晦其指，危行言遜，所以不罹叔夜之禍也。二十二章「仙者四五人」，蓋以況竹林諸賢。五十一章「林中有奇鳥」，悼叔夜也。

郭泰機《答傅咸》

《傅咸集》：「河南郭泰機不知，余無能為益，以詩見激切可施用之才，而況沉淪不能自拔於世。余雖心知之而未如之何，此屈非文辭可了，故直戲以答其詩云。」觀此則郭詩乃贈傅，非答傅也。

劉琨《扶風歌》

此蓋奔薊時作。

文通《雜體》

江醴陵《雜體》詩雖云擬古，究其微恉，亦述懷之作也。所作時日不可復知，據自序傳往往可推。

首篇與末篇自為首尾，皆騷人之指，所謂「深沉有遠識，慕司馬長卿、梁伯鸞之徒」者也。

〔註2〕原詩：「清露被皋蘭，凝霜沾野草。」
〔註3〕原詩：「灼灼西隤日，餘光照我衣。回風吹四壁，寒鳥相因依。」
〔註4〕原詩：「中路將安歸。」

淹為南徐州新安王從事，建平王景素聞風而悅，接以布衣之禮，賓待累年，雅以文章見遇。「李都尉從軍」以下六篇似指此。

「陳思王贈友」一篇，似傷袁叔明之辭。

宋末多阻，宗室有優生之難。王欲羽檄徵天下兵，以求一旦之幸。淹嘗從容曉諫，言人事之成敗，又賦詩十五首以諷。言志、詠懷二篇似指此。

王遂不悟，憑怒而黜之為建安吳興令。「張司空離情」以下五篇似指此。

潘黃門不擬其河陽懷縣，而擬述哀，所以著遷斥之悲。觀起結四語可見。

擬轙宦意更顯，陸平原不言儲後也。

在邑三年，建平王敗，復還京師。值世道已昏，守志閒居，不交當軸之士。傷亂以下九篇似指此。

傷亂、感交，皆傷建平之辭。

俄皇帝始有大功於四海，聞而訪召之，為尚書駕部郎驃騎竟陵公絭軍事。及讓齊王九錫備物，凡諸文表皆淹所為。「顏特進侍宴」以下四篇似指此。

「幸及風雪霽，青春滿江皋」，頌齊高祖之辭。

「北渚有帝子，蕩漾不可期」，似有故主之思。

「袁太尉從駕」一篇，紀受禪也。

受禪後又為驃騎豫章王記室絭軍，鎮東武。「謝光祿郊遊」一篇似指此。

「鮑絭軍戎行」一篇，自傷失意，有壯激之志。

庾子山《楊柳歌》

「別有長條踠地垂」，指湘東也。「河水沖激」，喻矦景。「鳳凰兒」，喻簡文。「東南小枝」，指元帝即位，定是懷王作計誤，無事翻復用張儀，乃推原禍本，追咎武帝之納矦景。「武昌」以下，言陳移梁祚。「江南」以下至此，皆往時與宛鄰先生論詩之語，而宛鄰所說為多。

玉溪詩

《韓碑》。　　憤河朔三鎮之不庭，而朝廷不復能用武也。作者於平淮西之文傾倒猶如此，況其人乎！一則曰「帝得聖相」，再則曰「聖皇及相」，撫今思昔之意深矣。

《富平少矦》。　　止奔競也。主人晏眠，當關不報，豈知門外諸公森然與槐柳並列哉？

　　《陳後宮》。　　　刺敬宗也。即位二月，即幸中和殿擊毬。自此觀競渡，浴湯泉，諒闇之中，讌遊無度。篇中曰「侵夜」、曰「迎冬」，汲汲顧影，惟恐失時，卒致滅燭之禍。「從臣皆半醉，天子正無愁」，危辭也，先幾之慮深矣。

　　《隋師東》。　　　刺王、康、史、李諸將也。時烏重胤已先卒，諸將討李同捷、王庭湊久無功，每小勝則虛張首虜以邀賞，故篇中引王濬誤報得孫歆頭為比。

　　《有感》。　　　憫李訓、舒元輿、鄭注、王涯之死也。訓、注等誠非端士，然甘露之變，帝實與謀。事同殉國，而當時之論既以守澄之誅為負心，益以訓等之死為自取。作者心冤之而不敢為之一慟。「近聞開壽讌，不廢用咸英」，深痛文宗受制家奴，隱忍而不能自振也。

　　《重有感》。　　　勸王茂元誅仇士良也。前詩云「古有清君側，今非乏老成」，已微露其恉。故此篇題曰「重有感」也。大和九年十月，以前廣州節度王茂元為涇原節度使，所云「得上游」也。劉從諫三上表，請王涯等罪名，所云「表來關右」也。甘露變起，茂元及蕭宏各勒兵，備非常，所云「軍次石頭」也。蛟龍失水，天子無權，而藩鎮觀望不前，孰為高秋鷹隼快意於一擊者乎？〔註5〕作者於茂元感之也深，故責之者備。晝號夜哭，憤徹幽明，更無疑義也。

　　《和友人戲贈》。　　　合下題後一篇〔註6〕皆文人感遇之辭。「仙人掌冷」、「玉女窗虛」〔註7〕、「月裏依稀」、「峽中尋覓」〔註8〕，極寫愛而不見之情，而託之於神仙荒誕之說者也。

　　《送從翁從東川宏農尚書幕》。　　　觀此詩而作者志節略可見矣。耳食者猶以蕩子目之，題《錦瑟》則以為青衣之名，賦《碧城》則疑作瑤光之壻，然則「捐予袂兮江中，遺餘褋兮澧浦」，彼爭光日月者又何說邪？

　　《詠史》。　　　痛文宗也。文宗恭儉之主，鬱鬱以終，是「成由勤儉破由奢」之理亦有時而不驗也。太子慢遊是好，旋復暴薨，元德弗嗣，蒼梧之慟，所為終古也。

〔註5〕原詩：「豈有蛟龍愁失水，更無鷹隼與高秋。」
〔註6〕《題二首後重有戲贈任秀才》。
〔註7〕《和友人戲贈二首》其一：「仙人掌冷三霄露，玉女窗虛五夜風。」
〔註8〕《題二首後重有戲贈任秀才》：「峽中尋覓長逢雨，月裏依稀更有人。」

《潭州》。　悲文宗也。「湘淚淺深」指賢妃賜死,「楚歌重疊」況放逐諸臣。〔註9〕

《破鏡》。　喻君子小人相為消長也。

《茂陵》。　此詩蓋作於大中改元之前。武宗英斷,澤潞克平,首頌武功,故以茂陵為比。光王正位,量移牛僧孺衡州,崔珙安州,皆長史;李宗閔郴州,司馬;楊嗣復江州,李珏郴州,皆刺史。是武宗貶逐諸臣,行將歸國,而文宗不及知也。「茂陵松栢雨蕭蕭」,其悲思深矣。

《華嶽下題西王母廟》。　悼武宗也。憲、穆、文、武俱以金丹致禍,而此篇知為悼武宗者,名姬夜隕,兼悲王才人之殉也。

《淚》。　湘江、峴首、楚帳、漢關,皆千古灑淚之地。而今日灞橋離緒,殆不啻過之。詩意似不過如此。

《錦瑟》。　「一絃一柱」祇是百年易盡之意。感遇、悼亡,無所不可。

《贈歌伎》。　無賴獨絕,然天下固有知己而不感恩者,獨此伎也耶?

《藥轉》。　蓋有河魚之疾,服藥後解而得愈,廁上漫作一首,解者紛紛,令人噴飯。

《河陽詩》。　義山以詩才豔異,託興纏綿,負輕薄之名,蓋已久矣。偶於傷逝詩中一自表白。「巴西夜市紅守宮,後房點臂斑斑紅」,即「國人盡保展禽,酒肆無疑阮籍」〔註10〕意。

《樂遊原》。　憂季世也。唐人詩,義山最得《三百篇》遺意。秋夜為諸生粗發其端,以此求之於漢魏詩,思過半矣。

窮絝

《周禮》以嬪御屬天官。故晉平以近女致疾,而醫和責趙武不能御。漢昭帝體不安,醫言宜禁內。大將軍令宮人皆為窮絝,多其帶。後宮莫有進者。事少主不當如是邪?顧推光意,為欲皇后擅寵有子,此班氏之陋也。

釭江同音

《孝成趙皇后傳》:「為黃金釭,函藍田璧,明珠翠羽飾之。」師古曰:「釭音工。流俗讀之音江,非也。」此注非是。釭、江字古音皆讀若工,顏氏乃厪知其一邪?

〔註9〕原詩:「湘淚淺深滋竹色,楚歌重疊怨蘭叢。」
〔註10〕李商隱《上河東公啟三首》其一。

翟義

　　新莽竊漢，偽周移唐，天下晏然，人心死矣。翟義、徐敬業功雖無成，當時安可無此一舉？班氏謂「義不量力」，以覂其宗。忠孝之事激於至性，豈暇求萬全耶？「設令時命不成，死國埋名，猶可以見先帝於地下」〔註11〕，義固自言之矣。

口占

　　《漢書・朱博傳》：「博口占檄文，府告姑幕令」云云。「口占」字始見於此。

王于興師

　　《無衣》：「王于興師。」時秦既未稱王，而朱子引蘇氏以王為周先王，又與全詩語氣不合。桉：此詩乃秦哀公為申包胥而作。所謂王者，指楚王也。「修我干矛」，猶言執兵而陪其後。蓋《左傳》言賦詩，其例有二。一為諷誦往作，藉以見志；一為自製之篇。其不見於《三百篇》者，如「公入而賦」、「姜出而賦」是也；其見於《三百篇》者，如《碩人》《無衣》是也。征南注定四年《傳》亦誤。

嵇康不應入晉書

　　鍾會譖嵇叔夜，欲助毌邱儉，景帝信之，遂遇害。按：毌邱儉起兵在高貴鄉公正元二年，衛瓘等討殺鍾會在常道鄉公咸熙元年，是晉室受禪，叔夜曾未目見。皎然魏人，而《晉史》為之立傳，非也。

弔者大悅

　　《孟子》：「弔者大悅。」《爾疋》：「悅、懌、愉、釋、賓、協，服也。」

病不廢學

　　張太倉作楠。見詢近狀，余報書有「貧不求財，病不廢學」之語。太倉亟述於人，傳誦遂徧。雲間春木書來，盛相推譽，閱之惄然，因記於此。若行不踐言，他日何以見我良友？

〔註11〕　《漢書》卷八十四《翟方進傳》：「設令時命不成，死國埋名，猶可以不愧於先帝。」

絭

儀真公云：「古城闕云如干雉雉，即絭字。同音假借。絭者，繩也，以繩度其丈尺也。晉太子申生雉經，亦言以繩自經。舊解誤。」

黃甥說詩

黃甥昌慈。為貧而仕，年未三十，即廢學。然讀詩頗有妙悟。余嘗作《棄婦辭》，有云：「絭星飾嬌鬟，旭日明羅帷。時乘嬺婉良，為歡信無期。」閱者於此皆平平讀過，甥獨注其下云：「『繁星』句喻貪得之無厭，『旭日』句喻宴安之無節。」余意正是如此。具此解識，古人微言奧義皆如面譚矣。

歐陽公居潁上

歐陽公《思潁詩序》：「余自得請來潁，愛其民淳訟簡，土厚水甘，有終焉之志。爾來，思潁之念未嘗少忘於心。」其後竟踐此言，論者頗惜。崇公惟公一子，瀧岡坯土，省視無人。其說甚正。近來士大夫宦成之後，懼睦媾任恤之不給於求也，往往買宅他州，甚者去鄉三四千里，安然食息，曾無松楸之思，籲可怪也！

義山風節

余嘗論李義山人品甚高，後世但以豔才目之，可歎也。唐文宗大和二年，親試賢良方正，劉蕡對策極言宦寺之禍，考官左散騎常侍馮宿、太常少卿賈餗、庫部郎中龐嚴雖皆歎服，不敢取也。後李部自愧登科，上疏請回所授以旌蕡，直不報。諫官、御史有欲論奏者，復為宰相裴度、韋處厚、竇易直所抑。裴、韋二公之意，殆正所以全之邪？然蕡既不得仕於朝，部亦無敢薦引者。當時避禍蔽賢之習，蓋可見矣。及蕡貶柳州司戶，義山獨以詩餞。其終也，屢為詩哭之。一則曰「上帝深宮閉九閽」，再則曰「一叫千回首，天高不為聞」，曾無語言賈禍之慮。今之君子偶著一文，賦一詩，反覆校勘，懼有觸諱，則如不為之愈矣。

薦士

唐貞元時，祠部員外郎陸傪主試事，昌黎薦士至十人之多。侯喜、侯雲長、劉述古、韋群玉、沈杞、張洪尉、遲汾、李紳、張後餘、李翊。今之君子但知遠嫌避，謗雋才，沉滯坐視而不一引手，可歎也。

資格

北魏神龜中，崔亮主選事，奏為格制，不問賢愚，專以停解日月為斷。洛陽令薛琡上書：「黎元命繫長吏，若選曹惟取年勞，不問能否，義均行鴈，次若貫魚，執簿呼名，一人足矣，何云銓衡？」唐開元中，裴光庭為吏部尚書，奏循資格，材俊之士無不悲歡。其卒也，博士孫琬議光庭失勸懲之道，請謚曰克。

船山詩

張船山《棧道題壁》七言律詩十八首，傳誦幾遍海內。然其中「尚留嚴武在成都」句，余頗不喜之。嘗作一詩，有「渾瑊功業誰能及，麾下爭看渤海王」之句。今此稿失去，全首不復能記矣。

易安再嫁不可信

李易安序《金石錄》，年已五十有二，萬無改適之事。不知何人造作桑榆晚景、駔儈庸才之語，有識者所不當信也。

嵇侍中

劉誠意《走馬引》：「戴天之恥自古有必報」、「魯莊嵇紹何以為人為」。選家往往節去「嵇紹」二字，不知誠意此詩正可正文信國《正氣歌》之誤。「嵇侍中血」殆未可為正命也。

驕兒

杜公《北征》詩：「平生所驕兒，顏色白勝雪。」與義山《驕兒》詩意正同。今本作「嬌兒」，非是所驕兒，猶微之云「偏憐女」也。杜公又有「驕兒惡臥」句，可互證。

其妻歸告其妾

譚明經琨。言《孟子》「齊人有一妻一妾」章，良人者，所仰望而終身也，今若此，時文家以為其妻不忍明言，然則妾尚未知，何遽詘良人而相泣耶？蓋「其妻歸告其妾」六字斷句，乞食情狀固已盡言無隱。「曰」字屬下三句，乃告語既畢，痛恨悲惋之辭，非第言今若此也。

卷 六

蟪蛄啼青松

往在都門作五言詩，有「夏蟲緣松枝，安得見後彫」之句，頗自矜惜。後見太白詩「蟪蛄啼青松，安見此樹老」，意正同而措語益工。甚哉辭，必己出之難也！

梅邨自訟

從古才人失節又從而為之辭者多矣，惟梅邨獨能自訟，無所諱飾。其《遣悶》云：「故人往日燔妻子，我因親在何敢死。蕉萃而今至於此，欲往從之愧青史。」自是由中之言。至臨歿，《賀新涼》詞「脫屣妻孥非易事，竟一錢不值何須說」，則益自引咎，並不敢以親在為解。讀者可以諒其志矣。

梅邨《清涼山》詩

梅邨《清涼山》詩四首，瑰辭盛氣，殆鎔李、杜於一鑪矣。然作詩之恉，頗不易測。靳氏亦但以為詠史而已。吾意蓋為崇禎帝作，而託之五臺也。思陵本田貴妃墓，故首章方述寵盛，即有「南山共槨」之語，伏後來合葬情事。次章言妃早逝，三章「中坐一天人，吐氣如旃檀。寄聲漢皇帝，何苦留人間」，乃田妃地下相招之辭。「天地閟興毀」云云，直以脫屣觀空之諦慰故君亡國之痛。四章「乘時方救物，生民難其已。持此禮覺王，賢聖總一軌」，言覺王固不動心於得喪。即自古聖主賢君，亦惟以保民為念。今聖清既能平治天下，懷宗亦當視同一軌，無憾於革命矣。若但為詠古而作，便覺辭縟不殺，有才多之患。

倍文

「大司樂以樂語教國子：興、道、諷、誦、言、語。」《注》：「倍文曰諷。」《疏》謂不開讀之。此「倍」字本義。《中庸》「為下不倍」是也。今專以為加倍之字，而「倍文」別作「背文」，又作「偝」。《坊記》「以此坊民，民猶偝死而號無告」、《投壺》「毋偝立」是也。

小己

《司馬相如傳·贊》：「《小雅》譏小己之得失。」韋昭云：「民志狹小，先言己之愁苦。」果爾措語，殊不妥貼，何必非小民之誤耶？「易本隱之以顯」，亦當作「本隱以之顯」。

秦淮海詞

《滿庭芳》、《慶清朝》、《高陽臺》、《揚州慢》諸調，俱四字對起，太鍊即不佳。惟少游「山抹微雲，天黏衰草」二語恰到好處。美成、聖與、叔夏諸君亦皆淡雅，不肯作意。至如「調雨為酥，催冰做水」、「做冷欺花，將煙困柳」，便覺俗不可耐。

鄉愿

君子恒疎，小人恒密。以鄉愿之奄然媚世，不欲天下一人有憾於己，其積慮然也。今乃過我門而不入我室，是猶有疎節闊目之時，而真意未盡澌滅也。若又從而憾之，彼將自懲其疎而益趨於密矣。故夫子不之憾，所謂以不屑教教之也。為鄉愿者，其知之否耶？

工部七律

工部七言律蓋有二種。「幸不折來傷歲暮，若為看去亂鄉愁」，此一種也。「伯仲之間見伊呂，指揮若定失蕭曹」，此一種也。後一種，務觀、裕之、獻吉、臥子尚能學之。前一種，義山而後，久成絕調矣。

工部七絕

工部七言絕句，「眼見客愁」九首、「江上被花惱不徹」七首、「楸樹馨香」三首，若斷若續，忽喜忽瞋，寫索處無聊，神理獨絕，自脫槁以來，索解人未得，直以為老手頹唐之作而已。

是非之心

孟子言惻隱、羞惡、辭讓、是非之心，人皆有之。然三者但當擴而充之，惟是非之心非致知格物求合於天理之自然，往往是其所非而非其所是，惻隱、羞惡、辭讓亦因之而俱誤矣。霍光不發其婦之姦，惻隱之誤，至於不忠。於陵不義其兄之室，羞惡之誤，至於不孝。惟辭讓差無大誤，而魯隱、宋穆，後世猶以為譏。此皆權衡未當之流弊也。孔子自言「七十而從心所欲」，此則格致之極功，而修身之能事盡焉矣。

公私

鐙下讀茗柯文，有云：「用人者輒曰公而已夫，進賢退不肖之謂公，賞善罰惡之謂公。若惟成例，是視其所謂公吾所謂私也，故公賞不足勸而公罰無所懲。公之為蔽如此。」〔註1〕諒哉言乎！因憶白少傅詩：「禾黍與稂莠，雨來同日滋。桃李與荊棘，霜降同夜萎。草木既區別，榮悴乃等夷。茫茫天地意，無乃太無私。寄言為國者，不得學天時。」〔註2〕兩賢之言，可以相發明矣。

香山

香山文行都無可議，白璧微瑕，正在「外襲儒風，內宗梵行」二語。樂天知命之學，當於《論語》《孟子》中求之，何必乞靈外道？

怳然

怳，許氏云：「狂之貌。」《一切經音義》：「惟怳惟忽，似有無有也。」正與悟義相反。俗語「怳然大悟」，乃戲言其不悟，非以怳然為悟也。近人截取「怳然」字為冰釋理順之辭，誤。

《漢書》不如《史記》潔

《東方朔傳》自「朔上書，高自稱譽」至「賜酒一石，肉百斤，歸遺細君」，極寫武帝愛才為第一段；自「上欲營上林苑」至「觀察顏色，直言切諫」，極寫朔不負知遇為第二段；篇終坿所著文辭二篇為弟三段。通體至為完善，惟「上嘗使諸數家射覆」至「遂得愛幸」幾四百言，蕪穢已甚，於帝於朔，兩無發明，讀者便可刪卻。又「董君之寵，由是日衰語」，意已足「至年三十而終」，何煩

〔註1〕張惠言《茗柯文編》三編《送左仲甫序》。
〔註2〕白居易《白氏長慶集》卷一《讀漢書詩》。

序入《朔傳》？《漢書》不如《史記》，正坐不潔，此其一隅也。《匈奴傳》，《史記》遺書高后，妄言足矣，《漢書》乃詳載其書辭，此尤不潔之大者。

漢帝愛才

漢高不好儒生，然自蕭何以下皆名之，惟留侯獨稱字。武帝召見主父、嚴、徐，謂公等皆安在，何相見之晚。讀《相如賦》，至恨不與同時。人主愛才，至此極矣。惜偃、助、買臣輩負帝知遇，自陷大戮。設非湯弘〔註3〕傾軋之力，猶將全之，未為少恩也。

張丞相列傳

《史記‧張丞相傳》章法最奇。「蒼遷御史大夫」以上纔三百言，即入周昌事，反八百餘言。自昌至平陽侯曹窋，御史大夫凡四易人，而蒼復為之，乃再入蒼事。申屠嘉又代蒼為御史大夫者。

封贈應書某階某官

《大雲山房文稿通例》極精覈，惟云「子孫封贈，止應書階」非是。謹按：制誥茲以覃恩封贈爾為某大夫某官，是明以子孫之官官之也。若止書階，則編修、知縣、教授並文林郎、講讀學士、祭酒，知府並朝議大夫，既無所分別，而京朝官加級請封，益不知用何官得封矣。

慳吝

余向作《謙儉二義說》，極知其駁。然令閱者稍稍自疑，似亦不為無補。故雖仲倫、仲平屢以為言，竟未刪卻。暇日閱坡公尺牘：「僕行年五十，始知作活大要是慳吝，而文以美名謂之儉素。」不覺失笑。此蓋古今通病，未易可砭者邪？

郭沈二君詩

連日得郭儐伽、_{麐。}沈小宛_{欽韓。}詩，坿記於此。儐伽詩云：「早應宮禁稱才子，老向煙波作釣徒」；「人世升沉原爾爾，畢生著述亦區區」；「青氈未必豪情在，紅蠟能知舊淚無」；「嵇阮飄零應劉逝，西園何似酒家罏」。_{元注：「時客題襟館。」}小宛詩云：「金斗城中今問訊，蓮花寺裏舊論文」；「相逢老瘦應驚我，自覺疎

慵反望君」；「溫飽未期長此竟，頭顱如許復何云」；「江淮倚席空留滯，喜見侯芭似子雲」。元注：「時晤君弟子李君於宣州寓齋。」

戴表元文

戴君表元《送張叔夏西遊序》：「晚宋文之極工者，置之歐公集中，亦上乘也。」余來平梁，忘攜《山中白雲詞》，獨時時憶此文不置。頃及門李生汝琦忽以見貽，急展戴君序讀之，不減故人重晤矣。

山中白雲詞

詞人多窮，叔夏抑太甚矣。越五百餘歲，而《山中白雲詞》乃幾幾乎橫被六合。然叔夏別有《題腰帶水》一絕云：「犀繞魚懸事已非，水光猶自濕雲衣。山中幾日渾無雨，一夜溪痕又減圍。」語意佳絕，尤勝於詞。惜他作不傳，而傳詞又恨其多耳。

三教

客問李士謙三教優劣。士謙云：「佛，日也。道，月也。儒，五星也。」其言絕悖謬。即在彼道中，亦復有何理致？乃云「客不能難而止」，《北史》之陋如此。

洪烈婦

合肥黃氏，父名元春。夫洪時康，同歲生，洪蓬州運開之猶子也。道光元年，補弟子員，數月而卒。有子曰保德，及晬矣。三年五月十三日，保德痘殤。烈婦以六月六日葬時康祖塋。八日，墓祭成禮。九日，絕粒，至十七日卒，年二十七。

墓祭

死不墓祭，其夏殷之制乎？以云周制，則先儒之說雖詳，未敢以為信也。《冢人》：「大喪既有日，請度甫竁，遂為之尸先。」鄭云：「既有葬日，祭以告后土。」〔註4〕「冢人為之尸後。」鄭云：「為尸者，成葬為祭墓地之尸也。」《經》又云：「凡祭墓為尸」。由後鄭之說言之，既云成葬之後為祭墓地尸矣，

〔註4〕鄭玄注：「鄭司農云：『既有日，既有葬日也。始竁時祭，以告后土。冢人為之尸。』」

於文不應復述。由先鄭之說言之，未葬之先，已祭后土矣，於禮不應瀆舉。然則祭墓為尸為祭祖考，非祭后土可知也。且不第云祭墓而云凡祭墓，其為歲歲致祭又可知也。正墓位，躚墓域，守墓禁。「凡祭墓為尸」，言既葬之後，冢人之職永永如此。連讀經文，曉然易見。夫魂升魄降，自有重輕。然既立主於廟，以致其精神之極，而體魄所藏之處恝然於心，此亦孝子仁人所必不忍出者也。其必立之尸者，亦所以致其精神而示體魄之非能來饗，正以益明廟祭之重、陵之崇，何遽為廟之殺乎？冢人得為祭墓之尸，蓋以同姓為之者。蓋禮莫備於成周。若益推而遠之，則上古且有不葬其親者矣。

果人

袁又愷家多藏書，有金泰和間所刊《本草》，果仁字皆作人。段大令據以註《說文》，謂果人作果仁，於理不通，乃明成化刊本所改。然隋臣已有名陳果仁者，或別有取義邪？

南北史捃華

近有人仿《世說》體例，輯《南北史捃華》一書。其中言語一門，皆剌取阿諛媚悅之言。此豈堪與德行文學相提並論邪？若抽出單行，目曰《導諛錄》，當有奉為枕中秘者。

三赦

司剌掌三赦之法：一赦曰幼弱，再赦曰老耄，三赦曰蠢愚。王荊公云：「幼而不弱，老而不耄，愚而非蠢，則在所不赦。」夫老而未至於耄，猶可言也。然已非經意矣。老耄云者，統七十以上言之也。若幼則安有不弱者，愚則安有不蠢者？將欲赦之，則以為弱且蠢；將欲坐之，則以為不弱不蠢。高下可以從心，而出入之失皆所不免矣。

圜土

「圜土」，鄭《注》：「獄城也。」潛溪鄧氏以為非，是乃為之宅而教之。果爾，則出圜土者殺，逃亡之罪不已重乎？且置圜土者，皆已犯法之人，若有罪過而未麗於法者，桎梏而坐諸嘉石，不入圜土也。重罪旬有三日坐碁役，下罪三日坐三月役，無上罪三年，下罪一年，而捨之久也。是好為寬縱，而反入於嚴酷者也。

王導陶侃

　　王導以周伯仁有「今年殺諸賊徒，取金印如斗大」之語，疑覬覦已於帝前。後敦三問周、戴，皆不答，遂至遇害。是直以計殺之，豈君子之所為？陶侃嘗夢昇天，折翼而墮，因自抑覬覦之志。此言誠不足為據。然以不與顧命，不肯發兵勤王，苟非溫太真激勸之力，便當袖手，安得謂之純臣邪？

劉穆之

　　余嘗以劉道和與荀文若相提並論，有據《王宏傳》駁之者。竊謂《宏傳》未可信也。以穆之之明達，豈不知九錫之命當在此時？且王鎮惡從帝北伐之初，即有「三秦若定而公九錫不至，此責在卿」之語。穆之雖未有所答，何遽不復省記？正以不願作此等事，是以身掌留任，而嘿不發言也。逮宏銜使北來，穆之無由諫阻，既惜武帝臣節不終，而立身亦將與之俱敗，是以悲憤而死，非愧懼而死也。穆之平生於帝舉止施為皆下節度，未嘗有忤。及其既歿，追悼無已，至詠「人之云亡，邦國殄瘁」。九錫之指，發自他人，有何愧懼，而遂至殞其生耶？

陳伯游金石銘序

　　陽湖陸君祁孫，予竊聞高義之日久矣。嘉慶己卯，同集汝陰，遂成雅契。山濤神交，灌夫弟畜，有遠性焉，至致焉。將去，祁孫出齊幣二並所刻私印為贈，曰：「特取金石不渝之意，為他日見懷之緒云爾。」予受而言曰：「縞紵弗惜，慕用之誠宣；追琢其章，鑄人之意寓。吾不忘君，請視此金。吾敢負君，有如此石。夫金石猶可毀，而交情無中變。是以古之君子，溫不增華，寒不改葉。搴蘭採杜以要之，登山臨水以送之。其風至高，誰可及邪？世習染而浮沉多，權利移而向背熟。於是塤篪輟響，古歡遂遙；車笠相逢，舊言殊少。謂之何哉？此則率爾褰裳，未若江湖之遺跡。思君不見，不若草木之有心者也。」祁孫曰：「然。願共勉之。」既別，遂各繫以銘云。

黃鑪感舊詩序 〔註5〕

　　伏讀詩篇，情生文，文生情，心緒如亂絲，筆端如分風，使人悽然欲絕。承命序其端末，不覺言煩而指碎。此序於駢體為宜，然鄙人輟筆已十年矣。序

〔註5〕沈欽韓《幼學堂詩文稿》文稿卷六《黃鑪感舊集序》。

曰：吾友陽湖陸祁孫承彝訓，冣令德，學成於家，信孚於友。自州里懿親同門，翕然投分，交遊滿海內，無不誦其才，愛其人，逮今三十年，行義文章隱然為祭酒。終不得簪筆持衡，發抒其所蘊。晚乃尋常，調訓導合州。家貧，百指仰給於鶴案，又病且老，閉門埽軌。迴思疇昔，綺麗飛騰之跡；高陽狂生，南鄰愛酒之人。偶大半為異物。厪有存者，亦皆中年頹放。鑒薄宦清苦，無肯過訪。雖如欽韓者，同志同官，所距裁十餘舍，欲樽酒胖肉，從容一日之雅，不可得。此其情，在少壯者固有所不堪，況老而不遇，重以貧且病如吾祁孫乎！由是一託意於詩，以寫其感槩無悰之怊。偶傚杜少陵《存歿口號》為五十六章，題曰《黃壚感舊集》，示余。余既亮君之情，豔君之文，而欿然自眉，則尤有慨也。君承故閥，處都會，擩師友之益，結賢豪之交，烹瓠弦詩，溫然爾雅。或選勝徵觴，平章風月，其錄事明府，投簪舞蠱，雖不盡如嵇、阮，亦能命辭顧曲，洽比盡歡。當時雖知其樂，而習為固然。至寂寂寒廳，聚散存亡之故，宛宛難忘，遂不禁黯然於中，斐然有文。此猶有可言者。若僕少而寒，苦無交遊之素，無酒醴之歡，偶然期集嘈囋，鵝鴨市井，儃罷握齲，冠襟降心爾汝稍涉書語，軮然掉罄，抵案擲摑，不惜敗面。二十餘年，居鄉之況，大抵如是。思此惡客，不啻鬼趣，其堪形於筆墨也邪？前無所樂，則後亦無此恨已矣。人生一剎那，過眼空花，善惡何有？聊因篇什，以識吾歉。倘可坿詩以行，既足令人澘然悲，又將啞然笑也。吳沈欽韓撰。

古歌俗韻

古歌多偽託，不足信。但考其韻，即顯然可辨。如《箕山歌》：「河水流兮緣高山，甘瓜施兮葉縣蠻，高林肅兮相錯連，居此之處傲堯君。」「君」字與「山」、「蠻」、「連」字，《三百篇》及群經、屈賦俱不合用。又《黃鵠歌》：「悲夫黃鵠之早寡兮，七年不雙。宛頸獨宿兮，不與眾同。夜半悲鳴兮，想其故雄。」「雄」字厷聲，隸蒸登，與「雙」、「同」字不協。又《采葛婦歌》：「女工織兮不敢遲，弱於羅兮輕霏霏。」「遲」、「霏」字隸脂微齊，皆灰，古音不，通之；「增封益地賜羽奇」，「奇」字從可，可，亦聲；「几杖茵褥諸侯儀」，「儀」字義聲，義，我聲；「我王何憂能不移」，「移」字多聲，並隸歌戈麻，與之部相去益遠。

琴操俗韻

《琴操》：「神人暢清廟穆兮承予宗，百僚肅兮於寢堂」，以「堂」韻「宗」，

乃鄭庠東冬江陽庚青蒸通用之說。《魯貞女引》：「變化垂枝含蕤英兮，修身養志建令名兮」，亦陽庚通用。《思親操》：「日與月兮往如馳，父母遠兮吾將安歸」，「馳」字也聲，隸歌戈麻，與「歸」字不協。乃敢託名唐虞二帝，選家所宜急汰也。

孤子成昏在廟見之後

取婦成昏之期，先儒之說不同，似皆與經意未合。愚謂當夕成昏，鄭義也，此取婦之恆禮也。三月廟見始成昏，賈服義也，此孤子取婦之禮也。何以知之？《曾子問》：「女未廟見而死，則如之何？孔子曰：『不遷於祖，不祔於皇姑，壻不杖不菲不次，歸葬於女氏之黨，示未成婦也。』」曰：不祔於姑，則姑歿可知。曰未成婦，則未成昏可知。此正孤子取婦，未及三月而女死之禮，非凡取婦者皆如是也。蓋既成昏，即不應歸葬於女氏。而舅姑之存者，同牢之明日，見而受醴，饋而受饗，初無三月廟見之事也。舅姑偏有歿者，昏夕厥明即見其存者，行醴饋之禮，至三月不須廟見亡者，此一說也。厥明醴饋於其存者，三月廟見於其亡者，此又一說也。若俱存則必不廟見。不廟見，則當夕何以不成昏？既成昏，則必不歸葬於女氏矣。

非三公稱公

生徒問《後漢書·鄭玄〔註6〕傳》孔融告高密縣，為玄〔註7〕特立一鄉，以為公者，仁德之正號，不必三事大夫。近崑山顧氏斥為曲說，徵引經傳至二千餘言，極言「非三公不得稱公」〔註8〕。二者孰為是非？余應之曰：北海所論，尊賢也。亭林所述，貴貴也。貴貴尊賢，其義一也。然三公常有，鄭公不常有。為金石文字者，寧守非三公不稱公之例。若藉口高密，濫施於人，則謬矣。

暘暢字不應通用

《說文》：「暘，不生也。」鉉曰：「借為通暢之暘。今俗別作暢，非是。」桉《月令注》：「暢，充也。」暢惟從申，故有充義。必非「暘」之或字。以意推測，暘蓋土之極燥者，不宜種植，如所謂「獨陽不生」也。土部「場」字注：「田不耕。」《繫傳》作「山田不耕」者，與「暘」義正相近，可以互證。學者以許君但云「從田易聲」，故不敢以會意求之。若云「從田易，易亦聲」，即

〔註6〕「玄」，底本原作「元」。
〔註7〕「玄」，底本原作「元」。
〔註8〕顧炎武《日知錄》卷二十《非三公不得稱公》。

易曉矣。疑本如此，而傳寫遺之也。本部「輮」字注：「和田也。從田柔，柔亦聲」，可以互證。

靈入真韻

「靈」字，自《詩‧生民》《殷武》以來，不聞有異音。而許君《說文序》「俾侯於許，世祚遺靈」，與「神」、「辛」、「瀕」、「門」等字為韻。「朔日甲申」，《繫傳》作「甲子」，則無韻矣。

心入真韻

《易傳》以心入東韻。嘗求其故而不得。唐山夫人《房中歌》，漢詩之最初者。其三章云：「我定厤數，人告其心。敕身齋戒，施教申申。乃立祖廟，敬明尊親」，又與真、臻通用。

記毀茶器

嘉慶乙丑，保緒寄一宜興磁壺，銘其蓋，云：「惠山之泉蜀山茗，與君飲之永無病。」予甚珍之，出門嘗以自隨。至今道光壬午，十有八年矣。以八月七日碎於合肥學舍，為之悵然，至移時不能自遣。因思古人作器能銘，往往有子孫寶用之語，何其寄意之深長而用情之肫摯耶？玩歲愒日之徒，一切苟且，自謂達觀君子弗尚也。

翠盤

余家藏一盤，每置佛手柑十數枚，濕翠欲流，絕可玩。背有紫色，楷書「一德格天閣製」六字。予小時，初讀《宋史》，屢欲搥碎。太孺人笑禁之。自南宋至今，在磁器之傳，亦云久矣，而令人唾棄如此。又戊午三月，偕雲臺先生游道場山歸雲寺，寺僧出所藏孫太初以來名人書畫兩巨卷求題名。中有一幅，惟署一趙字，下隱隱有挖補痕跡。及觀右角小印，乃「蓉江」二字也。偶憶及之，書示聰應。

有天下而不與

「有天下而不與」，二帝三王之所同茲。不曰堯舜而曰舜禹者，恐後世誤以官天下為不與也。然則所謂不與者何也？孔子曰：「無為而治者，其舜也與？」孟子曰：「禹之治水也，行其所無事也。」曰「無為」，曰「無事」，蓋

聖人之治天下，一循乎天理之自然而已，不與焉。此放勳之所以為同天而降及文、武，奉若天道，未之敢越者也。若時文家所言二聖超乎天下，不動心富貴，卞隨、務光之徒皆能之矣。

瞻彼洛矣文王有聲

「瞻彼洛矣」，連三章皆以「泆」字為韻，下四句各自為韻。「文王有聲」，連八章皆以「烝」字為韻，上四句各自為韻。此亦有例。《湯盤銘》三句惟以一「新」字為韻是也。

鮮字假借三義

「鮮」字本義，「魚名也，轟省聲」。本音也。經傳借作鮮食，又借作鮮少。雲臺宮保說此字，尚有斯義。蓋齊魯間方音，讀鮮為斯，因以同聲假借。《書》「惠鮮鰥寡」，《詩》「鮮民之生」是矣。向疑孔《傳》「文王加惠鮮乏鰥寡之人」，即鮮少之義。以「惠」字略逗，「鮮」字合下三字，《尚書》無此文義。若依《爾雅》及《詩·北山》箋，訓「鮮」為「善」，即鮮食之義，又恐「惠善」二字不甚連屬。皆非確詁。自得此解，讀之乃覺灑然。

「鮮」有「斯」音，如《詩》「新臺有泚，河水瀰瀰。燕婉之求，籧篨不鮮」是也。顧氏《詩本音》讀「鮮」為「犀」，而《引尚書大傳》「西方者何鮮方也」為證。此乃「西」有「先」音，非「鮮」有「犀」音也。

《列子》：「鮮而食之。」「鮮」訓作「析」，與《詩》「斧以斯之」音義相合。又《說文》：「霖，小雨纔落也。從雨鮮聲。讀若斯。」《詩疏》引《逸爾疋》：「斯，盡也。」又與鮮少義同。<small>宮保自有《釋鮮》一首。此數證，度必援引。《揅經室文集》久為人攜去。頃過合肥，許以重刊本見寄，未知何時得至也。</small>

徐鉉補說文

徐鉉所補《說文》，詔、志、件、借、魋、綦、剔、臀、酘、趄、顳、璅、牆、樲、緻、笑、迓、睆、峯十九字。亦有不必補者。《爾疋》：「命、令、禧、畛、祈、請、謁、辥、誥，告也。」初不言詔。《易》「後以施命誥四方」，《書》「大誥爾多邦」，《周禮》「誥用之於會同」，亦皆不言詔。然則以詔為天子之言，必嬴秦之制。《說文》既有誥字，為上告下之稱，即不復收詔字，亦如心部自有應字，即不煩言部更增牆字也。又有應補而不補者。如言部詍、系部紬，既皆由聲而引《書》「顛木之有甹枿」，又明言古文作由，則由字應補矣。劉為當

時國姓，何以鎦、瀏字並云劉聲，而獨無劉字？或後人傳寫之遺，或以劉之義為殺，而許君有意避之。均未可知。在校定時，則宜首補者矣。劉字，今人以鎦當之。《日知錄》既斥之矣。然卯金刀之識，則後人所偽造，未可援據。劉從卯不從戼。亦如白水真人，泉字不得雲白水也。

諧聲

諧聲之例，不合者幾數十字。吾意許君必自有說，而今亡之。否或後人所妄加也。如衺字求聲，不應隸之咍。然許君固云象形，則所謂求聲者安知非淺人所入耶？以此求之，孕從乃子，乃難罱也，必先孕乃可有子也。牡從牛土，《易》象坤為牛，牛加土旁而反為牡，所以明陰之生物必資於陽也。疑皆非諧聲也。

祝夫人

畫水繼配祝夫人名婉瑜，字樂水，筱山女兄也。不穀食二十年矣，日飲酒數梧，容色充腴。年六十又一，尚如四十許人。余所見詩甚多，茲錄其《贈山妻》五律二首：「閨閣聞聲久，天涯識面遲。一編欣手把，卅載慰心知。蘭苣芬芳挹，瑤華次第披。蓺香三復後，彷彿對光儀。」「風雅一門集，相莊樂自如。官閒甘苜蓿，句好豔芙渠。白蠟吟能代，紅牋恨久除。尤憐左家女，時仿茂漪書。」女公子君孚善書。畫水歷官中外垂三十年，家益貧，夫人偕其妾讀書鼓琴，泊如也。昔人言「有道，妻子皆得逸樂」〔註9〕，薛氏中圭近之矣。

班倢伃賦韻

班倢伃《自傷悼賦》，昔人訾其用韻太雜。桉：通篇祇四韻。「承祖考之遺德」至「奉隆寵於增成」，耕清也。「當日月之盛明」則陽唐矣。「既過幸於非位兮」至「依松栢之餘休」本皆之咍，而周、求、幽、流、休五句則尤幽矣。「重曰」以下仍用耕清。至「俯視兮丹墀」又以之咍尤幽合用。皆《三百篇》所未有。然用之咍則絕不闌入脂支一字，用尤幽則絕不闌入侯部一字，知於音韻非苟焉者。蓋通韻之理，消息甚微，殆未可槩以本音繩之也。

段氏改說文

若膺大令訂正《說文》數十事，皆援引確鑿。如「福，祐也」，據《祭統》

〔註9〕《呂氏春秋》第十六卷《先職覽第四·觀世》：「聞為有道者，妻子皆得逸樂。」

改「祜」為「備」;「參，商星也」，據《左傳》改「商」為「晉」;「牛，大牲也。牛，件也。件，事理也」，據「羊，祥也」、「馬，怒也，武也」疊韻為訓之例，改作「牛，事也，理也」，尤至當無可議。唯於引經互異，則不應輒改。大令不改「往遴」為「往吝」，「屏功」為「偋功」，「有菠」為「有氾」。獨於夕部「夕惕若夤」改從骨部「夕惕若厲久之」，讀者但見改本，不知漢時傳《易》有此一義，殊為可惜。又改「繼」為「繈」，謂以系聯之，繈者得續，故曰繼。則「斷」字亦當改作「斷」，為以斤砍之，劉者忽殊，故曰斷矣。

邪也字不應通用

也，決詞。邪，疑詞。段云「二字古不分別」，而引《龔勝傳》、韓愈文為証，非也。「今欲使臣勝之邪？將安之也」，意重在安。「其真無馬邪？其真不知馬也」，意重不知馬。正是一疑一決之辭，非邪、也通用也。「子張問：『十世可知也』」，自是「乎」字之誤。

五藏

五藏如五行，《古尚書》說木藏脾、火藏肺、金藏肝、土藏心，《太玄〔註10〕》因之。《周禮·食醫》「春多酸，夏多苦，秋多辛，冬多鹹，調以滑甘」，與《洪範》合，而不言所受之藏。《今尚書》歐陽說肝木、心火、脾土、肺金，向來岐黃家言正是如此。《素問》:「肺欲收急食，酸以收之;肝欲散急食，辛以散之;心欲爰急食，咸以爰之;腎欲堅急食，苦以堅之;脾欲緩急食，甘以緩之。」此為補救之法，故脾藏而外，或從所克，或從所受，克非別以肺為木，肝為金也。《月令》:「春祭先脾，夏祭先肺，秋祭先肝，季夏祭先心。」鄭《注》:「據牲之五藏所在，以當四時之位。」是與生人五藏本不相涉，不得援以為《太玄〔註11〕》之證。許氏《五經異義》初主《古尚書》，及箸《說文》，雖於心部仍言「土藏」，下即別引「博士說以為火藏」，而月部則竟言「肝，木藏也」、「脾，土藏也」、「肺，金藏也」，改從鄭駁，絕不護其前說。誠恐如鄭氏所云執以治疾，不死即劇也。段大令欲改月部為「肝，金藏也。博士說以為木藏」云云，雖與心部畫一，轉沒許君捨己從人之美矣。

〔註10〕「玄」，底本原作「元」。
〔註11〕「玄」，底本原作「元」。

卷 七

左傳音義上

積痾乍起，烁暑方闌，聰應溫習《左傳》，琅琅可聽。間有古注與杜義陸音異同者，輒呼語之，參以鄙見，使筆記焉。

「惠公元妃孟子」，「妃」讀曰配。《釋文》「芳非切」，非是。與文十四年《傳》「子叔姬妃齊昭公」音同。

「為魯夫人」，「魯」古文作「囹」，手文仿彿近之，事所或有。若因此遂以桓公為子以母貴，則非矣。

「士踰月。」《禮記疏》引「何休『士禮三月而葬』，今《左氏》云踰月，於義《左氏》為短」。鄭玄〔註1〕駁之，謂「人君之喪殯葬皆數來月來日，士十〔註2〕殯葬皆數死月死日，尊卑相下之差數，故士大夫俱三月，其實不同」。

「寤生。」《注》云「寤寐而生」，疑無此事。若云墮地能開目視者謂之寤生，《風俗通》。則又無足驚，驚亦何至於惡？《說文》：「寐覺而有言曰寤。」《經音義》引《倉頡篇》：「覺而有言曰寤。」或莊公墮地能言，故武姜驚以為妖而惡之耶？季寤字子言，可以援證。

「克段於鄢。」趙《集傳》：「鄢當作鄔，鄭地也，在緱氏縣西南。至十一年乃屬周。《左氏》曰『王取鄔劉蒍邘之田於鄭』是也。傳寫誤為『鄢』字。杜云『今潁州鄢陵』，誤甚矣。蓋從京至鄔非遠，又是鄭地，段所以有兵眾。若遠走至鄢陵，已出境，則無復兵眾，何得云克？又《傳》曰『自鄢出犇共』，

〔註1〕「玄」，底本原作「元」。
〔註2〕「士」，底本原作「十」，誤，據《禮記疏》改。

自鄖過河向共城為便路。若已南至鄢陵，即不當犇共也。」

「衛莊公娶於齊，曰莊姜。無子。又娶於陳，生桓公，莊姜以為己子。公子州吁，嬖人之子。」「以為己子」、「嬖人之子」，名分昭然。篇中「將立州吁」，乃作文抑揚開合之法。何焯《讀書記》謂「桓公均之，非適，故州吁亦自可立」，則下「賤妨貴，少陵長，小加大」復何所指？

「戢如忘」，「如」、「而」字通用，蓋既戢而忘之也。

「諸侯以字為謚」，「謚」當作「氏」，《注》非。

「討蔿氏，有死者」，司馬氏誅成濟之前事也。「芮姜惡芮伯萬多寵人而逐之」，隋獨孤后廢太子勇之前事也。

「見孔父之妻於路。」啖《集傳》：「大夫皆乘車，其妻固當乘之，不可在路而見其貌。」蓋以舊言孔父義形於色，故誤以為女色之色也。

「善自為謀。」善忽不輕徇人。《注》：「獨潔其身，謀不及國」，非。

「子同生。」《注》主《公羊》，是也。《穀梁》疑，故志之。范《注》：「疑非公子。」朱子曰：「桓三年，姜氏至。六年，子同生。十八年，方如齊。莊為桓子，無可疑也。」

「與吾同物。」《史記》：「與桓公同日。」蓋所值十二辰相同。桉：桓生而惠薨，於隱元年為二歲，至是年十有八歲，陰不同，故知言日也。

「鄭忽出犇衛。」顧炎武《杜解補正》：「未成君之辭。」「鄭世子忽復歸於鄭」，曰「世子」，當立之辭，《注》並非。

「夫人孫於齊。」《詩疏》引賈逵：「桓公之喪，至是年三月，棋而小祥。莊公憂思少殺，念及於母，以其罪重不可以反之，故追書孫於齊耳。其實先在於齊，本未歸也。」愚意不然。文姜之與於殺公，當時尚在曖昧疑似之間，必無不與喪歸之理。若云何以不書，則元年三月既孫於齊，矣二年十二月何以又與齊侯會於禚？四年二月，又享齊侯於祝邱。五年正月，又如齊師。七年秋，又會齊侯於防。十五年夏，又如齊。時襄公已死。中間皆有歸魯情事。書行不書還，或魯史舊例，或夫子所削，未可定也。十九年秋二十年二月，姜氏再有如莒之行，亦皆不書還。

「公子彭生也。」《史記注》引服虔：「從者見為彭生鬼，改形為豕也。」

「齊人來歸衛俘。」「俘」，《三傳》皆作「寶」。蓋「寶」古亦作「傃」，與「俘」字文相近，故訛。

「元年，夫人孫於齊。」《傳》言「不稱姜氏，絕不為親也」，然二十一年

之中，凡書「夫人姜氏」者七，而終之以「夫人姜氏薨」，重平聲。之以「葬我小君文姜」，為絕乎？否乎？蓋姜之與於殺桓公，雖當時嘖有煩言，在姜氏必自辨其誣。莊公既無由可得左證，亦惟有蓄此疑於畢世而已。先儒於此獄爰書重疊，似皆未見及此。

「並於正卿」，「卿」讀若「羌」。《詩》「爾德不明，謨郎反。以無陪無卿」是也。「莫之與京」，「京」讀若「疆」。《詩》「望楚與堂，景山與京」是也。八句不轉韻。

「夏六月辛未朔，日有食之。」周六月為夏四月，正所謂正陽之月。夏禮則瞽奏鼓，嗇夫馳，庶人走，周禮則樂奏鼓，祝用幣，史用辭，皆此月也。其後季平子不知六月之為正月，故太史以夏正曉之。平子不學無術，不從其言。今茲鼓用牲於社，何以《傳》言「非常禮」？蓋天子伐鼓於社，諸侯伐鼓於朝，鼓社差為僭越，而天災有幣無牲。用牲亦非故事。觀下申言「用幣於社，伐鼓於朝」，可見《注》非。《詩》「正月繇霜」亦指建己之月。「季秋月朔辰，弗集於房」云云，乃偽書之謬。

「使俱曰：『言使國人知君威加戎狄，莫不歌誦之。』」非驪姬復使二五進言也，《注》非。

孟任既閟不見公，孰以夫人言於公者？乃公自言當以為夫人而任始許公，猶恐公或食言而割臂以盟也。《注》謂「公許之」，似誤。

「閒於兩社為公室輔」，「社」，常渚反。《漢書·敘傳》「見危授命，誼動明主。布歷燕齊，叔亦相魯。民思其政，或金或社」是也。六句三轉韻。

「衛文公大布之衣。」《注》：「蓋用諒闇之服。」《詩疏》引服虔，亦云：「戴公卒在此年。」桉：文公以弟繼統，躬行三年之喪，儉德乃其餘事。《杜解補正》非。《雜記》鄭《注》引作「大白之冠」。

「寡人是問」，《史記注》引服虔：「責問楚也。」《注》非。

「中大夫成謀」，帷幄計議之臣皆是也。《注》以里克有中立其免之言，遂專以當之，則下「晉侯許賂中大夫」不應云「皆背之矣」。

「憂必讎焉。」《說文》：「讎，猶應也。」《詩》：「無言不讎。」

「取虢之旂。」《說文》：「旂，從㫃斤聲。」《詩》「思樂泮水，薄采其芹。魯侯戾止，言觀其旂」是也，八句皆有韻。

晉獻之子，申生當立，天倫也。申生既死，奚齊當立，父命也。里、平欲立重耳，非法也。及奚齊遇弒，群公子皆在外，惟卓可立。雖伊、周當此，無

以易之惜。荀息之才不足以當大事，徒以身殉於先君寄託之重，未為無負，故《傳》引白圭之詩，第許其能踐言，不許其能定亂。立言可謂至當。若云並咎其失言於前，則讀者之誤，而非《左氏》之意矣。

里克之視奚齊，直以為驪姬之子云爾。書之曰「君之子」，而里克之罪定矣。《穀梁》謂「國人不子」，則曷不書晉人殺其君之子某乎？

觀孔子之與叔孫昭子，而知晉惠之殺里克未為過也。慶鄭於君父危難之際，快意反脣，與羊斟何異？亦豈可姑容者？而讀者或為之不平，非也。

「千乘三去。三去之餘，獲其雄狐。」《杜解補正》：「千乘，侯國之車數也。去猶祘法所謂除也。一除三百三十三，二除六百六十六，三除九百九十九三。除之餘，所剩唯一君耳。」

「登臺履薪」，示欲自焚以殉晉侯，《注》非。

瑕呂飴甥才足以應變，明于謙前事之師也。晉惠之歸，固應歸美秦穆，抑喪君有君爰田州兵之作亦有力焉。假令高粱之難，以身殉之，豈非卓然名臣乎？

「敗於宗丘。」「丘」，袪其切。《詩》「楊園之道，猗於畝丘。寺人孟子，作為此詩」是也。「逃歸其國而棄其家」，「家」讀若「姑」。《詩》「昏姻之故，言就爾居。爾不我畜，復我邦家」是也。

「先君之敗德及可數乎？」「及可」猶言其可。其、及音相近。《釋文》以「及」字屬上斷句，非。

「勿從何益」，不從史蘇之占，未遂足以益禍，言敗德有大於此者。

「是月」，盧學士文弨據《初學記》、陸佃《鶡冠子注》皆作「提月」。「提月」者，月幾盡也。

「齊有亂君，將得諸侯而不終。」《穀梁疏》引賈逵：「石，山嶽之物。齊，太嶽之胤。五石隕宋，象齊桓死而五公子爭立，宋將得諸侯而治。五公子之亂，鶂退不成之象。後六年，霸業退也。」

「是陰陽之事，非吉凶所生也」，言陰陽之事乃吉凶之所發見，而非吉凶之所由生，當求其故於人事之善惡。《注》非。

「勿可赦」，言將不為天所赦宥。《注》云「不如赦楚」，何言之誤也。

「策名委質」，「質」讀若「贄」。韋昭《國語注》：「質，贄也。」《釋文》如字。「非貳乃闢也」，《釋文》：「婢亦切，罪也。」《注》讀為「避」，非。

或言僖負羈之妻教夫以貳，何以古今稱為賢婦人？其說非也。曹、晉兄弟

之國，固非輸誠於敵。而晉公子方客曹，亦並非境外之交可比。若得因臣及君，以紓他日之禍，其為忠也，不亦預乎？觀《國語》負羈即以婦言進諫，益無可議。

「三舍」，《史記注》引賈逵：「九十里。」

「周公弔二叔之不咸。」「二叔」，管、蔡也。下統言諸同姓不得獨遺蔡，其兼言管者，猶《史記》題「管蔡世家」也。曹植《求通親親表》：「昔周公弔管、蔡之不延，故廣建親戚，以藩屏周」，正引此注，非。

「地平天成。」或言今《尚書》有此語，何以《注》言「佚書」？不知《大禹謨》東晉始行於世，征南固無由見之也。

「室如懸。」「罄」，《說文》：「罄，器中空也。」《國語》作「懸罄」，韋昭《注》：「府藏空虛，但有榱梁，如懸罄也。」《後漢書·陳龜傳》引此作「懸罄」，《注》云：「言其屋居如罄之懸，下無所有。」

蔿賈一少年，侃侃持論於兩相之間，美哉！此風其可復見乎？然使賈或因此賈禍，則必有引謹言之詩以垂戒者矣。

「距躍三百」，《釋文》：「百讀為陌。」桉：《說文》𨸏部新坿有「阡」字，注云：「路東西為陌，南北為阡。」三陌蓋言踊躍之遠。

顛頡雖違命，與遺誤軍國差有不同，殺之似稍過。蓋當時正欲戮一從亡故臣以立法，而頡適逢其會也。臣追昔款，主挾今情，縣上幽居，使人神往。「遂隱而死」，祇是言終身不出耳。《莊子》之說似未可信。

「伏已而鹽其腦。」《說文》：「鹽，鹽池也。」成六年《傳》：「沃饒而近鹽」，服《注》：「鹽，苦鹽也。」彼注「鹽，鹽也」，更無他訓。桉：《史記·范雎傳》「速持魏齊頭來」，自魏至秦，非漬以鹽，頭必毀壞。故田橫云：「以我頭馳三十里，陛下猶能識之，過此則不可識也。」契丹德光死，破腹實鹽，載之以北，號曰帝羓。亦恐其速朽。晉侯夢楚子以鹽入腦，疑將梟其首而去，故懼。《注》訓作「嚏」，非。

「瓊弁玉纓。」《禮記疏》引服虔：「馬飾也。」《說文》引作「璂弁玉繶」。弁，馬冠叉髦，以璂玉作之。繶，馬鞍也，以玉飾之。

「亡鄭以陪鄰。」《釋文》：「益也。」𨸏旁土旁字通用。

「昌歜」，當從《玉篇》作「歃」，徂敢切。正所謂菖蒲葅也。蓋以文王所嗜，故周禮貴之。此字傳寫沿誤已久。韓詩〔註3〕「無殊嗜昌歜」，與「未識氣先感」為韻，亦書作「歜」。《說文》：「歜，盛氣怒也。從欠蜀聲」，乃「尺玉切」，入

─────────────

〔註3〕韓愈《送無本師歸范陽》。

聲字也。

「其為死君乎」，言先君受秦施，而我伐之，為死其君也。故先軫答以「謀及子孫」，不可謂死其君。今連「死君」字屬之文公，則「為」、「謂」二字即應互易。

「晉、楚夾泜而軍」，此謝玄〔註4〕、謝石御苻堅之前事也。觀陽處父宣言楚遁而歸，知秦師之敗屬有天幸，非謝安能操勝祘也。

「葬僖公，緩作主，非禮也。」劉原父曰：「九字各三字斷句。杜以『緩』字屬上，非。」桉：僖公以文元年四月葬，越二年二月始作主，非卒哭而祔、祔而作主之常。劉說是也。

「君子是以知秦之不復東征也。」其後日以強大，及始皇之身，遂兼天下，儒者無前知之術，第留此理於天壤而已。言之不驗，不足為《左氏》詬病也。

「且畏偪」，言諸大夫既嚴憚君夫人，夫人亦實能以大義相詰責。《注》云「畏國人以大義來偪己」；《御覽》引服虔「畏他公子相偪迫」，皆非當日情事。

「同官為僚」，亦通作「寮」。《書・皋陶謨》「百僚師師」，《酒誥》「百僚庶尹」，皆從人。

荀林父知外求君之不行，而曾不聞昌言於朝以阻趙孟者，亦以國賴長君，立靈公不如立公子雍也。特恐其不果耳，故私於先蔑如此，非以盾為非也。漢胡廣阿梁冀意，不敢堅執立清河王蒜，此則小人貪位誤國之所為，而非可以林父藉口者矣。

晉負心之舉，令狐之役尤甚於殽。

「強死」謂康強無死法而死。不明言兵死，而兵死可知也。「不如隨會」四字斷句。《杜解補正》以「能」字屬上為句，則與「賈季罪大」文義不屬，且又不必申言其知足使矣。

「魏壽餘」，《史記》作「魏讎餘」，《注》引服虔：「晉之魏邑大夫。」

「執其帑於晉」，「帑」者，統妻子而言之。「臾駢盡具其帑」，「荀伯盡送其帑」，曰「盡具」、曰「盡送」，知非獨子矣。下「秦人歸其帑」，《注》亦云「歸士會妻子於晉」。唯此云「帑壽餘之子」，則似以為人名，未知何意。

孟子有言：「民為貴」，達此義者，邾文公也；「社稷次之」，達此義者，楚夫人鄧曼也。

〔註4〕「玄」，底本原作「元」。

「夫己氏」，顧炎武曰：「猶《詩》言『彼己之子』。」《詩》亦云「彼其」，其、己音相近。

「六月辛丑朔，日有食之，鼓用牲於社。」其失與莊二十五年同。《傳》譏非禮，豈知流失敗壞乃有昭十七年之並，此無之也。

「鹿死不擇音」，借「音」為「蔭」，未得左證。服云：「鹿得美草，呦呦相呼，至於困迫，將死不暇，復擇善音，急之至也。」《杜解補正》引《莊子》「獸死不擇音」，郭《注》：「野獸蹴之窮地，意急情盡，則和聲不至。」

「以御魑魅」，「魑」字他見皆作「螭」。《釋文》：「山神，獸形也。」「魅」，《說文》作「鬽」，「彡，鬼毛。老物精也。」〔註5〕《周禮疏》引賈逵：「螭，山神，獸形。或曰如虎而噉虎，或曰魅，人面獸身而四足。」《史記注》引服虔：「螭魅，好惑人。山林異氣所生，為人害。」依《說文》當作「離」，「螭」、「魑」皆俗。

「其御羊斟不與。」羊斟非名也。《史記‧宋世家》：「華元殺羊食士，其御羊羹不與。」「羊羹」即「羊斟」也。《方言》：「斟，汁也。」如《趙世家》「從者行斟，以杓擊殺代王」是也。蓋華元之御字叔牂，因疑羊斟為名。《傳》「羊斟非人」，羊斟之謂，疑皆叔牂字，而後人妄改者。羊斟不及羊斟，恐無此適值之事。

「文馬百駟。」《史記注》引王肅：「畫馬也。」《杜解補正》非。《說文》同王肅。

「既合而來犇。」合、答文相近，疑「答」字之誤。

「牛則有皮。」「皮」讀若「婆」。《詩》「羔羊之皮，素絲五紽」是也。

「越境乃免。」顧炎武曰〔註6〕：「趙盾弒其君，董狐之直筆也。『亡不越境，反不討賊』，巽辭也。傳者不察其恉，而妄述孔子之言，以為越境乃免謬矣。穿之弒，盾主之也。討穿猶不得免也。君臣之義，無可逃於天地之間，而可逃於境外乎？」

「黑臀」，《國語》：「成公之生也，其母夢神規其臀以墨，曰使有晉國。」

「旃車」，《詩疏》引服虔：「戎車之倅。」

「罔兩」，服云：「木石之怪。」《注》云：「水神。」《說文》：「山川之精物也。」

〔註5〕《說文解字‧鬽》：「老精物也。從鬼彡。彡，鬼毛。」
〔註6〕《日知錄》卷四《趙盾弒其君》。

「以盈其貫。」「貫」，錢貫也。「引喻之詈」，猶云滿其量。《注》非。

陳靈公荒淫無忌，卒致株林之禍。洩冶之諫，可謂捨生取義，忘身殉國矣。故孔寧、儀行父實殺之。而書之曰「陳殺」，罪靈公也；曰「大夫死諫」，大夫職也。《傳》既妄託孔子引《詩》，論者又惑於《家語》之文，從而坿和之，是則龍逢、比干誠非俊物，而後世寒蟬伏馬皆得而藉口矣。事之不平，莫此為甚。

夏徵舒以魯宣公十年五月弒靈公，楚以十一年夏與陳成公盟於辰陵，其不討賊明矣。至冬而忽有誅陳夏氏之舉，因而入陳。比事直書，狡謀如見。惟知其未可竟取而復封之，差為解事耳。《傳》云「書有禮」，非經意也。

「屈蕩尸」之「尸」，當作「戶」，止也。古人以守戶之人謂之戶者，取其能止人也。《小爾雅》：「戶、悈、格、扈，止也。」《漢書·樊噲傳》：「詔戶者無得入群臣。」《王嘉傳》：「坐戶殿門失闌免。」師古曰：「戶，止也。《左傳》：『屈蕩戶之』。」又《唐書·李紳傳》：「擊大毬戶官道，軍不敢前。」

「亦終夜有聲。」《杜解補正》謂無復部伍，則與「不能軍」意復沓。玩「亦」字，知杜說為長矣。

汝從「二三子唯敬」。善哉，得其主矣！君子觀范氏父子之間，覺聖賢氣象去人未遠也。

「且辟左右」，《唐石經》作「旦辟左右」。

「衛在晉，不得為次國。晉為盟主，其將先之。」言衛、晉皆矦國，不得以衛為晉次，然以盟主故，宜先盟晉。《注》非。

凡物薄者先折，觀兩獻子之見齊君，而知韓氏之後亡矣。

「賈人如晉。荀罃善視之。如實出已。賈人曰：『吾無其功，敢有其實乎？』遂適齊。」聰應識之。人之有德於我也，如知武子可也。我之有德於人也，如賈人可也。

晉矦有疾，立太子州蒲為君。此創舉也。又在趙武靈王自號主父之前。

「重之以昏姻」，「昏」當作「婚」。《白虎通義》：「婚姻者何謂也？婚者，昏時行禮，故曰婚。姻者，因夫而成，故曰姻。」《說文》：「姻，壻家也。女之所因。」故云姻婚，婦家也。禮：娶女以昏時，故曰婚。《釋名》：「壻之父曰姻，女往因媒也。婦之父曰婚，壻親迎用昏也。」據此諸說，皆以「昏」釋「婚」，以「因」釋「姻」，知不得「姻」字獨加女旁也。

「康公，我之自出。」《爾雅》：「姊妹之子為出。」此及《莊傳》「陳厲公，蔡出」，《文傳》「齊出貜且長」，《襄傳》「周之自出」，又「蔡人慾立其出」，《昭

傳》「徐子吳出」皆是也。何休以出為外孫，非。

　　《孟子》：「入則無法家拂士，出則無敵國外患者，國恒亡。然後知生於憂患而死於安樂。」春秋士大夫達此義者，范文子一人而已。故鄢陵之役，獨不欲戰，而欒書、中行偃輩皆不足以語此。執戈逐士句，悲同心之不可得，而大帥之識亦無以遠過於童子也。君幼，諸臣不佞，何以及此？「君其戒之」，雖伊、傅、周、召，訓辭深厚，蔑以加矣。

　　郤子六間之說，可云料敵如見，即塞井夷竈，亦豈非應猝之雋才乎？欒書乃欲固壘以待屍，居餘氣坐成大功，其後反怨郤氏而欲廢之，人心不同抑至於此，先亡宜矣。

　　「敗者壹大」，壹、益音相近，疑「益」字之誤。

　　「使鍼御持矛」，御、與去聲，音相近，疑「與」字之誤。

　　「不亦識乎」，志、識古今字，歎其不忘舊言也。《注》非。

　　「受而飲之」，覺「豈有鴆人羊叔子」，猶為有戒心矣。

　　郤子驟稱其伐，其識固出范氏父子下，然觀其臨禍數言，皎然可以懸之日月。書「偃」，獨非人臣乎？《傳》於郤氏屢有貶辭，毋乃沒其大節？

　　春秋賢大夫，祈死者二人。叔孫昭子以家臣助逆，容之不安，誅之不可，一死自明，造物者猶哀其志而許之。況以文子之忠誠而不足以格上帝，則所謂主宰者復何神耶？何休云：「死不可請，彼自天祿盡耳。」何言之謬也。

　　虞人箴七韻，唯「廟」字屬宵肴，餘皆幽部中字也。顧氏《唐韻正》不引「彼交匪敖，如蠻如髦」為宵肴通幽之證，而盡改州、道、草、擾、獸、牡六字之本音，遂與六書諧聲及詩韻不合。至引《還》之詩尤誤。好字雖非諧聲，然質之於經，古音可定。《洪範》「無有作好，遵王之道」，「好」，古文作「㛅」，假借必同聲之字，而「㛅」從女丑聲，「道」字從走首，首亦聲也。《牆茨》《宛邱》皆可互證，並非宵肴部中字。

　　「臧之狐裘。」「裘」，渠之切，與駣為韻者。之咍同部，如《詩》「終南何有，有條有梅。君子至止，錦衣狐裘。顏如渥丹，其君也哉」是也。六句三轉韻。

　　穆姜不自諱其惡，快然譚《易》，亦奇。

　　「棄位而姣。」《注》云：「姣，淫之別名。」按：「姣」字無淫訓。《說文》：「好也。」《月令》「養壯佼」當作「壯姣」。姣者，長大美好之貌。而此「姣」字當作「佼」。《管子‧明法解》「群臣皆忘主而趨私佼」是也。

「其夫出征而喪其雄。」「雄」，羽陵切，如《詩·無羊》之三章、《正月》之五章皆是也。

「子西聞盜，不儆而出。」與子產未知孰賢，惜不經夫子論定。

「其能來東底乎？」「底」，疑當作「邸」。《注》訓「至」，似非。

「安其樂而思其終」，魏絳之言也。「或者其君實甚」，師曠之言也。皆無愧范文子。

「今茲主必死。」「今茲」，今年也。《孟子》：「今茲未能請輕之，以待來年。」《呂氏春秋·任地篇》「今茲美禾，來茲美麥。」高誘《注》：「茲，年也。」

「荀偃癉疽，生瘍於頭。」《注》：「癉疽，惡瘡」，又云：「在頭曰瘍」，殊未明晰。《小雅》：「哀我癉人。」毛《傳》：「癉，勞也。」《爾雅·釋詁》：「倫、勩、卬、敕、勤、愉、庸、癉，勞也。」《說文》：「疽，久癰也。」合而觀之，傳言荀偃以積勞之故，患癰已久，返自平陰，瘍復生於頭也。《檀弓》：「居喪之禮，身有瘍則浴」，是瘍亦不專指頭瘡，故《傳》明言在頭也。《說文》：「疕，頭瘍也」；「癢，瘍也」；「癉，乾瘍也」；皆可證。

荀偃之死，何其似司馬師也。然偃沒於國事，死而猶視，差為可憫。

「鄭甥可」，「鄭甥」猶言鄭出。

鄑之役，季文子立武宮，猶為告成事於先君也。平陰之役，季武子作林鍾而銘功加侈焉，然亦文子有以啟之也。故曰其父報讎，其子行劫。

「天子令德。」顧炎武曰：「令猶令龜之令，言以德布於銘也。」

「以公姑姊妻之」，杜以成襄之齒計之不應有女兄之未嫁者。然謂姑姊之寡者，則太鑿矣。《杜解補正》以為成公之妹，則何不竟稱姑妹？吾意「姊」下脫一「妹」字。《傳》第云以公之姑姊妹妻之耳，固未深求其為姑姊、為姑妹也。

欒祁以外淫之故，至以為亂，誣腹出之子。此亦人倫之一大變也。更數百年，而魏胡靈太后弒孝明帝矣，唐武后殺太子宏矣。盈之得亡，幸也。

「女敝族也」，文義當屬下，言汝既衰宗，而國又多大寵，若復生不仁之人以間之，不亦難於免禍乎？《注》非。

「得罪於王之守臣。」《杜解補正》：「守臣謂晉侯也。」《玉藻》「諸侯之於天子曰某土之守臣某」是也。

卷　八

左傳音義下

「子三困我於朝。」當時宰相於庶僚禮賢崇善如此，然吾不難遠子而難申叔也，每讀輒為神往。

「納諸曲沃。」《杜解補正》：「曲沃，晉祖廟所在。」考之《晉世家》，至幽公之世尚有絳曲沃，則平公時不應曾為欒氏封邑。《注》非。《史記注》引賈逵，亦云：「欒盈之邑。」

「賂之以曲沃。」遽以宗邑許人，正與下斐豹「請焚丹書」，即出矢言，同一蒼黃情狀，未可據為欒氏食曲沃之證。

「臧孫聞之見」，「見」字絕句。「齊侯與之言伐晉」，七字絕句。

「踞轉而鼓琴。」《杜解補正》：「『踞轉』，蓋『踞軫』之誤。《詩》『小戎俴收』，《傳》：『收，軫也，謂車前後兩端橫木。』」桉：《〈文選〉注》引許慎《淮南子注》：「軫，轉也。」二字蓋通用。《注》：「衣裝也」，非。

「陪臣干掫。」「干」，「扞」字之省。《詩》「干城」，《傳》曰：「干，扞也。」《說文》：「掫，夜戒有所擊也。」蓋鼓檛之屬。昭二十年《傳》：「賓將掫。」《周禮疏》引賈逵，謂「有夜」。服同。

「側莊公於北郭。」「側」疑讀為「廁」，廁其櫃於叢葬之所。如《史記·樂毅傳》「廁諸賓客之中」、許氏《說文序》「不相雜廁」是也。又《說文》：「圳，遏遮也。」或暫以土掩之而後葬。側、圳文亦相近。

「晉侯許之。」《注》云：「不譏受賂者。齊有喪師，自宜退。」非也。孔子請討陳恒，非簡公喪中乎？惟有喪故應討，無喪是無弒逆也，奚討焉？

「表淖鹵。」「淖」之訓為「沃」。《戰國策》：「沃野千里，則非瘠土矣。」《注》：「統言垍薄之地。」乃據上下文義定之，實亦未知為何等地，如鹵之灼然無疑也。桉：鹵，鹽田也。鹽，苦鹽也，亦呼作鹹。鹹之為物，可以去垢，為染人所需。幌氏「渥淖其帛」，鍾氏「淖而漬之」，「淖鹵」之義約略可推。又《廣雅·釋詁》：「淖，漬也。」《詩箋》：「渥淖，漬也。」言斥鹵之地沾漬也。

「是君也死，疆其少安。」「疆」讀曰「彊」，言此君死，楚疆可以少安。《注》非。《漢書》留侯子張闢彊，即「彊」字。

惟佐也能免我。痤死，則佐為太子，而能信其急難，相救不以得國為利。彼兄弟之相孚於平日者何如哉？惡者，誠婉矣。美者，亦未為狠也。且以伊戾之讒愿事太子而無寵，是非不知人者。心薄左師，蓋已久矣，宜為所惡也。悲夫！

「君之妾棄」，婦人自稱名。

「縣門發獲九人焉。」乃楚獲鄭人也。《注》云「鄭獲楚人」，似與上下文義不屬。

「去其肉而以其洎饋。」「洎」，《說文》：「灌釜也。」《周禮》：「士師洎鑊水。」《注》：「洎謂增其沃汁。」《正義》：「洎者，添釜之名。添釜以為肉汁，遂名肉汁為洎也。」《釋文》：「其器反。」

「得慶氏之木百車於莊。」顧炎武曰：「此陳氏父子為隱語以相喻也。木者，作室之良材。莊者，國中之要路。言將代之執齊國之柄也。」

「國人猶知之，皆曰崔子也。」「知」猶識也。國人猶能識之。《傳》言「亂賊貫盈，屍完不毀，以待大戮。」《注》非。成二年《傳》「君知厥也乎」，即此「知」字。

「璽書追而與之。」「璽書」始見於此。然此乃自下達上之辭。桉：璽以土為之，故文從土。《呂氏春秋》云：「若璽之於塗也，抑之以方則方，抑之以圓則圓，此其未燒之壞也。」《周禮》鄭《注》：「璽，今之印章。」又《史記》：「楚懷王置相璽於張儀。」是上下通稱璽也。《說文》：「王者之印。」乃據當時之制而言。《始皇本紀》：「為璽書賜公子扶蘇。」以璽為天子符信，蓋始於秦而漢因之。

「為之歌鄭曰：是其先亡乎？歌齊曰：國未可量也。」桉：陳氏篡齊在韓、趙、魏分晉之前，而鄭滅於韓，語皆不驗。

吳季子所過之國，必能知其治亂，而交其賢士，大夫死而得聖人以銘其墓，自是春秋第一流人，其遺風遠矣。

「大人之忠儉者，」「大人」字始見於《易》，再見於《論語》。尊兼德位，非卿大夫所敢當。漢人稍以為長者之稱。《高帝紀》：「大人以臣無賴」，稱父也。《淮陽憲王傳》：「王遇大人，益解博，欲上書為大人乞骸骨」，稱母也。《皇甫嵩傳》：「酈說嵩曰：『安危定傾，唯大人及董卓』」，稱世父也。《疏廣傳》：「受叩頭曰：『從大人議』」，稱叔父也。《越王句踐世家》，陶朱公長子亦稱父為大人，乃史公追序之辭。屬之尊官，未知其始，蓋襲三部大人之號，而唐郭子儀遂應回紇之占矣。春秋時不聞有此，其為大夫之誤無可疑也。

「或叫於宋太廟。」《說文》引作「訆」。

「嘻嘻出出。」杜《注》：「嘻，熱也。」乃假借「熹」字訓。《說文》：「熹，炙也。」《說文》云：「痛聲也。」又「誒」字下引此《傳》作「誒誒出出」。「誒」，可惡之詞。《漢書注》：「誒，歎聲。」《史記索隱》：「唉，歎恨發聲之詞。」義皆相近。

「子產殖之。」「殖」與「嗣」韻。職德為之哈入聲。《國語》鄭叔詹引諺，以「不能蕃殖」韻「惟德之基」是也。

「諄諄焉如八九十者。」「諄」，《說文》：「告曉之孰也。」

「射御貫則能獲禽。」《說文》：「貫，錢貝之毌」，此貫字本訓也。《詩》「射則貫兮」，《傳》曰：「貫，中也。」此其引申之義也。又假借為習貫之貫，如此是也。《詩》「三歲貫女」，《孟子》「我不貫與小人乘」，皆與同義。或作「摜」。今又作「慣」。

「子皮賦《野有死麕》之卒章。」令尹方侈有戒心焉，固兄弟之好，尨雖吠，可無驚矣。漢詩曰「鷄鳴狗吠，兄嫂當知之」，鳴吠而後知，其知不已恨晚乎？

「兩於前，伍於後，專為右角，參為左角，偏為前拒。」桉：《司馬法》兩五十乘，伍百二十乘，專八十一乘，參二十九乘，偏二十五乘，皆準車數以定名。茲晉師捨車而徒，仍以車戰之法計步卒之數，從所習也。《注》似非。

「兵其從兄。」或讀「　」從為平聲，則與上「不事長，無二義」《注》讀去聲，方合不養親意。

「於是乎禜之。」《注》：「為營欑用幣。」《史記注》引服虔同。《說文》：「禜，從示，營省聲。設綿蕝《史記》、《漢書·叔孫通傳》「蕝」並作「蕞」。為營，以禳風雨、霜雪、水旱、癘疫於日月星辰山川也。」

「四姬有省猶可」，即醫和所云「節之也」。《注》非。

「是為近女室」,「室」以去聲讀之,音若「試」,《詩》以「婦嘆于室」韻「我征聿至」是也。「非鬼非食」,「食」以去聲讀之,音若「嗣」,《明夷·象傳》以「義不食」韻「獲心志」是也。

「天命不祐。」「祐」讀若「肆」。《大有·象傳》:「厥孚之交信,以發志也」;「威如之吉,易而無備也」;「大有上吉,自天祐也」。

「女陽物而晦時」,蓋本《易傳》離為火、為日、為電、為中女之義。

主不能御國君以近女致疾,而責大臣不能禁止,此周公以嬪御屬天官之恉也。三代以後,唯諸葛亮深達此義,故欲後主以宮中、府中之事悉諮之郭攸之、董允、費禕也。春秋時,藝術之士學識如此。

「周禮盡在魯矣。」《易》象何以為周禮?先儒皆未言其故。近張編修惠言。始發明之說,具文集《丁小雅輯錄鄭氏易義序》。

「宣子譽之。」《疏》引服虔:「譽,游也。宣子游其樹下,夏諺曰:『一遊一譽,為諸侯度。』」桉:《易》「无咎无譽」,《論語》「誰毀誰譽」,此「譽」字本訓也。《詩》「是以有譽處」、「韓姞燕譽」,其引申之義也。《注》以本訓為解,兩存之。

「國則不共」,言君所求於齊者過。即以為不共,亦彼國之君主之,非使人之罪。《注》非。

「數於守適」,言列嬖寵於守適之數。

「其猶在君子之後乎?」以此推之,叔向、平仲俱不能免子太叔之譏矣。然悲憤之意有發於不能自己者,君子傷之,不暇責也。

「豆區金鍾。」《杜解補正》:「豆,斗字之誤。」桉《考工記》:「梓人一獻而三酬則一豆矣。」鄭云:「豆當作斗。」蓋十升為斗。爵一升,觚三升,三觚則十升,故「豆」應作「斗」。此云四升為豆,或齊量自有此名,非即斗也。如布八十縷為升,米十合亦為升。器名類多假借。

「而三老凍餒。」《詩疏》引服虔:「工老、商老、農老。」馬宗璉云:「齊俗本有工商農三鄉,至管子始立士鄉。」是晏子之時,已有四老矣。三老者,蓋國老、庶老及死事者之老。

「讒鼎之銘。」《疏》引服虔:「疾讒之鼎。」《明堂位》所云「崇鼎」是也。一云讒地名,禹鑄九鼎於甘讒之地。

公孫蠆以己女更公女,韓起知之而不以聞一事,而齊晉之君臣舉可知矣。

「寡君將墮幣焉。」《杜解補正》:「楚武城必有先君之廟,故田獵以祭,

祭畢而瘞幣也。」桉《說文》：「敗城皁曰隓。」墮郥、墮郕、墮費，其本訓也。又引申為墮落之字。《史記》「推墮孝惠、魯元車下」、「天寒，士卒墮指者什二三」是也。又假借為怠惰之字。《韓非子》「侈而墮者貧」是也。瘞與引申之義為近。《釋文》：「布也」，又引服云：「輸也」，二訓未知何據。

「使亂大從。」「大從」猶言大順。

「明而未融。」《注》：「朗也。」《詩疏》引服虔：「高也。」桉《爾雅・釋詁》：「融，長也。」《方言》：「駿、融、延，長也。」又隱元年《傳》「其樂融融」、「其樂洩洩」，「融」亦作「彤」，「洩」亦作「泄」。張衡《思玄〔註1〕賦》「展泄泄以彤彤」，正引此，皆和也。又《詩・大雅》「昭明有融」，《注》：「融，明之盛者。」此皆引申之義也。《說文》「融」字在鬲部，為「炊氣上出」，其本義也。此云「明而未融」，不得復以明釋之，故一云朗，一云高也。兩詁相較，以高為勝。日出未高，為始旦也。要以本義求之，諸義悉合。

「求諸矦而麇至。」「麇」者，郊敖之名，而言無忌諱如此。今昔之間，為之三歎。

「民知有辟則不忌於上。」宋司馬光所謂事皆有例，安用宰相也？

「好以大屈。」《史記註》引服虔：「大屈，寶金，可以為劍。」一曰：大屈，弓名。《魯連書》曰：「楚子享魯侯於章華，與之大麴之弓。既而悔之。」「大屈」殆所謂「大麴之弓」。

「化為黃熊。」《疏》云：「鯀之所化，是能黿也。若是熊獸，何以能入羽淵？」

「人生始化曰魄。」《杜解補正》：「《傳》所謂魄，不專指形言。如下文云『魂魄能憑依於人』及前云『奪伯有魄』，皆非形也。」桉：魂魄字皆從鬼，故形亦可以言魄，《郊特牲》：「形魄歸於地。」而魄則不可以訓形也。《白虎通》：「魂者，沄也，猶沄沄運行不休也。魄者，迫也，猶迫迫然著於人也。」《淮南子》：「天氣為魂，地氣為魄。」《說文》：「魂，陽氣也。魄，陰神也。」曰「地氣」、曰「陰神」，而魄之為物可知矣。

《孔氏鼎銘》，「僂」、「傴」、「俯」、「走」、「侮」、「口」六字為韻。厚部，其本音也。語夔姥，其雙收之部也。陸氏不知「俯」、「侮」之為厚韻，而屈「僂」、「傴」以從之，可也；置「走」、「口」二字於不論不議之列，不可也。顧氏知「走」、「口」之有兼音，而通首皆以語夔讀之，可也；竟沒其本音，謂

〔註1〕「玄」，底本原作「元」。

此六字固應在語麌部中，不可也。陸氏不解韻學，顧氏徵引太緐，微有厭故喜新之病，如於此銘是矣。嘗恨外史之所達，今不可得而見。而一器之銘至以兩音讀之，無不諧適。古人文辭之工如此，讀者寧可習焉而不察耶？

「歲時日月星辰。」《注》云：「歲星之神也。左行於地，十二歲而一周。時，四時也。日，十日也。月，十二月也。星，二十八宿也。辰，十二辰也。是為六物也。」《詩疏》引服虔同。

「二卦皆云。」蓋因原筮初爻變，故兼言《比》為二卦，其實兩「利建侯」皆《屯》卦之辭。

楚公子棄疾奉孫吳圍陳，為欲納孫吳也，而竟滅陳。此莊王謂陳人無動，將有討於少西氏之故智也。

楚靈驕泰已甚，而薳啟疆、穿封戌、芋尹、無宇能直言彊項，披其逆鱗，蓋冠履之分，在春秋時猶未為闊絕也。漢、唐之臣，有此皆作意為之，無此從容盡意矣。

「猶將復由。」「由」，生也。由、甹古今字。《說文》：「甹，從马〔註2〕，讀若舍。由聲。《商書》曰：『若顛木之有甹枿。』古文言由枿。」觀此知《說文》非無「由」字，蓋傳本脫落。桉《尚書》馬《注》：「顛木而肄生曰枿。」此云復由，正與同義。喻陳如已僕之木，將復生枝條也。又《詩序》「由儀萬物之生，各得其宜」、僖十六年《傳》「吉凶由人」，言吉凶生於人事，義皆同。

「妃以五成。」「妃」讀若「配」，猶合也。「天一生水，地六成之」，如甲與己合，乙與庚合，數皆越五也。

「辰在子卯，謂之疾日。」桉：桀、紂死亡之日，易世之後，猶為徹樂，於義何居？《禮疏》引鄭眾《春秋注》：「五行子卯自刑。」蓋當時有此禁忌之說，故云「疾日」也。

「經始勿亟，庶民子來，安用速成。」桉：昭子不欲以速成病民，但引「經始勿亟」足矣，兼引「庶民」句，何耶？「子來」云者，猶言「父子俱在軍中，父歸；兄弟俱在軍中，兄歸」，蓋岐民踊躍赴公，直將不日成之，而文王戒以勿亟，役其子即不役其父，故民益歡樂之謂。「其臺曰靈臺也」，昭子引《詩》之意如此。

「晏子謂桓子必致諸公。」此意不可曉。

「五月，夫人歸氏薨。大蒐於比蒲。」比事屬辭之法，此其尤顯者。

〔註2〕「马」，底本原作「巳」，據《說文解字》改。

「此蔡侯般弒其君之歲也。」「三年，王其咎乎？王惡周矣。」萇宏、子產所見正同。蓋襄三十年，太歲在午，蔡世子般弒其君。越昭十一年，歲復在午，而楚子執蔡侯般殺之。昭元年，太歲在申，楚公子圍弒其君。越十三年，歲復在申，而楚公子比弒其君虔。楚霸王圍改名曰虔。天時人事果如是之感應不爽乎？曰君子信其理之常，小人倖其數之變。

「毀之則朝而堋，不毀則日中而堋。」《說文》：「堋，喪葬下土也。」「跋涉山川」，《史記注》引服虔：「草行曰跋，水行曰涉。」

「昔我皇祖伯父昆吾。」《注》云：「陸終氏六子，長曰昆吾，少曰季連。季連，楚之祖，故謂昆吾為伯父也。」《史記注》引服虔同。

「是四國者，專足畏也。」《杜解補正》：「陳蔡不羹，祇是三國，蓋古三四字皆積畫，故誤。」又云：「賈誼《新書》：『楚靈王問范無字，曰：我欲大城陳、蔡、葉與不羹。』據此，正合四國之數。」

「王是以獲歿於祇宮。」《竹書紀年》：「穆王作祇宮於南鄭。」

「式如玉，式如金，形民之力而無醉飽之心。」言制節謹度，則壽如金石也。

「圍固城，克息舟，城而居之。」城息舟而居之，以待三公子，故師行未戰。入楚，而蔡公云役病也。《注》以「城」字屬上，疑非。

「王一歲而有三年之喪二焉。」顧炎武曰：「為長子斬衰三年，此一三年之喪也。父在為母服朞，然父必三年而後娶，達子之志也，是妻亦有三年之義焉。王雖不再娶，餘哀則同。」桉：天子絕朞，于后無服，此蓋言心喪也。顧云餘哀三年，正合《傳》意。

「一動而失二禮焉。」「二禮」承上「且非禮」、「亦非禮」而言。《注》非。

「甲父之鼎」，甲父鼎，商鼎也。商世以十日為號，宗彝之聞於後者，祖戊、祖乙、父乙、父丁、兄丁諸尊，皆後嗣王為其祖禰兄廟所作，在周已為寶器。《注》以昌邑縣甲父亭當之，恐非。

「子蘁。」《注》：「子皮之子嬰齊也。」《說文》引作「簅」，「從齒佐聲。鉉曰：《說文》無『佐』字，此字當從㘴，傳寫之誤。非何切。」齒差跌貌。」桉：古人名與字多有取相反之義者。嬰齊字子蘁，猶公孫黑之字子皙也。

「故為雲師而雲名。」《疏》引服虔：「春官為青雲氏，夏官為縉雲氏，秋官為白雲氏，冬官為黑雲氏，中官為黃雲氏。」服說蓋因縉雲氏推而得之。

「故為火師而火名。」《疏》引服虔：「春官為大火，夏官為鶉火，秋官為

西火，冬官為北火，中官為中火。」

「九扈。」桉：此「扈」字當作「雇」，下「扈民無淫」乃作「扈」，同聲相訓也。《說文》「雇」字注正引此。今以「雇」為顧儆之字，而「九雇」、「扈民」遂混而為一矣。又《疏》引賈逵：「春雇分循，《爾疋》作「鳻鶞」，《說文》引作「鳻盾」。相五土之宜，趣民耕種者也。夏雇竊元，趣民耘苗者也。秋雇竊藍，趣民收斂者也。冬雇竊黃，趣民蓋藏者也。棘雇竊丹，為果驅鳥者也。行雇唶唶，晝為民驅鳥者也。宵雇嘖嘖，夜為農驅獸者也。以上七雇本《爾疋·釋鳥》，下二雇侍中所增也。桑雇竊脂，為蠶驅雀者也。老雇鷃鷃，趣民收麥，令不得晏起者也。」

「自顓頊以來。」《禮疏》引服虔：「自少皞以上，天子之號以其德，百官之號以其徵。自顓頊以來，天子之號以其地，百官之紀以其事。」又《通典》引《五經通義》：「顓頊者，顓猶專，頊猶愉。幼小而王，以致太平，常自愉儉嗛約，自小之意，故二字為謚。」

「而命以民事。」賈公彥《周禮疏序》引服虔：「春官為木正，夏官為火正，秋官為金正，冬官為水正，中官為土正。高辛氏因之。」

「涉自棘津。」《水經注》：「即孟津。」

「及漢。」《御覽》引賈逵：「天漢水也。」或曰天河。

「登大廷氏之庫。」《周禮疏》引服虔：「大廷氏，古亡國之名，在黃帝前，其處高顯。」

「行火所焮。」《釋文》：「許靳反，炙也。」《玉篇》同。蓋火所及而未爐者疏通之也。

「振除火災。」《杜解補正》：「振如振衣之振。火著於衣，振之則去也。」

「許悼公瘧。飲太子止之藥卒。」蓋止本不知醫，誤信古方，致其父飲之而死，非第不嘗藥也。「捨藥物」者，言人子但竭盡侍疾之道，藥物則當任之於醫也。

「紡焉以度而去之。」《釋文》：「去，藏也」，引《三國志·華陀傳》「去藥以待不祥」，裴松之《注》：「古語以藏為去。」桉：《漢書·蘇武傳》「掘野鼠，去屮實而食之」，顏師古《注》：「去謂藏也。」又《陳遵傳》：「遵善書，與人尺牘皆藏去以為榮。」《注》：「去亦藏也。」訓「去」為「藏」，蓋即「弆」字之省。《廣韻》：「弆，居許切。藏也。」《一切經音義》：「去藏，積畜也。」

鄭駟歑卒。生絲弱，其父兄立子瑕。唐宣宗為皇太叔之前事也。

「齊侯疥遂痁。」《釋文》引梁元帝「疥音該」而不從其說，是也。《正義》及《顏氏家訓》皆云「當作痎」。桉《說文》：「痎，二日一發瘧也。」痁有熱瘧。瘧以間日一發為重，間二日則益重矣。痎而痁為向瘳，何得云遂？且《說文》引此正作「疥」，許氏所見本不應已誤。患疥未除，復又患瘧，事所恒有，不足驚怪，而紛紛遷改經傳之文，何也？

「七音」，《魏書》引服虔：「黃鐘為宮，大族為商，姑洗為角，林鐘為徵，南呂為羽，應鍾為變宮，蕤賓為變徵。」

「古之遺愛也。」《傳》引孔子之言，正以釋明「次莫如猛」之怡，使郊都諸人更無可藉口。

「大者不楓。」《廣韻》：「楓，華去聲。」

「取前城。」《水經注》引服虔：「前讀為泉，周地也。」

「毀其西南」，此句下《唐石經》有「子朝犇郊」四字。桉：明年正月，王師晉師圍郊。此四字安得不記？蓋傳本之闕。

裨竈、梓慎皆精於占驗者，乃竈言復火而屈於子產，慎言將水而屈於昭子，此儒術之所以可貴也。按：日過分而陽猶不克，不止於旱，實為昭公孫齊之兆，此則昭子之所不忍逆料者矣。

七月上辛大雩，季辛又雩。《山堂考索》引《折衷》：「《春秋》不書常祭，其或書之，各有惜，或為過時而書，或為非禮而書。龍見而雩，雩以夏仲周之七月，則夏之五月也，非為過時也，非為非禮也，是正雩之時也。正雩則常祭也。常祭不書，曷以書之？書之為季辛又雩也，亦猶書正月烝，五月復烝。正月，正也；五月烝，不正也。書其正，以譏其不正。上辛雩，正也；季辛又雩，旱甚也。書其正，以明其旱。故《左氏》云『書再雩，旱甚也』。《公羊》乃言『為聚眾逐季氏』，遠矣。」

余幼時聞莊少宗伯存與說此義，以《公羊》為信。且言樊遲從遊於舞雩之下感昭公，因雩祭逐季氏之已事。欲質之夫子而不可斥言，乃以崇德修慝辨惑三事為問。夫子知其意，故先善其問而後答之。大指：昭公不勤民事，以致大權旁貸，乃不能自反，而徒咎季氏之專，非身修國治之道。一朝之忿，忘其身以及其親，正子家子所云「一慝之不忍而終身慝」也。論甚創，附記於此。

「民有好惡喜怒哀樂，生於六氣。」《詩疏》引服虔：「好生於陽，惡生於陰，喜生於風，怒生於雨，哀生於晦，樂生於明。」

「故人之能自曲直以赴禮者謂之成人。」《洪範》：「木曰曲直。」《傳》云：「木可揉使曲直。」蓋曲直以赴禮則成人，猶曲直以從繩則成器也。

「公在外野」，「野」，予聲，《詩》「燕燕于飛，差池其羽。之子于歸，遠送于野。瞻望弗及，泣涕如雨」是也。「往饋之馬」，「馬」，莫補反，《詩》「翹翹錯薪，言刈其楚。之子于歸，言秣其馬」是也。「鸛鵒跦跦」，凡朱聲字皆在疾韻。如「《晉》晝」、「《明夷》誅」是也。「徵褰與襦」，凡需聲字皆在疾韻，如「羔裘如濡，洵直且侯」是也。

「季氏介其鷄。」《注》：「擣芥子播其羽也。」《史記注》引服虔同。《儀禮疏》引鄭眾：「介甲為鷄著甲。」又《呂氏春秋注》：「介，甲也，作小鎧著鷄頭也。」正與郈氏金距情事相對。

「將禘於襄公。」顧炎武曰：「周衰禮廢，諸矦典祀蓋有獨豐於昵者。如閔二年禘於莊公，趙《集傳》：『不及於祖也。』今此禘於襄公亦然。」桉：魯君忘祖於上，斯季孫僭樂於下，倘亦昭公所宜自攻其惡者邪？

「昭子使祝宗祈死。」方苞曰〔註3〕：「魯昭公之出也，叔孫婼不誅饜戾，論者病焉。夫春秋之時，強家脅權而相滅者，無國無之。季氏之惡稔矣。其不動於惡，以國制於己而昭公在外，為不足忌耳。若婼誅饜戾，則季氏之慮變矣，非獨叔孫氏之憂。吾恐圉人犖、卜齮之賊復興，而公衍、公為不得復安於魯也。為昭子者，必力足以誅意如、定昭公，而後可加刃於饜戾，故不得已而以死自明。此昭子之明於權也。」

「諸矦釋位以間王政。」陸粲《左傳附注》：「《史記》言厲王犇彘，周公、召公行政，號曰共和。非也。《漢書·人表》有共伯和，師古曰：『共，國。伯，爵。和，名。』《汲冢紀年》：『厲王十二年，出犇彘。十三年，共伯和攝行天子事，號曰共和。二十六年，王陟於彘。』周定公、召穆公立太子靖為王，共伯和歸其國。又《莊子》：『許由娛於穎陽，共伯得乎共首。』司馬彪曰：『共伯名和。諸矦知其賢，請以為天子，即王位。十有四年，大旱屋焚。卜曰：厲王為崇。乃立宣王，共伯復歸於宗，逍遙得意於共山之首。』《呂氏春秋》：『共伯和其行好賢仁。厲王之難，天子曠絕，而天下皆來請矣。』據此，諸書所說皆同，則「釋位以間王政」者，共伯其人也。」「間」，《注》云：「與也」，與治王之政也。

「攜王奸命。」《注》云：「伯服也。」《杜解補正》：「幽王在位十一年，

〔註3〕方苞《望溪集》文集卷三《于忠肅論》。

計伯服之生不過數歲，而褒姒為犬戎所虜，必無復立其子之理。《汲冢紀年》：『幽王既弒申，矦、魯矦及許文公立太子宜臼於申，虢公翰立不子餘臣於攜，二王並立。二十一年，攜王為晉文侯所殺。』是攜王者，余臣也。」又曰：「攜王之攜乃是地名，猶屬王流兢，詩人謂之汾王。或以《謚法》：『怠政交外曰攜』，非也。梁元帝用尚書左丞劉穀議謚其兄邵陵王綸為攜王，取此名而義不同。」

　　「率群不弔之人。」顧炎武《日知錄》〔註4〕：「『不弔』猶言不仁。成十三年，『穆為不弔』。襄十三年，『君子以吳為不弔』。十四年，『有君不弔』。昭七年，『兄弟之不睦於是乎不弔』。皆是不仁之意。襄二十三年，『敢告不弔』，及《詩》之『不弔昊天』、《書》之『弗弔天，降喪於殷』，則以為哀憫之詞。」《注》於此《傳》訓「弔」為「至」，非。

　　「吾又疆其讐以重怒之。」「疆其讐」，聰應疑「疆」字之誤，非也。謂置其讐於邊疆。

　　「若為三師以肄焉。」「肄」，習也。《注》非。

　　「欲求名而不得，或欲蓋而名章。」王應麟曰〔註5〕：「求名不得，如向戌〔註6〕欲以弭兵為名，而宋之盟其名不列，欲蓋名章。如趙盾偽出奔，欲以蓋弒君之惡，而其惡益著。」

　　「趙簡子夢童子臝而轉以歌。」《周禮疏》引服虔：「楚之先，顓頊之子老童，故童子為楚象。歌乃哭也。」

　　「越得歲而吳伐之，必受其凶。」桉：歲星在丑，星紀之分，吳、越所同，不知何以獨言越得歲。《注》亦未明晰。苻秦、慕容燕，其後事也。

　　「城成周，庚寅栽。」《中庸》：「栽者培之。」《注》：「栽猶殖也。」今時人名艸木之殖曰栽，築牆立版亦曰栽。《說文》：「栽，築牆長版也」，引哀元年《傳》「楚圍蔡里而栽」。杜《注》與許、鄭同。

　　「從公者皆自壞隤反。」此其中有子家子焉，繼自今不復著於傳矣，不知所適何國，蓋終身不仕，故寂寂無所見聞也。

　　「有兩肅爽馬。」《疏》引賈逵：「肅爽，雁也。其羽如練，高首而修頸，馬似之。天下稀有。」觀此知今或作驌騻者妄也。

〔註4〕《日知錄》卷三十二《不弔》。
〔註5〕王應麟《困學紀聞》卷六《左氏》。
〔註6〕「戌」，刻本原作「戍」，據《左傳》改。

「卒於所。」魯不聞有此邑，蓋「防」字之訛。

「盍歸吾艾豭？」「豭」讀若「姑」。凡從叚聲，如瑕、《狼跋》二章。騢、《駉》四章。葭、《騶虞》首章。暇《伐木》三章。等字，古音皆隸魚虞模部。《釋文》音加。《唐韻》如此以讀周、秦之文，則不諧矣。

「趙孟喜曰：『可矣。』」喜於克鄭，故《傳》僂言，猶有知在也。《注》非。

「王貳於虢」、「王畔王孫蘇」、「周與范氏、趙鞅以為討」，何其言之不順也。

「三軍之士乎不與謀」，「謀」讀若「媒」，《詩》「毖彼泉水，亦流于淇。有懷于衛，靡日不思。孌彼諸姬，聊與之謀」是也。　僖二十八年《傳》輿人之誦，「每」、「謀」皆之咍部。今讀「每」若「牡」，「謀」若「牟」，並非。

「唯彼陶唐，帥彼天常，有此冀方」，此《逸書・五子之歌》也。今無「帥彼天常」四字。「今失其行」，今作「今失厥道」。「乃滅而亡」，今作「乃底滅亡」。

「出萊門而告之故。」「萊門」，《注》：「魯郭門。」桉：定九年《傳》「陽虎使焚萊門」，即此門也。前《注》非。

「唯大不字小，小不事大也。知必危，何故不言？」言伐邾以致吳患，於「字小」、「事大」之義兩俱失之。知其必危，雖不聽，固將言之。蓋諸大夫皆不欲伐邾，而季孫獨斷行之，故飲酒不樂而罷。《注》非。

「魯德如邾而以眾加之，可乎？」此亦諸大夫之言。《注》既云「諸大夫阿季孫意，言邾可伐」，則此二語不可通，因改為孟孫之言也。

「可以興兵。」「兵」，必良反，《詩》「豈曰無衣，與子同裳。王于興師，修我甲兵」是也。

「有子曰：『就用命焉。』」劉原父曰：「子有也，傳寫之誤。」

「州仇奉甲，從君而拜。」介冑之士不拜。叔孫將戰，受賜，故欲俟既戰釋甲之後言，當不及置甲，手奉之而拜賜，非即吳王所賜之甲也。

子胥報楚，至於鞭墓虛言，《左氏》弗善也。篇中許鬥辛之言，即所以治伍員之獄，其後屬鏤之賜，昭然天道，於吳王何尤？

「孔子與弔，適季氏。」即弔於公，遂適季氏也。

「佩玉蘂兮」四句三韻在支佳，其上去則低蟹寘卦也。下答辭不用韻，蓋「有」字本音讀「若」，以在之咍，其上去則止海志代也。「癸」字在脂微齊，

皆灰，其上去則旨尾薺賄賄，至未霽癸泰怪夬隊廢也。三部漢以前未嘗通用。如《孟子》引齊諺「雖有智慧，不如乘勢」，脂微齊皆灰也；「雖有鎡基，不如待時」，之咍也。四句中兩韻一轉。又如《載馳》首章首二句，侯韻；「驅馬」以下四句，轉幽韻。稍不加察，即混而為一矣。

「使疾而遺之潘沐。」《注》：「潘，米汁，可以沐頭。」按《說文》：「潘，淅米汁。」內則面垢，燂潘請靧明。陳逆詐病，故以遺之。

每怪衛出公以拒父名，何以得諡為孝？吾友惲大令敬。語之曰：「輒蓋未嘗拒父也。衛靈生於魯昭公之二年，其卒也，年四十有七。而蒯瞶為其子，蒯瞶又先有姊，為孔文子妻。以此推之，出公即位時，內外十歲耳。興師圍戚，蓋石曼姑等之所為，非出公所自主也。」按：莊公在戚十二年而後入度，輒稍長，知父不可拒，故蒯瞶得安於戚。其後渾良夫為莊公謀定繼嗣，猶將擇才於疾與亡君。是莊公亦初無憾於輒也。不然，公養之仕，豈足以羈縻我孔子哉？

「孔某卒，公誄之。」誄辭悲憤。蓋所謂借酒澆塊壘者也。

當時魯君不復能操舉錯之柄，責以「生不能用」，恐非所任。一人在位，正屛主壼，亦守府情事。所謂臣見君獨立於廟朝之上也，絕非自稱「余一人」。「非禮」、「兩失」之譏，疑未必出於端木。

「煢煢余在疚。」「疚」本音讀若「幾」。此以合幽韻。《周頌》「閔予小子，遭家不造。嬛嬛在疚，於乎皇考，永世克孝」是也。「哀哉！尼父，無自律。」「律」與「位」韻。位乃脂微齊，皆灰之去聲，而律其入聲也。誄辭六句，五韻相間。

「太子又使椓之。」「椓」者，去陰之刑。《呂刑》「爰始淫為劓刵椓黥」是也。《說文》：「擊也。」合而觀之，《傳》意蓋言疾攻，擊其父之陰私也。

「緜緜生之瓜。」「瓜」讀若「孤」，《詩》「投我以木瓜，報之以瓊琚」是也。四句四韻。

「闔門塞竇，乃自後踰。」緜辭矦韻，非魚虞模韻也。《禮記》「蓽門圭窬」，《左傳》作「蓽門圭竇」，《說文》引《左》仍作「圭窬」。顧氏《唐韻正》：「因二字通用，遂以竇為田故切。」而徵此《傳》為證，非也。「窬」，《說文》：「從俞聲。」《玉篇》音豆。凡俞聲之字，如榆、瑜、瘉、愈，皆在矦部。窬、竇通用，正此《傳》「踰」字在侯部之證，而非「竇」字在魚虞模部之證也。《東方朔傳》：「口無毛者，狗竇也。聲謷謷者，鳥哺鷇。」《廣韻》：「苦候切也。」

是西漢人亦不以「寶」字入魚模也。

　　「君將殼之。」《注》：「殼，歐吐也。」桉：「殼」乃從上擊下之字。其訓作歐吐者，「嗀」字也，「從口殼聲。許角反」。《說文》《玉篇》俱引此《傳》。今醫書噁心字蓋即此。

卷　九

骨肉相似

「肖，骨肉相似也。」段《注》謂「此人骨肉與彼人骨肉略同」。殊未明晰。自其同者言之，人人具此骨肉；自其不同者言之，此人骨肉安得與彼人骨肉略同？蓋骨肉者，祖孫父子叔姪兄弟之稱。至親狀貌相似，故下云不似其先為不肖也。今凡物相似皆可云肖，非本義矣。

顧氏訾說文

「郭」字，《注》：「齊之郭氏虛。」虛、墟古今字，何以謂之墟？國已亡也，故牽連及其所以亡國之故，非以善善惡惡云云。釋「郭」字之義也。顧亭林以為勦說而失其本恉，非是。

君使臣以禮

課生徒作「君使臣以禮」題，文大率用敬大臣套語，於當時問答語氣皆不合。定公之時，公室之卑甚矣。君又季孫之所立，其以定策國老自居可知也。定公積不能平，故有此問，而孔子之對亦正欲公秉禮自持，不應過於葸慎，以紊天澤之大分。晉悼之入也，曰「孤始願不及此」。其及此，豈非天乎？而欒書、中行偃示恩之心沮喪矣。《韓詩外傳》：「孔子侍坐於季孫。季孫之宰通曰：『君使人假馬。』孔子曰：『吾聞君取於臣謂之取，不曰假。』季孫寤曰：『自今以往，君有取毋曰假。』」孔子正假馬之言而君臣之義定矣，此則當時答問之微恉也。若以魯之積衰曾無君驕臣諂之慮，而徒為是汎然無可指謫之言以塞

明問，豈聖人所忍出者哉？楊甥方訓自里門來，攜其高祖學士君《孟鄰堂文集》見示，有《君使臣以禮說》一首，與鄙見略同。篇中引《左傳》「受玉卑其容頫」為定公習於謙抑之證，則鄙見之所未及。又指斥《周禮》至數萬言，大恉謂無地不賦，無物不貢，無人不徵，襲鹿臺、鉅橋之覆轍，導頭會、箕斂之先路，蓋出於文種、李悝、吳起、申不害之徒，必非周公所作。其辭甚辨。學士君名椿，學者所稱農先先生者也。遺集都十六卷，久藏於家，不可得見。嘉慶庚辰，君曾孫魯生官浙江通判，始刊版以行。乃刊成而通判遽歿，可哀也。

鄉黨義法

亡友子居大令嘗語予曰：「《論語·鄉黨》一篇，義法最精。『孔子於鄉黨』至『私覿愉愉如也』為弟一節。其言或曰似，或曰如，擬盛德之形容，不敢輒為決詞也。『君子不以紺緅餙』至『車中不內顧，不疾言，不親指』為弟二節。變孔子為君子者，此數十事，人人皆當如此而為效法之所可及，故其言或曰不，或曰必，不復作擬議之詞。『山梁雌雉』為弟三節。借『時』字以結通篇，而聖人全體全神皆可遇之於意言之表矣。」

黃初三年

義門何氏云：「《魏志》：文帝以元康元年十月廿九日嬗代，十一月即改元黃初。陳思以黃初四年入朝，而《洛神賦序》云三年者，不欲亟奪漢亡年，猶之發喪悲哭之意。注家未喻其微恉。」皋文先生云：「何氏此言，真能以意逆志矣。」

干祿

或問祿可幹乎？干祿可學乎？古之人有為親而仕者矣，有為貧而仕者矣。不干則何由得祿，不學則無術以干。多聞寡悔，經明行修，干祿之學也。或得或否，或貴或賤，則天為之也。故自其可幹者而言之，夫子之求之也。其諸異乎人之求之，聖人非不干祿也。自其不可幹者而言之，美功不伐，貴位不喜，顓孫師之行也。子張子未嘗干祿也。夏侯勝言士明經術，取青紫如拾地芥。漢儒於祿之學去聖論未遠。

稽首頓首

稽首即今之贊拜，頓首即今之碰頭。《周禮》：「太祝辨九擽。一曰稽首，二曰頓首，三曰空首。」鄭云：「稽首，拜頭至地也。頓首，拜頭叩地也。空

首，拜頭至手，所謂拜手也。」是頓首最重，稽首次之，空首又次之。漢魏章奏有先言「頓首死罪」而後言「稽首再拜以聞」者，稽首其常儀也；有言「稽首頓首」者，如劉琨勸進表之類，情辭迫切，禮亦遞重也。《日知錄》引「穆嬴頓首於趙宣子」、「季平子頓首於叔孫昭子」，以為非施於尊者之證，本《周禮疏》引陳氏之說。〔註1〕不知穆嬴以太子見廢，又在喪中；季孫以昭公出亡，詐為悔罪；皆非從容行禮之時。又其甚者，申包胥求救於秦，九頓首而坐。是頓首重於稽首明矣。今人書疏名刺反以稽首為凶禮，非也。

娽

「娽」，《說文》：「不順也。」按：若之義為順。順者，婦人之德。何以字加女旁，反與若訓相背疑？「不」字為衍文也。

季氏旅泰山

季氏旅泰山，時文家以為求福，非誅心之論也。季氏竊竊非分久。舞佾歌，雍門內之事。一旦旅於泰山，則通國皆知矣。特為此大不韙之舉，以驗百姓之從違。如其不吾非也，乃可以恣所欲為而無復顧忌。趙高指鹿為馬，冒頓射鳴鏑，皆此意也。孔子言曾為「泰山不如林放」，隱然示以清議之可畏，而季孫之志沮喪矣。自時厥後，延魯國之祚十一世。定、哀、悼、元、穆、共、康、景、平、文、頃。其亡也，卒非內篡，布衣之功於斯偉矣。

興朝懿親

魏文弟，陳思王植。晉武從父，習陽亭侯順。隋文弟，滕王瓚。朱溫兄，全昱。王莽女，漢平帝后。魏文女弟，漢獻帝后。隋文女，周宣帝后。李昪女，吳太子璉妃。此八人者，皆以興朝之懿親痛故國之淪喪，雖丈夫女子不同，可以相提並論矣。

節錄盛子履大士同年書

來書稱許拙集太過，媿極汗出。嘗觀古人別集，自首至末，一代之興衰治亂、一時之風俗人心，以及作詩之人之行藏遭際、身世顯晦、友朋骨肉、死生契闊，無不暸如指掌。上可以補史傳之闕遺，下可以備志乘之蒐討，而又言之有文，行而自遠，則不朽之業具於是矣。僕二十年來，亦嘗參稽列朝之掌故，

〔註1〕《日知錄》卷二十八《拜稽首》。

博訪時政之滀備，延覽當世之賢豪，商略出處之大義，雖不能措之於事，猶竊願見之於詩，而集中所存之作不盡為意中所欲作之詩。即或體備比興，義兼諷論，而援今證古，多牽率比坿之病，其去古作者不可以道里計也。足下湛深激盪，動合自然，芬芳悱惻，出於至性，此豈流連光景與夫無病呻吟者所能會其微恉、聆其逸韻者乎？

格物致知

周公、孔子所以為集聖之大成者，無他，祗是義精仁熟耳。義不精，仁不熟，則於經權常變之道辨之不明。辨之不明，故處之不當。彼為黃老之學者，亦皆以正心誠意為務，而不能格物以致其知，遂至流為堅僻，遁於虛無。以之修身，未嘗不可以寡過。以之齊家治國平天下，則不能放而皆準矣。

孟子言是非之心，人皆有之。然非格物致知，則辨之不精，往往是其所非而非其所是。故是非為習俗所移者，病之在表者也，汗之可已；是非為私欲所蔽者，病之在裏者也，攻之可已。束書不讀，是為病不服藥，終至於不起而已矣。

藺相如

予嘗作《藺相如論》，責相如歸直於秦，而徒以身殉無益之璧。辭頗條鬯，出示及門趙生彥倫。彥倫云：「王元美有此論，意正同。」時架上攜有《弇州山人四部集》，急繙閱之，果然。遂棄去，不復存稿。因思前人別集豈能徧讀，苟無所寄託，史論不作可也。

王元美

既讀元美《藺相如論》，遂並全集粗繙一過。詩敷衍無足觀，文尤蕪雜不入格。然因文以察其人，實氣節之士。且曾為楊忠愍夫人草請代夫死疏稿，不可歿也。其受病在不虛心，故《藝苑巵言》多所詆斥，至誚謝茂秦何不以溺自照。文人吐屬，豈宜如此？集中惟樂府變最佳。

崇百藥齋詩跋

前以拙詩付梓，凡題跋悉刪去。然知己規勉之言不可歿也，輒選錄數條於此，以自考他日之進退焉。

予耳熟陸祁孫孝廉詩名久，未之見也。今年春，兒子承紀令丹徒，予就養

官署。暇日，稱道祁孫詩，未嘗去口。八月，祁孫自陽湖來。其人溫雅和平，
余固已心許承紀能擇交矣。數日，出所著《崇百藥齋詩》二千首就質，因得卒
業，則五十年來所未見也。其詩合陶、謝、李、杜、高、岑、元、白、溫、李、
張、王以及遺山、青丘，鎔為一鑪，浩浩乎莫測其津涯。凡天地間所必有，庶
物人倫所必然，他人揣摩凝鍊而不能彷彿萬一者，入其手則至當不易。性情深
摯，議論縱橫，頃刻之間，使人歌哭驚喜，各盡其致。蓋醞釀醇厚，肆力於古，
而氣足以達之，神足以暢之，故如是之炳炳烺烺，光燄萬丈也。余為秀才時，
與同里楊子載交最密。楊氏以詩世其家，子載尤好學，沉雄高朗，俯視一切，
詩筆與祁孫甚相似。然祁孫年甫三十有二耳，詩之氣魄精光不可逼視如此，他
日所詣益深，余更安能測之邪？余老矣，恐弗獲覯其等身之成，爰選集中最心
折者十之三錄其目，以命承紀，使先刊版，以公天下。令天下後世讀崇百藥齋
全詩者嗤余所見之少，予正樂得而聞之也。嘉慶癸亥大重陽日八十五老人南昌
萬廷蘭。

　　與祁孫別三年矣。今夏相見京師，深譚數夕，悲感百端。因得重讀祁孫生
平所為詩十八卷。戊己已後，履恒所未見者十八九。其才氣橫溢，不減疇昔，
而識力格調與年俱進。雖中間雜出酬應率爾之作，要其佳處不可遏抑。異日陶
汰精嚴，卓然可傳無疑。憶履恒初交祁孫，時年十九，祁孫十七，非徒情聲莫
逆，詩才文筆亦復如驂之靳。十餘年來，兩人各奔走衣食，而祁孫之詩造詣如
此，履恒則濩落生涯，學行無所成就，才筆愈更葸弱。回思曩遊，恍如夢境。
祁孫方將絕塵而馳，履恒瞠乎後矣。然祁孫年已過壯，屢上春官不第，恐境遇
挫折，亦足減其才思。即觀卷中癸甲之作，視辛壬數年，氣已少積，不可不為
深懼。願益茂學力，堅而持之，毋任弛放，以成此才。履恒自知才不奇，詩文
不能自雄，行當從事鉛槧，以《爾雅》蟲魚自蓋其固陋，聊託英雄末路之意，
不得不以此事望之祁孫。祁孫幸勉旃。乙丑天中後三日同里丁履恒。

　　五言古體，已到古人。近來學問至此，吾不如也。唯所擬讀曲豔辭，尚有
一二傷雅處。乙丑初冬南城曾燠。

　　奕奕神清，槃槃才大。而性情誠篤，尤風雅之源也。寒夜三復，不勝歎服。
戊辰嘉平月新城陳希曾。

　　五言得《文選》之精，七古入唐賢之室，或低徊以掩抑，或激壯而悲涼。
瓌才未遇，豈詩果能窮人邪？己巳浴佛後五日無錫秦瀛。

五古陶、謝抗行，郊、島避席。五律高渾，嗣響少陵。七律清健，追蹤夢得。余體格律精嚴，具有節制。正始未墜，賴此扶輪。甲戌四月廿有二日族弟恩洪。

本之六藝，以積其理；本之史傳，以精其識；本之《騷》、《辨》，以邈其悁。三者既具，又採摭百氏以備其辭，而忓愉悱惻，纏綿沉鬱之情復經緯乎其間，隨境而發，莫不動魄驚心。詩之能事畢矣。此以求之唐代諸公，罕能兼美，何況宋、元以下！甲戌六月二十日同里張琦。

杜門五日，始將《伊闕訪碑集》二卷畢業，其中卓然不磨者十得七八，可謂盛矣。夫詩之為道，驅蹤靡常。及其至也，城門合軌。隨規逐矩，工師莫外焉。祁孫論詩，以規矩為先，其言若近，其悁則遠。蓋見近習滔淫，正聲遼落，遂乃法經而積理，繩古以崇辭。玄〔註2〕黃就列，淄澠不渝，豈徒大雅指歸實，亦斯文保障。諸所論列，散綴於篇，竊附同心，非阿所好。甲戌七夕桐鄉蔡鑾揚。

比興之指，導源《三百》，至唐而猶未墜。祁孫以清剛雋上之才，比年復深探斯奧，故其縱橫跌宕，惝恍迷離，雖極繢餘綺麗，而皆有不盡之藏，使人味之無極。間有一二忍俊不禁處，自是才人結習。張、蔡兩君所彈射，固已不遺餘力矣。甲戌七月既望同里徐準宜。

不覯祁孫近作七年矣。春莫作關中之遊，舟次毘陵，恩恩披讀，覺悁愈遠，理愈深，蓋別來學道有得。彼時兒女英雄，都屬少年結習矣。此後握手何時，精詣又當何似？勿勿解維，率記數語。離情黯然，欲言不盡。乙亥三月鄞童槐。

以漢魏為初祖，三唐為羽翼，才大心細，思精響佚。譬之洛妃雖嬌，申禮自持；信陵固豪，恭謹折節。是真美人，是真公子。以視血氣之勇，鉛黛之餘，奚翅霄壤。丙子秋仲吳吳慈鶴。

又錄伊闕訪碑集序一首

嘉慶十七年壬申之歲，余與祁孫同客洛下。祁孫以近作《伊闕訪碑集》二卷屬序於余，未有以應也。日月雲邁，客心斯驚。補春餘之墜歡，憶勝侶之陳跡。謝傅行樂，偏感盛年；楊雄作賦，遂減玄〔註3〕思。覺塵事之徒勞，恐山靈之騰笑。會當錄別，重責踐言。昔者杜陵得句，有高適之同賡；陳思為文，

〔註2〕「玄」，底本原作「元」。
〔註3〕「玄」，底本原作「元」。

待丁儀而始定。片語之獲，厚愛於妻孥；一字之更抉，精於肝肺。篇章之道，蓋有難焉。若祁孫之為詩也，放懷崇尚，寓意曠渺。典麗有則，咸歸大雅；旨趣所寄，或多微詞。出塞浮雲，蘇武贈友之什；入幃涼月，秦嘉寄婦之辭。其或考典午之遺址，惆悵尋蕚；問拓跋之離宮，從容弔古。香山盤鬱，風雨挾其恢奇；洛川洞沍，煙霞供其結納。是知孫興公之夢想，每在山遊；陸士衡之才藻，能承世德。則茲集之所由名也。若余與祁孫之交道，又可言焉。舊婚新特，嫺居盧李之間；阿大中郎，友在紀群之列。訪蓬門而識巷，犬亦銜衣；坐竹徑以哦賤，誰來囒履。入龐公之室，禮忘其主賓；登公瑾之堂，恩均於骨肉。左思弱女，聞剝啄而呼名；李善蒼頭，具餕饌而饋食。於以備往還之樂，極嬉娛之致焉。若夫齋居命酒，語輒崇朝，圍側看花，歸當良夜。高應劭之評，品題凡類；嚴蔡邕之斷，瑕尤昔賢。聽蟲伏腯，塗鴉索書。既戲謔之無方，亦讌譚之屢集。至如同舟淮浦，接軫京華。波濤負纜，衣擊檝而橫蛟；風雨打窗，卷堆牀而裹蠹。傾金有穴，種玉成林。筵分韓掾之香，袖把莊辛之手。南皮之飲，無季重而不豪；東田之會，有靈運而俱暢。一編爭搆，四座詫觀。傳觴而脂粉交飛，刻燭則珠璣亂落。又若雲雷紋細，攜商父之尊；星日芒寒，照秦宮之鏡。偕徐生_{編修松}之嗜古，挹董子_{明經士錫}之清標。危龕廣大，測真像於牟尼；巉岩險巇，摩穹碑於岣嶁。健鬥身輕，天非梯而可上；禪糸腳嬾，石有洞以堪跂。是則簡編之篤，有過親知；金石之好，不殊性命。龍門在望，鬱渺渺之予懷；驪歌載塗，愴蕭蕭之行李。他日者踐重來之約，陟伊闕之巔，庶幾神仙畫接，探寶氣於丹崖；蛟螭夜蟠，燦靈光於綠字云爾。同里蔣學沂。

嚴助傳

「今聞舉兵誅越，臣安竊為陛下重之。」師古曰：「重，難也。」後云「邊民早閉晏開，蟲不及夕，臣安竊為陛下重之」，師古曰：「重，難也。」此「師古曰」六字宜削。又「天子不振，尚安所愬」，「不振」猶言不恤中國之人。「不能其水土」，「能」即「耐」字。注並非。《西域傳》：「漢極大，然不能飢渴。」亦「耐」字也。

東方朔傳

「進對澹辭，皆此類也。」師古曰：「『澹』，古『贍』字。」桉：「澹」借作「淡」。楊雄賦「秬鬯泔淡」，應劭曰：「泔淡，滿也。」「泔淡」訓「滿」，

蓋又為「贍」之假借。「蘇秦、張儀當萬乘之主而都卿相之位」,「都」,兼也。如滬注非。

霍光傳

「令人不省死」,言至死不解上意。「顯為山獻城西第贖罪,書報聞」,「報聞」者,不許之辭。《燕刺王旦傳》「請立廟,郡國奏報聞」,後云「上書請立廟,又不聽」,可證。

重排說文篇目

聰應初解繙閱《說文》,三女兌貞為依楷法點畫重排篇目,喜其易於檢尋,使坿錄於此。

一畫十字

一弟一 丨弟一 丶弟五 く十一 乚十二 丿十二 乀十二 亅十二 乙十二 乚十四

二畫三十三字

八弟二 凵弟二十 又弟三 十弟三 九弟三 卜弟三 刀弟四 乃弟五 亏弟五 厶弟五 入弟五 冂弟五 弓弟七 冖弟七 人弟八 七弟八 匕弟八 兒弟八 勹弟九 厶弟九 厂弟九 巜十一 匸十二 匚十二 厂十二 二十三 力十三 幾十四 七十四 九十

四丁十四 了十四

三畫四十七字

上弟一 三弟一 士弟一 少弟一 小弟二 口弟二 彳弟二 乂弟二 干弟三 屮弟三 寸弟三 麊弟四 刃弟四 丌弟五 工弟五 于弟五 人弟五 攴弟五 夊弟五 久弟五 才弟六 之弟六 毛弟六 口弟六 夕弟七 宀弟七 冄弟七 巾弟七 尸弟八 彡弟九 卪弟九 山弟九 廣弟九 九弟九 大弟十 介弟十 矢弟十 川十一 凡十一 女十二 亡十二 弓十二 土十三 勺十四 己十四 子十四 巳十四

四畫六十七字

王弟一 氣弟一 牛弟二 止弟二 牙弟二 卝弟三 艸弟三 爪弟三 孔弟三 支弟三 殳弟三 攴弟三 爻弟三 予弟四 犖弟四 曰弟五 兮弟五 丹弟五 井弟五 木弟六 帀弟六 日弟七 月弟七 凶弟七 木弟七 帀弟七 月弟七 市弟七 從弟八 比弟八 王弟八 毛弟八 尺弟八 方弟八 旡弟八 欠弟八 丐弟九 文弟九 勿弟九 冄弟九 与弟九 犬弟十 火弟十 夭弟十 允弟十 六弟十 夫弟十 心弟十 水十一 欠十一 不十二 戶十二 手十二 毋十二 氏十二 戈十二 瓦十二 斤十四 斗十四 五十四 六十四 厽十四 巴十四 壬十四 云十四 丑十四 午十四

五畫六十三字

示弟一 玉弟一 半弟二 正弟二 疋弟二 冊弟二 隻弟三 句弟三 古弟三 史弟三 𡈼弟三 皮弟三 用弟三 目

弟四𠂉弟四玄弟四歺弟四冎弟四左弟五甘弟五可弟五號弟五皿弟五去弟五矢弟五出弟六𣎵弟六生弟六𠂹弟六旦弟七毌弟七片弟七禾弟七瓜弟七宂弟七白弟七北弟八丘弟八兄弟八司弟八印弟九卯弟九包弟九屵弟九石弟九夲弟十夰弟十立弟十永十一民十二氐十二戉十二它十三田十三且十四矛十四四十四寧十四甲十四丙十四戊十四未十四申十四

六畫六十四字

茻弟一吅弟二𣥠弟二此弟二行弟二舌弟三𠬜弟三辛弟三共弟三聿弟三自弟四白弟四羊弟四𢆶弟四肉弟四𠬪弟四㓞弟四耒弟四竹弟五旨弟五虍弟五血弟五缶弟五舛弟五叒弟六㫃弟七有弟七多弟七束弟七米弟七臼弟七尗弟七網弟七襾弟七㐺弟八月弟八衣弟八老弟八舟弟八兆弟八先弟八旡弟八后弟九色弟九由弟九屾弟九而弟九亦弟十交弟十囟弟十𠂢十一至十二西十二耳十二曲十二弜十二系十三蟲十三劦十三幵十四𠂤十四厽十四戌十四亥十四

七畫五十四字

采弟二告弟二走弟二步弟二辵弟二延弟二足弟二谷弟三㕯弟三言弟三臣弟三𦥑弟三　弟四𦍌弟四死弟四角弟四巫弟四豆弟五皀弟五弟弟五東弟六貝弟六邑弟六囧弟七克弟七呂弟七㒳弟七㡀弟七身弟八尾弟八皃弟八禿弟八見弟八次弟八𦣻弟九彣弟九卮弟九危弟九豕弟九豸弟九囪弟十赤弟十谷十一𦣞十二我十二系十二卵十三里十三男十三車十四辛十四丣十四辰十四酉十四

八畫三十八字

𠦑弟一隸弟三㸚弟三𣆪弟四羽弟四隹弟四叀弟四放弟四虎弟五青弟五京弟五㐭弟五來弟五東弟六林弟六垂弟六𠌶弟六明弟七彔弟七林弟七帛弟七長弟九易弟九炏弟十炎弟十炙弟十幸弟十沝十一雨十一非十一門十二乖十二弦十二金十四𨸏十四叕十四亞十四庚十四

九畫三十四字

是弟二品弟二音弟三革弟三臤弟三眉弟四盾弟四苜弟四骨弟四壴弟五食弟五亯弟五韋弟五𠧪弟七香弟七耑弟七韭弟七重弟八臥弟八頁弟九面弟九首弟九県弟九茍弟九希弟九兔弟十泉十一飛十一𦉼十二風十三垚十三孨十四酋十四癸十四

十畫三十二字

玨弟一哭弟二丵弟三鬲弟三鬥弟三殺弟三䀠弟四烏弟四冓弟四豈弟五鬯弟五倉弟五高弟五𣆶弟五畗弟五桀弟五員弟六倝弟七冥弟七𣐺弟七秝弟七宮弟七髟弟九鬼弟九馬弟十㲋弟十能弟十竝弟十息弟十珡十二素十三畕十三

十一畫二十字

異弟三舁弟三教弟三奞弟四鳥弟四𩫏弟五麥弟五巢弟六桼弟六麻弟七瓠弟七豚弟九鹿弟十黑弟十奢弟十魚十一鹵十二率十三堇十三寅十四

十二畫二十六字

甜弟三羮弟三畫弟三皕弟四萑弟四筋弟四珏弟五喜弟五華弟七晶弟七黍弟七黹弟七毳弟八須弟九寬弟九羂弟九象弟九萈弟十焱弟十壺弟十壹弟十惢弟十雲十一絲十三蚰十三黃十三

十三畫十三字

毳弟三習弟四鼓弟五豐弟五虜弟五會弟五嗇弟五齊弟七裘弟八辟弟九鳳弟十鼠弟十黽十三

十四畫十字

蓐弟一誩弟三晨弟三鼻弟四箕弟五嶭弟六鼎弟七覞弟八熊弟十羋十四

十五畫七字

犛弟二齒弟二稽弟六履弟八歈弟八頻十一嚚十四

十六畫七字

彌弟三雔弟四麃弟五殸弟五殺弟七燕十一㫮十四

十七畫二字

龍十一龜十三

十八畫六字

侖弟二譱弟四瞿弟四豐弟五橐弟六蟲十三

二十二畫二字

藦弟七黐十一

二十四畫二字

雥弟四鹽十二

二十七畫一字

蟲十一

二十九畫一字

爨弟三

三十三畫一字

麤弟十

鄉謚

自古有道能文之士，或祿位未崇，不獲邀易名之典，其鄉人得議私謚。如夏敬公謚宣明，朱公叔謚文忠，范史云謚貞節，荀叔慈謚元行，陳仲弓謚文範，稽之往籍，不以為越。十數年來，吾縣文儒老成凋謝，繼輅所及聽言觀行者，凡十有五人：曰甘泉訓導鄭先生環，曰左春坊中允莊君通敏，曰國子監生錢君伯坰，曰濰縣知縣莊君述祖，曰內閣中書劉君召揚，曰翰林編修洪君亮吉，曰

候選教諭楊先生峒谷，曰縣學生吳君士模，曰瑞金知縣惲君敬，曰歙縣教諭莊君隽甲，曰薦舉孝廉方正賜六品銜莊先生宇逵，曰翰林編修張先生惠言，曰翰林編修劉君嗣綰，曰附監生臧君鏞，曰國子監生莊君曾儀。或經術湛深，發揮許、鄭；或文辭嫻雅，煇映《卿雲》；或專志序述，接跡馬、班；或寄意聲韻，方駕陶、杜。若此者，獨擅為難，兼綜彌貴。要在表裏純白，皎然不欺，庶幾具體四科，全備六行。愚以為宜議鄉謚，傳之久遠。億孫趙君、宛鄰張君、仲倫吳君、申耆李君，夙共講習，熟知平生；晉卿董君、彥聞方君，勿懷挾長之嫌，助成逸事之狀，豈徒表彰潛德，實足激勸後生。謹發其端，仍俟裁擇。

　　荀慈明以鄉謚為非禮，其說非也。《曾子問》：「賤不誄貴，幼不誄長」，乃指君父而言。《曲禮》：「已孤暴貴，不為父作謚。」君父既不當誄，則天子何由定謚？故下申言之，曰「惟天子稱天以誄之」也。若諸侯之謚，則天子所定，故曰「諸侯相誄非禮也」。諸侯既可得謚，即不應侵天子之權也。至於韋布之士及雖通籍而品位不及例者，朝廷本不予謚，斯鄉人得以伸其哀慕之意。故但言諸侯相誄為非禮，而不言士相誄為非禮也。孔子稱令尹子文曰忠，稱陳文子曰清，稱子產曰惠，忠、清、惠皆謚法也，此即私謚之權輿也。更何疑於卿大夫已下者乎？

誄謚義別

　　「誄」，《說文》：「謚也。」《檀弓》「魯縣賁父死，莊公誄之」，「曾子問賤不誄貴，幼不誄長」，皆此字也。累舉其平生實行讀之，以作謚者也。「謚」，禱也。《周禮》「作六辭以通上下親疏遠近，六曰謚；《論語》「謚曰：禱爾於上下神祇」，皆此字也。累述功德以求福者也。自高密以「哀死而述其行」釋太祝六辭之謚，而二字之不分久矣。

記與仲倫辨宛鄰語

　　聞宛鄰在都，間有對酒當歌之事，芙初寓書仲倫以為言。仲倫作書規之，而以告余。余謂宛鄰客懷寥寂，偶值名花慧鳥，為之欣然延佇，情所或有。然鳥飛花落必已，過而不留，可以無煩規戒。仲倫書來，云：「登變童之牀，入佚女之室，律有明禁，豈可以飼鳥種花為比？知而不規，大非所望於足下。」仲倫可謂篤於友誼矣。然仲倫恐宛鄰或至於登牀入室而規之，規之誠是也。祁孫知宛鄰萬不至於登牀入室而聽之，聽之亦是也。若知之既深，信之既篤，而好事生風，拾道學之唾餘，沽直諒之虛譽，豈不大可笑耶？頃仲倫復有書至，

亦以余言為然。

德清典史

姊子黃昌慈字延甫，余受業弟子也。少孤家貧，抱關養母。嘗權德清典史二年。受代時，攀送者數千人。肩輿所過，戶設香鐙水鏡酒醴肴楂。時蔡生甫師_{之定}。致仕里居，首作一詩送行，和者至百餘人。中有沈孝廉句云：「恪遵堂上居官訓，不使民間造孽錢。」不意一官百僚，底乃能感人如此。

悤悤匆匆

「悤」，《說文》：「多遽悤悤也。」《晉書・王彪之傳》「無事悤悤，先自猖獗」是也。「匆」，《說文》：「州里所建旗。象其柄，有三遊。所以趣民，故冗遽，稱匆匆。」王大令帖「匆匆不具」是也。今名士簡牘多作「匆匆」，無所不可。或以「悤」為「匆」字之誤，則非也。

寔實乃二字

聰應以寔字為實字之破體，非也。寔，正也，從宀是聲。《詩・韓奕》「寔墉寔壑，寔畝寔籍」，皆「寔」字也，故寔之字用之。實，富也，從宀從貫。《詩・生民》「實堅實好，實穎實栗」，皆「實」字也，充實之字用之。寔在寘韻，支佳之去聲；實在質韻，真臻之入聲也。

卷 十

欒巴

有自閹宦而為士大夫者，東漢欒叔元是也。有以儒官自宮求給事掖庭者，前明王振是也。一志在令名，一邀倖權勢。造物者各如所願，亦奇。徐登本閩中女子，化為丈夫，能以巫醫濟世，亦一奇也。

覼縷

「覼縷」，《玉篇》：「委曲也。」亦作「覶縷」。左太沖《吳都賦》「窔神妙之響象，嗟難得而覶縷」是也。今讀若羅。桉：《說文》有此字，乃「從〔註1〕矞聲」，諧聲之字，不應別隸歌麻部中。然傅咸疏「臣前所以不羅縷者，冀因結奏得從私願」，書「覼」為「羅」，是晉時已作落戈切矣。

杜密

杜周甫去官還家，每謁守令，多所陳託。劉季林閉門掃軌，無所干及。兩人皆君子也，吾意尤賢周甫。然使不遇王昱，亦寧作季林耳。

范滂

范孟博執公儀，詣陳仲舉。仲舉未之止也，遂懷恨投版而去。昔柳下不卑小官，孔子嘗為委吏。度其公謁，皆有常儀。遽爾棄官，得毋稍褊？然郭林宗責讓仲舉之言，則為長官者所宜知也。孟博之慍，正以仲舉耳。若在他人，當必不爾。

〔註1〕《說文》此處有「見」字。

記淵如觀察語

淵如觀察嘗為余言：「昔向子平自言已知富不如貧，貴不如賤，但不知生何如死。我今知之矣。」余問竟何如。觀察云：「昨午臥甚酣，為人驚覺，意頗憤之，豈非生不如死之驗耶？」未及一年，觀察下世。

毒

毒，《說文》：「從屮毒聲，厚也。」又云：「害人之草，往往而生。」後人但知毒害之義，因疑《易傳》「聖人以此毒天下」及《列子》「亭之毒之」字應從生從母，其意以為生萬物之母也，不知毒字本訓作厚，無煩更製「毐」字。

黃叔度

《後漢書・黃憲傳》通篇掇拾荀淑、袁閎、戴良、陳蕃、周舉、郭泰之言，憲惟暫到京師一事，此外無單辭片語之傳，而人人意中有一黃叔度，隱然如顏子復生。讀史至此，不能無不見古人之恨。

隋公主

或言蘭陵公主初嫁王奉孝，再適柳述。後雖為柳氏守志，已非貞婦矣。余以為不然。再嫁，事之常，高祖之治，命也；生離，倫之變，煬帝之亂，命也。誓死不奉詔，憂憤而卒，遺疏乞葬柳氏，非貞婦而何？其後南陽公主以化及弒逆，士及廑不與知生絕。宇文氏一家婦女明於經權如此。雖以義精仁熟之君子處之，無以易也。

徐中山弟三女

或言前明奇女子二人：一為秦良玉，一為客氏。吾謂客氏復何足道，且趙嬈、王聖自古有之。良玉誠奇，然誠敬夫人已先之矣。惟徐中山王弟三女薄成祖以篡弒得天下，聘為后而不可，斯則史冊所未經見者。

五十學《易》

五，古文作×。×者，四隅之中二四六八之所交也。十者，四正之中一三七九之所會也。五十學《易》，所以為時中之聖也。淺而言之，謝安稱褚裒四時之氣皆備，抑亦可以養生而寡過矣。

鄭箋周公居東避流言不可信

傳曰：「七月陳王業也。周公遭變，故陳后稷先公風化之所由，致王業之艱難也。」謹桉《書》云：「周公居東二年，則罪人斯得。」《詩》云：「自我不見，于今三年。」《書》紀實以月計，《詩》言情以年數，一也。曰「東」、曰「罪人」，以公故不忍復斥言之也。然則曷不言徵而言居？善師者不陣，善陣者不戰。居之云爾，豈曰徵之云乎？栗薪為勞，「勿士行枚」也。「遭變」者，司寇行戮，君為不舉。矧在同氣，至於致辟，豈非變乎？宜何如傷悼、何如蠢屬者，王得毋曰繼，自今莫予毒矣乎。「出則無敵國外患，入則無法家拂士者，國恒亡」，可不懼哉！用敬保元子，釗洪濟於艱難。王德之成，周公之教也。若流言一至，周公出居，宮府之事必有所屬，而流言且再至二。公繼行是，可不為之寒心乎？

鄭箋成王罪周公屬鄘不可信

傳曰：「《鴟鴞》，周公救亂也。成王未知周公之志，乃為詩以遺王，名之曰《鴟鴞》焉。」謹桉：刑人於市與眾棄之王誅公鄘，果何辭乎？有辭必且及公。以二公之賢，諒公之無異志，宜審矣。而默不一諫，其與流言之罪人相去幾何？救亂者，格君心也。「四國是皇」，符瑞斯應，而公憂患迫切若不可以終日，此誠沖人之所不及知者也。大雷電以風禾盡偃，嘉禾果足恃乎？功敗於垂成，病加於小瘳，是則周公之志也已矣。

鄭箋東伐在成王親迎之後不可信

奄薄姑之言曰：「武王已死，成王幼，周公見疑矣。百世之時也，請舉事。」此四國陰謀灼然可見者也。乃計不出此，遲之又久，俟其君臣一德，而後犯順焉，則如不流言之為得矣。《列子‧楊朱篇》：「周公攝政，四國流言，居東三年，誅兄放弟。」《說文》辟部：「嬖，治也。」《周書》曰：「我之不嬖。」皆足為證。《史記‧魯周公世家》：「既言公之所以弗避而攝行政者，恐天下畔周，無以告先王，於是卒相成王，興師東伐矣。」《蒙恬傳》又言「賊臣流言，王乃大怒，周公走而奔楚」，前後刺謬，亦不足深辨也已。

請安

「請安」見《左氏》昭二十七年傳。齊景饗魯昭，己不在座，使宰獻而請安。猶燕禮司正命卿大夫以安，為君享臣下之禮也。今則施之於尊者矣。

放勛非堯名

馬氏以放勛為堯名，非也。《孟子》：「放勛曰勞之來之。」趙岐注：「放勛，堯號也。」後賢口中必無舍習稱之堯而斥名古帝之理，是孟子不以放勛為堯名也。

丹朱非二名

前古無二名，《公羊》所云「譏二名」者是也。《御覽》引《逸書》：「堯子丹朱不肖，舜使居丹淵為諸侯。」又《三統曆》：「唐帝讓天下於虞，使子朱處於丹淵為諸侯。」是堯之子名朱，以封於丹，曰丹朱。《堯典》「允子朱啟明」，未封也《皋陶謨》「毋若丹朱傲」，則已封矣。以此推之，商均云者，亦繫以邑，非二名。此又放勛非名之一証也。

完廩濬井非堯典

萬章曰：「父母使舜完廩」云云，此戰國時橫造之說，與咸邱蒙「君不得而臣，父不得而子」之語一例，非《堯典》也。孟子不復致辨者，正以鬱陶怵怩之言足與性善之惄相發耳。《堯典》曰「克諧，以孝烝烝，乂不格姦。帝曰：『我其試哉』」，是二女未降之先，瞍已不欲殺舜矣。

箕子不欲封武庚

《鴻〔註2〕範》曰：「於其無好德，汝雖錫之福，其作汝用咎。」武王之封祿父也，箕子弗善也。《大誥》曰：「民獻有十夫，予翼以於」；又曰：「越予小子考，翼不可徵，王曷不違。」卜非所云庶民從龜從卿士逆吉者耶？居東之事，箕子知之矣。

《金縢》鄭注引《文王世子》之誤

「周公曰：『未可以戚我先王。』」鄭曰：「公知武王有九齡之命，又有文王曰：『吾與爾三之期，今必瘳，不以此終。』故止二公之卜。」若是則下「乃卜三龜」何為者哉？且明知其必瘳而為求代之請，聖人固若是之偽乎？《史記》：「武王病天下未集，群公懼卜而不吉，人心滋危，故託辭以止之，必冊祝之後，乃敢即命於元龜耳。」

〔註2〕「鴻」當作「洪」。

《金縢》釋文之誤

「武王既喪」，讀如《堯典》「百姓如喪考妣」之「喪」。《釋文》「蘇浪反」，非也。《禮》：「君薨，百官總已以聽於冢宰三年。」今公以成王幼，免喪之後，攝政如故，管叔訝非恒禮，疑公且依商法，己又長於公，故流言以傾之，決非在三年之內也。且周家尚文，《曲禮》「天子曰崩」，《穀梁傳》「尊曰崩」，《顧命》「越翼日乙丑，王崩」，此當言武王既崩，不當言喪。鄭《注》是矣。

周公不稱王

《大誥》：「王若曰：『大誥猷爾多邦。』」鄭《注》：「王謂攝也。」《禮‧明堂位》：「周公朝諸侯於明堂之位，天子負斧。」依鄭《注》：「天子，周公也。」此莠言也，王之稱可權乎？《孟子》引孔子之言曰：「天無二日，民無二王」，公稱王，何以異於莽之稱假皇帝乎？其在《易》之《蒙》，九二「包蒙」，周公攝政；六五「童蒙」，成王任用之象也。揭其義曰「納婦吉，子克家」，妻道也，子道也，臣道也。然則公之於成王也，公自言之矣。

《康誥》非武王亦非周公稱王

《康誥》非武王也，衛本殷故都，武庚未誅，尚為三監地，不得預授之康叔也。其文曰「朕其弟小子封」，又曰「乃寡兄勗」，此非周公之言乎？史臣恐後世遂以王為公也，特發其凡曰「周公咸勤，乃洪大誥治」。洪之為言代也。<small>洪鴻字通。《爾雅》：「代也。」</small>言成王命公代誥康叔，公固不敢專而必冠之以王若曰也。《多方》「周公曰」、「王若曰」例亦互見，又何疑於《大誥》之「肆朕誕以爾東征」乎？若《漢書》所引《嘉禾》「假王涖政，勤和天下」，此則劉歆之所偽造者耳。

辨成周無韻書

來書言成周時初無分部之韻，此人人所言皆然，僕豈敢謂周公曾手箸韻書哉？然列國之風固具在也，何以宋來為離，齊登為得絕，不見於歌謠而較若畫一如此哉？此必王朝有一定之程，頒行天下，是以咸歸雅正，不敢各操土音。孔子言今天下書同文，至與行同倫相提竝論。文既不可不同，音豈可任其互異？逮戰國之世，楚文為盛，而招魂之些不以入韻。蓋外史之所達，當時猶有存焉者也。足下以為何如？<small>摘錄答仲倫語。</small>

彼哉彼哉

孔子深許季札，至手銘其墓，何以於子西薄之如此？蓋當時別自有感也。昭公二十九年，公在干侯，以公衍先生三日立為太子。公薨之後，定公若能如子西之執義，力爭於三家，何遂不足發季氏之天良而動其晚蓋之念乎？乃一聞推戴之言，遽自壞隉，先入其利於得國若此。「彼哉彼哉」者，長言嗟歎之詞，以為彼楚人乃能如是，而更不可明言其故也。

彼

《玉篇》：「彼，對此之稱。」《詩》「彼其之子，不稱其服」，貶辭也。「彼其之子，邦之司直」，則譽辭矣。《孟子》：「君如彼，何哉？憾之也。」《禮記》：「爾之愛我也不如彼，則喜之矣。」初無所謂內外也。蓋所貶在彼則所譽在此可知，所譽在彼則所貶在此可知。至於不欲加褒貶而泛言彼哉，如《論語》孔子之答或人者，必求其所以不可褒貶之故，而當時之褒貶可得而測識矣。

食酒飲飯

食酒見《于定國傳》，飲飯見《彭寵傳》。偶酒間舉作偶語，或駁之謂飲飯乃二事，猶言飲啖。予曰：「《朱買臣傳》：『故妻見買臣飢寒，呼飯飲之』，是飯亦可云飲也。」

楚漢間事多可笑

楚漢之交，朝廷之上舛陋殊甚。立孫心為楚懷王，生襲祖諡，一可笑也。項羽既為魯公矣，復封長安侯，二可笑也。諸侯二字耳，所習聞若必不可分拆者，然而又不能不襲七國僭稱之號，遂以侯加於王，謂之諸侯王，三可笑也。沛公與項羽比肩事主，輒自稱臣，四可笑也。義帝之殂在漢二年十月，漢王初若弗聞也者，至三月伐楚渡河，忽用三老董公之言，重為發喪，哀臨三日，宛同兒戲，五可笑也。尊太公為太上皇而劉媼止追封昭霛夫人，六可笑也。

翦商

太王翦商之說，顧亭林氏始疑之。疑之是也。然謂六百年後之人追序失實，則必不然。《詩》乃孔子手定之本，如果自誣其先人，何以不在就刪之列？莊徵君師云：「翦之訓為勤。詩言太王實始勤事王室，此義自見。《爾疋·釋詁》

一時以為創獲，然於太王誠無遺議矣。於《閟宮》全詩殊不相貫注，且翦與踐通，此訓為勤者，實踐字也。翦字本義別見《釋言》，尤未可據為確詁。蓋翦之云者，即《釋言》所云齊也。武丁、太王並中興之主，其德相齊，厥後商政漸衰，而周乃日盛，則於周家服事之心法既無窺竊之嫌，而全詩亦不相刺謬矣。」

易象

顧亭林言「孔子不常言易，故《論語》廑兩見，且學《易》亦不在象數。」其說非也。「易者，象也。象也者，像也」，此非聖人顯揭學《易》之怡以教天下萬世者乎？綜而計之，言《易》之文較《詩》《書》《禮》為多。弟子以既有成書，不應復述，非《易》義深隱不常常言之也。李申耆云：「故《論語》亦不言《春秋》。」

新垣平

漢文除肉刑，可云行不忍人之政矣。而新垣平至夷三族，令祠官致敬，毋有所祈，可云明於死生之故矣。而受玉杯之詐，蓋一事而有不可解者二焉。

不根

《嚴助傳》：「朔、皋不根持論。」師古曰：「論議委隨，不能持正。」非也。朔之言，謂其泛濫無所根據則可，謂其委隨不能持正則不可。觀其抗言諫上林、辟戟止董偃，幾與汲長孺媲美矣。

凌煙功臣

漢明帝圖畫光武功臣高密侯鄧禹、廣平侯吳漢等於雲臺，所云「雲臺二十八將上應列宿」者也。其外又有山桑侯王常、固始侯李通安、豐侯竇融、褒德侯卓茂。茂非中興功臣，蓋以世祖所敬，得與，都三十二人。或疑何以無征羌侯來歙。吾意節侯在軍遇害，或平生初無畫像可資橅繪。至凌煙功臣有臨淮王李光弼而無汾陽王郭子儀，有北平王馬燧而無西平王李晟、樓煩王渾瑊，又無晉國公裴度、涼國公李愬，此則不可解耳。

公子益師卒

《左氏》：「公不與小歛，故不書日。」《公羊》：「何以不日？遠也。」《穀

梁》:「不日,卒惡也。」生徒問三說宜何從。余不能答。蓋據《左氏》,則昭二十五年叔孫婼卒,何以書戊辰?據《公羊》,則隱五年公子彄卒,何以書辛巳?據《穀梁》,則莊三十二年公子牙卒,何以書癸巳?定五年季孫意如卒,何以書丙申?

張耳陳餘之獄

生徒讀《淮陰傳》,以井陘之戰,張耳與韓信並為大將而不能全,成安君深為不平。吾意耳、余之獄,曲本在余。耳早知名,又故信陵君客余,以父事之,是定交之初,余先傾心可知也。逮鉅鹿食盡,余不攻救,責以同死,語多枝梧。既相見,耳或不應受其印綬,余寧當使漢殺耳,然後發兵邪?且泜水之死亦非耳所能救。

箱

箱,許云:「大車牝服也。」先鄭云:「牝服謂車箱也,假借為篋笥之稱,又假借為東西室之稱。」顏師古《漢書注》云:「正寢之東西室皆曰箱,言似箱篋之形。」今室之字改作廂,反以箱為誤字。

辬

劭文書來云:「誠應舉一子,名之曰辬,以祖孫生年並太歲在重光也。」桉:「辬」字從文辡聲,義為色不純,即古斑字也。或體最多,賁、斒、𤲰、彪、班、頒皆通用。《〈易〉釋文·賁》卦注:「李軌:『府瓮切。』傅氏云:『賁,古斑字,文章貌。』鄭云:『變也,文飾之貌。』王肅:『符文反,云有文飾。黃白色。』」以上皆陸氏所引。而《〈尚書〉釋文》,《湯誥》、《盤庚》、《大誥》凡三注,皆「扶云反」。顧氏炎武云:「經文『賁如皤如,白馬翰如』,以韻求之,『賁』字音當從王肅。」皤,古音讀若煩,今入戈韻。非。且《說文》墳、濆等字皆以賁得聲,亦其證也。《上林賦》「瑉玉旁唐,璸斒文鱗」,亦作「玢𤲰文磷」。《史記注》:「徐廣曰:斒音斑。」《漢書注》:師古曰:𤲰,彼閑切。《說文》虎部:「虎文曰彪。楚公族所由得氏。」孟堅實為其後,而《漢書·自序》作「班」。《孟子》:「頒白者不負戴於道路。」「頒」,今亦作「頒」。趙岐注:「頒者,斑也。頭半白,斑斑者也。」《淮南·泰族訓》:「辬白不負戴。」高誘注:「辬白,頭有白髮也。」合而觀之,皆文采不純之貌。故許君云「駁文也」。駁者,馬色不純之稱。他日宜以純字字之,因記於此。

癡

「癡」字，許君所收，《史記》以上經傳絕不一見。《漢書‧韋玄〔註3〕成傳》：「子獨壞容貌，蒙恥辱，為狂癡。」《後漢書》：「光武見劉盆子，笑曰：『此兒大黠，宗室無蚩者。』」《釋名》：「蚩，癡也。」章懷太子引以為注。然《詩》「氓之蚩蚩」，毛《傳》云：「敦厚之貌。」敦厚差與不慧有別，則世祖所云便可作「癡」，不必假借「蚩」字也。《三國志》：「許褚勇力絕人，軍中呼為虎癡。」亦麤一見。《晉書‧顧愷之傳》：「體中癡黠各半。」《王湛傳》：「卿家癡叔死未？」《王述傳》：「王掾不癡，人何言癡？又汝竟癡耶？」《謝萬傳》：「人言君侯癡，君侯信自癡。」《魏書》：「癡人近何似？癡復小差否？」屢見不可悉數，大率皆詆諆之語。至宋人詩「蹉跎歲晚坐書癡」、「卻為安禪買得癡」、「六十猶癡始是癡」，則又以癡自負矣。豈一字之細，顯晦美惡亦各有時邪？偶與客譚，戲書之。

厶

《天祿識餘》引《〈穀梁傳〉釋文》為証，謂厶即古某字。非也。陸氏第云「厶地，本亦作某」，未嘗以厶為某字也。厶音息夷切，私之本字。今加禾旁，乃禾名，非其故矣。篡字從算從厶，謀奪取也。公字從八從厶，八之訓為別，別於厶則為公也。此厶之義也。「厶地」者，祇是不知其國，鐵以識之，非有音義也。

游

《秦本紀》：「諮爾費贊禹功，賜爾皁游。」何氏焯《讀書記》：「『游』當作『斿』。」按《說文》：「游，從㫃汙聲，旌旗之流也。」自是本字。嬉游字乃假借，不必改。《天官書》「三日九游」，亦不省作「斿」。

循

《史記‧孝文本紀》：「乃循從代來功臣。」何云：「『循』當依《漢書》作『修』。」按《爾雅》：「遹、遵、率，循也。」又為拊循，言始拊循從代國來諸功臣也。《漢書》「修代來功」，無「臣」字，乃言修舉代來之功。意同而措語各別，不當互易。

條

《律書》：「醜者，紐也，陽氣在上未條。」何云：「未降之誤。」桉：條之義為達，言陽氣未達於下，似非誤字。達，通也，通上下而言之。《論語》：「小人下達。」

潃

《太倉公傳》：「流汗出潃。」潃者，去衣而汗晞也。許君云：「潃，久泔也。」「內則潃瀡。」注：「秦語。溲也。」《玉篇》：「溲，浸沃也。又水調麪也。」蓋言汗出浸沃，既解衣而餘液如膏，為精氣外泄也。何云當作潃，《說文》無此字。

驟

驟之義為數。《詩》「載驟駸駸」，《左傳》「驟諫驟施驟如，崔氏是也。」今誤作猝然之詞。

年歲

今人作墓誌、墓表，輒云年如干歲。年歲字殊複沓，蓋近沿昌黎《諫迎佛骨表》，遠仍太史公《始皇本紀》之誤。《左傳》則否。季隗曰：「我二十五年矣」、「於是昭公十九年矣」，皆無歲字。

出

《爾雅》：「男子謂姊妹之子為出。」凡《左傳》言出，皆屬之母氏之國。今狀志孫某人某子出，非是。且金石舊例，孫皆統書，蓋從人子對父之辭，不應各私其子也。

鄉音

「閉門造車，開門合轍。」不合轍，不可謂之通也。語言文字皆然。余小時見袁隨園先生，先生戲言常州人能習五方之語，不操土音，大是陋習。此殊不然。《孟子》：「地醜德齊。」《方言》：「醜，同也。東齊曰醜。」「於人心，獨無恔乎？」《方言》：「恔，快也。東齊海岱之間曰恔。」孟子鄒人，客於齊，即作齊語矣。

餘慶

繼輅三歲，林太孺人抱至中堂，指楹帖字教之三遍，即辨識不誤，因為講解文義。時懸常熟蔣少司空名楙，字作梅。府君受業弟子。所書聯，有「餘慶常看後來者」之句。恭城公問之曰：「後來者，何人耶？」應曰：「即兒是也。」恭城公始奇之。學業蹉跎，年紀逝邁，言不克踐，思之痛心。然餘慶之理，終當不爽。聰應勉之，今以屬汝矣。

莊列

莊周、列禦寇亦疾沒世而名不稱之君子也。近有一種曠達之士，視束身修行，勤學著書，皆不足當一噱。至於餘慶餘殃，尤屬身後不親見之事，比之癡人說夢。人心風俗之變，其見端微矣，豈特為此數人惋惜已哉？

及時行樂

及時行樂乃古人遭際不幸，有優生之嗟，無可奈何之語，非真有其事也。今身處太平之世，家藏可讀之書，而汲汲顧影唯恐後時，籲可怪也！

貪吝

貪吝並稱，其兼焉者無論也。貪之罪浮於吝。貪而不吝，君子之所薄也。吝而不貪，君子之所諒也。

處貧之道

陳平侍里中喪，以先往後罷為助。兒寬嘗為弟子都養。師古曰：「為博士弟子供烹炊。」古人善處貧賤，其道如此。聰應識之，此不足為恥也。

聰應字小晉

亡男耀連之生也，余取班孟堅「孟晉逮群」之語字之曰孟晉。今字聰應曰小晉，俾不忘所後也。又先兄諱繼裴，字景度，義取景仰裴晉公。聰應字小晉，使不忘本生也。抑晉者，進也。人能聰聽，則善言日進於耳，於問名知字、問字如名之義亦有合焉。

畫叉

吳門葉氏納書楹曲譜，幾於家有其書矣。偶取繙閱，亦頗有謬誤。如畫叉

字本典雅。湯若士曲「丹青小畫，又把一幅肝腸掛」，叶以四字絕句，而改「叉」為「又」，注其下云：「句應平平仄仄平。不知若士先生何以祇平平仄仄四字。」叶但知調不合，不知「又」字屬下句，非曲中情事也。此種小技猶不可不學，況其大焉者乎！

洗心窩聯句

偶於故紙堆中檢得《洗心窩聯句》詩一首，集者十一人，約而未至者一人，今已亡其八，存者松如徵君、杏莊中丞、若士大令及餘四人耳。感念存歿，附錄於此。洗心窩者，叔枚齋名。奇石尚存，而屋已易主矣。

此座東南美，楊嵋谷隨安。相逢似飲醇。蔣承曾松如。忘形無畛域，莊字遠印山。同調更松筠。惲敬子居。居上臣來後，丁履恒若士。　是日恒至較遲，同人盧左以待，竟不獲辭。論交汝最新。吳塏次升。〇謂子居。護花憐婉晚，畢訓咸莘農。　次升新譔《護花幡》樂府。落葉戒逡巡。左輔杏莊。　為葉子戲者八人，以遲速分曹。酒氣荷香雜，莊畛叔枚。簾波樹影親。陸繼輅祁孫。循良三令尹，隨安。淡蕩幾詞人。松如。烁色清堪挹，印山。　松如謂秋色蕭疏曲。春魂句有神。子居。　次升誦杏莊舊贈詩，有「春魂如霧」之句。說文誰似許，若士。　祁孫舉古今字於義相反者數條。減字客疑秦。次升。　祁孫誦子居詠蝶詞。讀畫須眉古，莘農。　叔枚出示吳道子畫，上題過往忠臣烈士象。談經道氣伸。杏莊。丈峯思拜石，叔枚。　窩中有石頗奇，子居尤賞之。甥館記留賓。祁孫。　窩故樂閒，舅氏書塾。印山先生嘗為塾中師，輅來受業，其時文酒之會尤盛。絳帳源仍接，隨安。清尊興自振。松如。含香懷舊雨，印山。　謂皋文。秉燭及良辰。子居。罷鼓湘靈瑟，若士。　黃山以醉逸去。還澆彭澤巾。次升。雄譚聞說劍，莘農。本事憶眠茵。杏莊。暑意當風定，叔枚。詩情得月真。祁孫。攝生圖採藥，隨安。講易寓垂綸。松如。　印山攝山採藥隨安、漁樵問對卷子並攜至。瘦影誇修髥，印山。　子居屢自誇其鬚。微文或反脣。子居。披襟同宋玉，若士。投轄想陳遵。次升。石鼎傳聯倡，莘農。桃源急問津。杏莊。　子居將就昏高氏。池亭差遠俗，叔枚。莞簟鎮安神。祁孫。　通九小病未至。蝶夢蓬蓬化，隨安。牛星粲粲陳。松如。歸寧防醉尉，印山。行各倚芳隣。子居。便面貽珍羽，若士。　叔枚貽杏莊羽扇。征衣拂軟塵。次升。浪遊悲泛梗，莘農。小憩慰勞薪。杏莊。我正如犀首，叔枚。人偏借寇恂。祁孫。　時杏莊將之官，子居、次升亦謁選北上。殷勤期後會，隨安。莫待月逢申。松如。

古鏡錄序

余客洛陽，作《古鏡錄》二卷。凡所自蓄及子宋、竹坪、子霄、曾容、小松、晉卿、彥升所藏皆入焉。後與諸君別，鏡亦分散，此書忘為何人攜去，獨

星伯序尚能誦之，並鏡之可記憶者。箸錄於此，以志煙雲過眼。

序曰：脩平先生泊然寡營，偶嗜古鏡，肖其光明。元注：明字通耕清，見《堯典》。眼眼清矑，煇煇素裏。幸得重逢，證此良覯。嘉慶十七年七月遣戍新疆前翰林編修提督湖南學政徐松譔。

漆背菱花鏡一，刻四女仙，跨麐、鳳各二。

漆背蟠龍鏡一，銘曰：「青蓋作竟四夷服，多賀國家人民息。胡虜殄威天下復，風雨時節五穀熟，長保二親得天力。」以上二鏡，董晉卿定為無上上品。

青綠鏡一，銘曰：「君多高官。」

青綠四漚鏡一，銘曰：「見日之光，長毋相忘。」

青綠八漚鏡一，銘曰：「上方作竟大毋傷，ナ龍七虎辟不羊。朱鳥一ㄊ順陰陽。子孫備具居中央，長保二親樂富昌。」

水銀葵花鏡二，背刻三鳥，六朝人賦所謂「青鸞對舞，水鳥孤鳴」者也。小者尤佳。晉卿所贈。晉卿此鏡，余索之半年，始以見寄。今日追憶，可一笑也。

漆背四漚鏡一，刻龍馬各二。

水銀菱花鏡一，龜紐二鳳二雛。唐人詩「明明金雌鏡，了了玉臺前」者是也。

漆背八漚八鴛鴦鏡一，銘曰：「尚方作竟大毋傷，口口口口成文章。」中四字不可辨。

水銀八漚香草鏡一，面有紅綠不可鑒。

水銀八漚鏡一，銘曰：「王氏作竟大毋傷，令人富貴壽命長，昭者佳口樂未央兮。」中一字不可辨。

水紅銅畫像鏡一，一題西王母坐，一題東王公坐，一題女倡坐，都九人。一車，駕車牛一，又一人坐車中。銘曰：「張氏作境四夷服，多賀國家人民息。胡虜殄威天下復，風雨時節五穀熟。宦至公卿蒙祿食，長保二親子孫力，傳告後世寶毋極。」

十二辰鏡，一刻十二禽形。

海燕葡卜鏡三，相傳此鏡可側置几上者，為宮中造，未知何本。

漆背六狻猊鏡，一銘曰：「團團寶鏡，皎皎昇臺。鸞窺自儛，照日花開。臨池似月，覿兒嬌來。」「覷」字，字書所無。「舞」作「儛」，亦俗。唐人好加偏旁，此蓋唐鏡。

青綠雙麐鳳鏡，一銘曰：「賞得秦王鏡，判不惜千金。非關欲照膽，特是

自明心。」「賞」蓋「償」字之省。以上二鏡皆隸書。梵字鏡一，都十八字。鏡鼻一字，或曰唵也。桉：唐太宗有御書唵字，並贊石刻。贊云：「筆走龍蛇勢未休，諸天文字鬼神愁。孔門弟子不能識，穿耳胡僧笑點頭。」與此「唵」字不同。此鏡與兌貞。

薐花鏡皆八出。蔣竹坪所藏者，獨七出，豈即《飛燕外傳》所云昭儀獻皇后七出薐花鏡邪？

鏡銘紀年者，最不易得。余藏一建安鏡，贈汪小竹。錢子宋藏一咸熙鏡，為張彥升所攫。

鏡銘不紀年，亦無由臆斷為某朝物。惟一雙蟠龍鏡，中刻一五朱錢，梁武帝時省銖為朱，定為梁鏡。今在黃延甫許。

午日鏡銘曰：午月午日午時作。余以配丙午鈎，擬共置一匣後鈎。為管樹荃索去，鏡亦不知何往。時余又有一尊，文曰劉申隊，疑即劉字也。擬寄劉申甫，為汪大竹索去。

太平萬歲鏡，魏曾容以易余立至三公鏡者，今在趙屺山許。

卷十一

詩學舉隅 示楊甥方訓

詩以意為主，氣韻次之。至於字句，其麤跡也。然非字句之工，即意何所附以傳世而行？遠如「君子防未然，不處嫌疑閒」，若非瓜田李下造語精美，則「叔嫂不親授」云云，亦復何煩稱引？五言句法始變本於昌黎，如一字略讀合下四字為句，三字略讀合下二字為句，宋人多喜學之。漢魏六朝未嘗有也。

五言短篇須令氣格寬縱，如《行行重行行》入「胡馬」、「越鳥」二語，《青青河邊艸》入「枯桑」、「海水」二語，便有風雨離合之勢。

《孔雀東南飛》序事之妙，冠絕古今。愚者仿為之，再述一烈婦，即同嚼蠟。惟王元美《鈐山高》一首可云唐臨晉帖，其事變也。文姬《悲憤詩》亦竟有疵之者，反以《胡笳十八拍》為真作，其性與人殊不足與辨也。讀杜公《詠懷》、《北征》，玉溪《行次西郊百韻》，方知沾溉之大。

作詩雖不尚考據，然亦不可過於牽湊。謝康樂「弦高犒晉師，仲連卻秦軍」，明知為秦師，以避下句，故改作晉。杜工部「昨日玉魚蒙葬地，早時金盌出人間」，明知為玉盌，以避上句，故改作金。在古人偶一為之，誠不足掩其大醇。我輩且宜慎此。

作詩尤忌趁韻。如工部「自寄一封書，今已十月後。反畏消息來，寸心亦何有」，「寸心」句乍讀之茫然，再讀之索然矣。老手頹唐，非我輩所宜藉口。

讀靖節詩，胸中便有沖澹二字。讀香山詩，胸中便有坦率二字。讀昌穀詩，胸中便有俶詭二字。讀玉溪詩，胸中便有緜縟二字。自論者唱之於前，耳食者

和之於後，並為一譚，可為三歎。

唐人五言，蘇州、昌穀俱深入建安，而知昌穀者絕少，當由誤讀《申胡子篳篥歌序》邪？

香山《賀雨》諸篇命意源《三百篇》，體格本古樂府，人所共知，尤當師。其文從字順，無一句一韻，不如天施地生。學杜既成，往往不免牽湊生硬之病。非糸以樂天之妥適、義山之豔逸，終屬㭕才，杜公不任其咎也。

讀《九歌》、《天問》，不聞有疵之者，太史公之力也。《閒情賦》則以為「白璧微瑕」矣，《月蝕》詩則以為搜神語怪矣。

作歌行當先辨音節。初唐有初唐音節，高、岑、李、杜各有高、岑、李、杜音節，溫、李其差近者也。微之之於樂天，仲初之於文昌，其尤近者也。但能熟讀下筆時，自不相雜廁矣。

吾嘗語楊蓉裳先生：「公詩工穩，過於梅村，而不如者，□可歌而不可泣耳。」此言雖戲，然學者自有當讓古人處，不可不審也。

學古人當專力赴之。方其學謝，不知有光祿，可也。方其學鮑，不知有開府，可也。至出入既徧，功力既深，鎔為一鑪，別開生面，此乃不期而然。境地躁者，躐等求之，正如沐猴而冠，去人尚遠。

學古人詩，方恨不能酷似，而先懲其太似。此謬說也。「臣無粉本，都記在心」，畫家之言，通於詩矣。讀古人詩，方苦不能盡學，而先懲其太雜。此謬說也。「不讀《華嚴經》，不知佛富貴」，釋氏之言，通乎學矣。

歌行以轉韻為正格。一韻終篇，惟當學昌黎耳。近人乃有以初唐長慶句法為之者。

歌行自以大氣盤旋、大力搏挽為正宗，然亦有絕不任氣、絕不用力者。如輞川、昌黎皆作《桃花源》詩，而「遙看一處攢雲樹，近入千家散花竹」定非昌黎所及。

五言近體，調亦不可太高。屈翁山「最恨秦淮柳，長條復短條」，乍讀之直不減青蓮、摩詰，再讀則了無意味。至如「報恩無劍術，乞食有簫聲」，「山光全在水，秋色慾來鴻」，便異浮響。雖唐人詩，以此進退之可也。

七言律如「長臂雙如猿有勢，大黃一發虎無聲」，屈翁山句也；「屋上龍交生漢祖，澤中蛇斬應秦皇」，閻古古句也。火氣偪人而讀之索然者，無意故也。俯仰揖讓，情深而文明，是在善學少陵者。

世云義山學子美，亦非定論，然實有如笙磬之同音者。子美云「幸不折來

傷歲莫，若為看去亂鄉愁」，義山云「重吟細把真無奈，已落猶開未放愁」；子美云「更為後會知何地，忽漫相逢是別筵」，義山云「細路獨來當此夕，清樽相伴省他年」；何其情聲之莫逆也。至如「虹收干〔註1〕嶂雨，鳥沒夕陽天」，偶然擬似，未即為學杜之證。

五古學靖節，自不能不立品；七律學玉溪，自不能不勤學。

近來七律尤尚借對，然太工則令人不可耐。

往年為劉申甫選《全唐詩》，大曆諸子箸錄頗少。夫以錢、劉之才，酬應紛繁，即不能辭意相逮，況我輩邪！苟不甚惜別，送行詩不作可也。

詠古以文外獨絕為上，律切次之。如「看花滿眼淚，不共楚王言」，蒙所不解。

絕句如五夜疏鐘，全以韻勝，不分中晚。但辭韻並歇者，下乘也。

頻日作草書及作小楷，便覺心氣不能調和。頻日作近體及作長篇，便覺精神不能振作。

明人詩，伯溫、季迪、獻吉、大復、昌穀、臥子而外，如錢參議嶪、錢編修秉鐙皆具體陶、杜，至高廉使叔嗣，則幾幾乎建安矣。

「詩有別腸，非關學也。」此言出而《春秋三傳》可束高閣。「文章本天成，妙手偶得之。」此言出而輕浮子弟不耐苦吟，故曰君子之於於言無所苟也。

皆能有養

《補亡詩》：「養隆敬薄，惟禽之似。」束意乃用《論語》「至於犬馬皆能有養」，李善引《孟子》「豕交獸畜」，非是。

其然豈其然

人言公叔文子不言不笑不取，孔子不之信，宜也。何以聞公明賈之言又疑其不然？蓋言、笑、取，人之恒情。矯而至於無，已開清靜寂滅之端，將為世道人心之害，故驚而問之。及聞賈言，而欣然意釋。「其然，豈其然」者，言如此乃人所當然；彼告者之云，豈人所當然乎？時文家專屬賈語，抑揚其辭，殊乖聖意。無論此三「時」字未必即是聖之時，就令誠如《注》中所云「夫子與人為善，如天覆地載」，豈不容並世更有一聖人邪？此學者所當辨也。

〔註1〕「幹」，李商隱集作「青」。

韓柳

　　《困學紀聞》〔註2〕：「韓、柳並稱而道不同固也。」然云「韓作《師說》而柳不肯為師，則非是子厚不肯為師」，正是深歎師道之廢。

若夫

　　《曲禮》「若夫坐如尸，立如齋」，與《易·下繫》「若夫雜物撰德，辨是與非」，文義相類。《注》云：「若欲為丈夫」，疑非。

蒯瞶簒輒

　　《論語》：「夫子不為也。」鄭《注》：「夫子以伯夷、叔齊為賢且仁，故知不助衛君。」《檀弓注》：「衛世子蒯瞶簒輒而立，子路死之。」二注未知孰為先後。

衰不當物

　　享以儀為主。《洛誥》：「享多儀。」儀不及物，對儀而言。幣為物也。服以情為主。《檀弓》：「與其不當物也。」對情而言。衰為物也。下「齊衰不以邊坐，大功不以服勤」，正是申言情服相稱。《注》言「精麤廣狹不應法制」，則邊坐二語即是別一意，不應連屬。

女手

　　「執女手之卷然」，蓋喻木質溫潤。《疏》云：「原壤美孔子手執斧斤，卷卷然如女子柔弱。」幾令讀者失笑。且「貍首」句何以又云「梂材文采似之」？

節錄寄左薌友侍郎書

　　自惕菴、稚存、味辛、淵如諸先生相繼溘遊，吾鄉久無宏獎風流、激勸後進之人。有其學而無其位，則力不足以振拔單寒；有其位而無其學，則識不足以鑒別真贗。天使明公早遂初衣，兼斯二者，此誠一時文學之彥所引領企蹻望，作楷模、待長聲價者也。繼輅前書稱譽惲潔士徵君之子彙昌，稍發其端。尚有所知，如葆琛先生子又朔，字稚賓；叔訥大令子振鏮，字豫堂；稚存先生子胙孫，字子餘；皆閉戶勤讀父書，志承先業。又吳嘉之、趙芸友、丁誦孫三孝廉，周叔澄、汪逸雲、莊梅叔、湯子欽四茂才，或工駢儷，或耽聲韻，才思橫溢，

〔註2〕王應麟《困學紀聞》卷十七《評文》。

志氣不凡。謹以獻之左右。至如方彥聞、董晉卿、董方立、張彥惟，其才其學，高出繼輅甚遠，非繼輅所敢稱道者矣。大臣在位則以人事君，大臣退閒則為國造士。竊以為報稱之大，無過於此，而為執事今日所宜自任。還山以來，計與仲平、筱山、申耆、道久諸君相見必數，當更有瑰偉之材出於繼輅耳目聞見之外者，可一一得之也。繼輅伏處於此，如深林絕壑，而虛譽轉盛，披頌手書，又辱過聽，益增愧懼。秋氣漸肅，唯萬萬珍衛。

頑夫廉

《孟子》：「聞伯夷之風者，頑夫廉，懦夫有立志。」《後漢書·王暢傳》作「貪夫廉」。錢少詹云：「貪廉相倍，從貪為是。」非也。人之頑鈍無恥者，如物之刓弊無稜，正與砥礪廉隅相反，是頑可貶貪而貪猶未足以盡頑也。世之自許為磨礱去圭角者，皆未聞伯夷之風者也。

㷉

《韓子》：「齊伐魯，索讒鼎。以其鴈往。齊人曰：『鴈也。』魯人曰：『真也。』」段大令云：「鴈蓋即㷉之假借字。」按：火字隸體多作四點。若鳥名之鴈，隸書祇應兩點。此字誤在書佳作為傳本之譌，非假借也。凡偽作古尊彝，青綠斑駁之色，非火不成，故齊人以偽作之鼎為㷉鼎。㷉，火色也。今書籍碑刻通稱真本㷉本，非本義。

《說文》奪字逸句

《說文》：「阱，陷也。」《一切經音義》引作「大陷也。」《法炬陀羅尼經弟四》。元應所見本如此。今奪「大」字。段氏未據補入。又「鹵，西方鹹地也。天生曰鹵。人生曰鹽。」《大般涅槃經弟二》。今本逸「天生」二句。

楊子雲

每見人書楊子雲，輒從手旁。有從木者，則群指為誤。桉：本傳「食采於晉之楊」，楊在河汾之間，字凡婁見，皆不作揚。此或《漢書》傳本之訛。楊德祖《答臨淄侯牋修》：「家子雲老不曉事」，又云：「述鄙宗之過言」，豈亦誤以揚為同姓邪？

是可忍也

魏高貴鄉公文欽晉元帝，盧諶引《論語》「是可忍也，孰不可忍」，皆言當聲罪致討，不可復容忍，與朱《傳》或義合。

嵇叔夜文

嵇叔夜《養生論》雖極瀾翻，而思理簡雋，誠為佳作。《絕交書》氣散而辭冗，如出兩手。

二名

新莽禁二名，至諷單于上書慕化，請改故名囊知牙斯為知，以從中國。莽敗，他政悉除，獨此終漢之，世沿為定制。然鄭康成子名益恩，孫名小同，知鄭君不以二名為非也。二名之僅見者，蘇章族孫不韋、梁商子不疑、大商張世平。三國時稍多，黃承彥、秦宜祿、鄧元之、司馬師纂、朱建平皆二名。至崔州平、石廣元、孟公威與徐元直並稱，蓋皆字也。

使虞敦匠事

「使虞敦匠事」，朱《注》：「董治作棺之事。」又云：「木棺，木也。兩棺字似皆當作槨。」蓋孟子無葬後即返齊之理，其為改葬更無疑義，而改葬不應有易棺之事，知充虞所治必外槨也。繹孟子答辭，既言棺槨俱無節度，又申之以槨，與棺稱，語意顯然側注。

夷逸朱張

吾友宋虞廷以鄭注「作者七人」，止稱伯夷、叔齊、虞仲、柳下惠、少連，遂定鄭義不以夷逸、朱張為人名，謂朱壽同聲通借，朱張即壽張。果爾，則謂虞仲云云，寧當以「夷逸」屬下為六字斷句邪？且壽張為幻，尚何中清中權之有？就令鄭義如此，亦未敢以為信也。「作者七人」，繹經文語氣低回惋惜，明指同時之人。包咸之說長於王弼。若鄭氏改七人為十人，則師摯等亦可當之，但當改七人為八人耳。

廬州方音

廬州人凡鵝鴨之血曰衁。《易》：「士刲羊無血。」《左傳》：「士刲羊無衁。」《正義》：「《易》言血而此言衁，故杜知衁是血也。」

廬州婦人呼牝貓為貓女。《隋書·外戚·獨孤陀傳》：「夜置香粥一盆，扣匙呼貓女，可來無住宮中。」此自貓之為妖者，不知何以相沿為常貓之稱。

天祿永終

以放勳命重華，自當有安不忘危之誡。然「天祿永終」之一言，吉祥願望之文則無有過於此者矣。《詩》云「靡不有初，鮮克有終」，《書》云「其後嗣

王罔克有終」，自古恭儉寅屬之主，常兢兢焉不終是懼，至於天位永終，而福德乃造乎其極。此《洪範》五福必終之以「考終命」也。困者，極也。包《注》謂「窮極四海」。咸戴一人，執中之德，斯又天位所以永終之故。授受之際，言盡於此，更無可加矣。推而言之，獲保首領，以從先大夫於九京卿大夫之終也，如臨深淵，如履薄冰，而今而後吾知免夫士君子之終也。延康禪魏詔：「允執其中，天祿永終。」吳主告天文：「惟爾有神，左右有吳，永終天祿。」皆不作永絕解。

三以天下讓

朱子但以三讓為固讓，誠未足厭學者寔事求是之意。然鄭君《注》支離尤甚。晉孫盛既箸論〔註3〕非之矣，乃又陰襲其說。「棄周太子之位」即鄭所謂「不為喪主也」，「受不赴喪之譏」即所謂「赴之不奔喪也」。夫泰伯所以棄太子之位於父在之時，正為避喪主之位於父死之後。若聞赴來歸，王季豈肯越次竟立而不歸國於兄乎？其不得分為二讓明矣。惟《吳郡志》引江氏熙之解最為精確：「太王薨而王季立，王季薨而文王立，文王薨而武王立，遂有天下，是之為三讓，是之為三以天下讓。」泰伯之德有別創為讓商之說者，此由誤讀翦商之句，又習聞夷齊扣馬之言，合而成此謬解，不足深辨。

武未盡善

「子謂《韶》：『又盡善也。』」鄭《注》：「盡善謂太平也。」「謂《武》：『未盡善也。』」鄭《注》：「未盡善謂未致太平。」葢文王三分有二德，未洽於天下，故季札觀樂以為「美哉！猶有憾」。武王未受命，大難未靜，故孔子論樂以為盡美未盡善。使文王身有天下，武王享國久長，樂之盡善即與《大韶》無異。時文家以揖讓征誅為《韶》、《武》所由升降，此與泰伯讓商同一私意窺測，而無知聖之智者也。「必世而後仁。」鄭《注》：「周道至美，武王伐紂，至成王乃致太平。」故知盡美以德言，盡善以功言，無可疑也。

周之德

「三分有二，以服事殷」，不曰文王之德而曰「周之德」，葢孔子深知文、武二聖易地皆然，故立言至慎，不敢貽誤後世，俾有所進退於其間也。「扣馬」云云，非聖無法。使得聞於孟子，辭而辟之，必更甚於齊東野人之語。司馬遷

〔註3〕孫盛《周太伯三讓論》，見歐陽詢《藝文類聚》卷二十一《人部五》。

一時瞀亂，輒以筆之於書，其罪大矣。今周見殷之亂而遽為政，是推亂以易暴也。本莊周之寓言。《史記》所謂「傳曰」者，其即此邪？

宰我非自欲短喪

「宰我問：『三年之喪，期已可矣。』」《疏》引繆協之言，謂當時漸不行三年之喪，宰我懼其遂廢，非得夫子一言，何以垂戒萬世，故為此問，義在屈己明道。桉：宰我與閔曾諸賢同門同志，奉教於聖人之日久矣，豈有一旦喪心病狂，忽發短喪之想？跡其平生志，欲從井救仁，則繆氏此解未為無據。且滕文行三年之喪，父兄百官皆不欲，至援宗國魯先君為証。是戰國時相習成風，必春秋之末已開其端也。學者求通古人之志於千載而上，如繆氏之用心可也。

杜征南

余嘗作《兩晉名賢贊》，去取矜慎。王祥、杜預、嵇紹、王導、陶侃皆不得與。祝丙季書來，獨以征南為問。蓋以經學見重也。然征南於司馬氏有不共之讐，既仕其朝，又昏其女。其注《左傳》也，至列妻父母於三族，此豈可與偉元、元亮諸君同日而論乎？

作文潤筆

文士賣文與田家賣穀、蠶女賣絲一也。而顧亭林極言其不可。〔註4〕昔王仲舒為郎中，語其友馬逢：「貧不可堪，何不尋碑誌相救？」吾意此君必廉介之士，故無他生活而計出於此。若並此詆之，是責陳仲子不當食螬餘之實矣。

士先器識

裴行儉譏王、楊、盧、駱浮躁淺露，雖有文才，非享爵祿之器。其言甚鄙，而至今傳誦，幾於父詔兄勉，殊為可笑。夫四子之不享爵祿，果由於浮躁淺露邪？則猶幸有文才，至今知有其人。假令並此無之，久與艸木同腐，是兩失也。如四子之不享爵祿，不由於浮躁淺露邪？則必時命之不齊，而非文藝之貽禍可知也。且文藝所以增長器識，誠欲四子者深情厚貌，依阿於女主之朝，以是為器識，我不敢知。若君子之器識，則未有不資於文藝者也。善乎劉海峯之言曰：「王、盧水死，特所遭之不幸耳。駱賓王艸檄討周武氏，盡其道而死。惡得謂之無器識哉？」

〔註 4〕顧炎武《日知錄》卷十九《作文潤筆》。

辨鄭崟陽獄

吾鄉鄭崟陽先生鄤早從東林講學，以孝聞於鄉里。方六君子之下詔獄也，獄生黃芝六英鄤作《黃芝歌》，禍幾不測。初，鄭太公有姜頗擅寵，而鄭太夫人奇妬，素信二氏之教，太公因假扶乩之術為神言責數之，且命與杖。鄤方少，叩頭涕泣，請代扶贖母罪。通籍後，婁以直言忤烏程。烏程思中傷之，謀於中書舍人許某。許某者，亦武進人也。誣奏鄤杖母大逆不孝，而鄤弟號四將軍者受許賂，証成之。鄤不忍自明，以顯二親之過，遂論死。劉宗周、黃道周先後上疏，申救甚力。為烏程所持，竟棄市。此事吾鄉無少長皆知之。偶閱顧亭林詩，乃斥為「宵人」，而深許許為義俠，又稱代許草疏之陸貢士某者為同方之友。〔註5〕亭林，君子也，其言將為百世所信，特申辨之。

中堂

或言大學士左遷何以仍稱中堂？余戲引《史記》：「韓信過樊噲，噲趨拜送迎，曰：『大王乃肯臨臣？』」時信已降封淮陰侯矣，或其例邪？

董方立文

余嘗以歐陽公居穎上為非，又以裴行儉譏四傑為謬。後讀董方立文茂美條暢，誠迷津之舟楫、酖蠆之藥石也。其略云：「近士大夫厥有數蔽。首丘之正，有生大期；登嶽之謠，達士猶惑。故鳥迅羽而投林，鱗勞喁而縱壑。今則一命始列，半通乍綰。已鄰所生於互鄉，比故土於焦石。爰居止魯，饗鍾鼓而不歸；胡馬適秦，謂芻菱之可悅。曾無孔父十里之思，永絕浮圖三宿之戀。望墟墓而微悲，忘毛里之安在？其蔽一也。生榮死悴，虻岷所為大哀；逝川犇景，志士於焉隕涕。而天下熙熙，目盱鼻息。語科弟則色飛，陳鍾鼎則神壯。高閎閟於穹蓋，炎勢灼於朝旭。罕不腽鳴仄行，蟲驕螳怒。嗤許鄭為肌說，斥曹劉為近名。及其北首告辭，西州大去。輿脤在塗，同貉子之委野；孟弋去室，少婦人之行哭。淒涼山木，魂魄秋草。其蔽又一也。」〔註6〕方立與賢兄子詵方以文辭名天下，他日自有別集傳世，茲特以取證余言而錄之。

〔註5〕顧炎武《亭林詩文集》亭林詩集卷四《陸貢士來復述昔年代許舍人曦草疏攻鄭鄤事》：（四部叢刊景清康熙本）
雉蜀交爭黨禍深，宵人何意附東林。然犀久荷先皇燭，射隼能忘俠士心。梅福佯狂名字改，子山流落鬢毛侵。愁來忽遇同方友，相對支牀共越吟。

〔註6〕董祐誠《董方立文集》文乙集卷上《雲溪樂府序》。（清同治八年刻董方立遺書本）係節錄，且文本時有不同。

詩不必皆典

詩不必皆有典故。如杜詩「殘杯與冷炙，到處潛悲辛」，以為用《顏氏家訓》，已可不必。若「問之不肯道姓名，但道困苦乞為奴」，必引《南史》建安王子真事以實之，則反致減色矣。

理義

《孟子》：「心之所同然者，何也？謂理也、義也。理義之悅我心。」兩「理」字疑皆「禮」字之誤。

凡在宮者殺無赦

《檀弓》：「臣弒君，凡在官者殺無赦。子弒父，凡在宮者殺無赦。」後儒頗疑其說。愚以為倉猝之際，變起非常，力能誅誅之，力不能誅亦身殉之耳。若罪人斯得之後，自有士師為政，以伸國討，非凡為臣子者所得而專殺矣。又疑弒父之人非子所當殺，亦非也。凡在官者，同乎為臣也。凡在宮者，同乎為子者也。比例較若畫一。古者父子異宮，而此言凡在宮者，固已無嫌於子殺矣。

晉文夫人

「杜祁以君故，讓偪姞而上之；以狄故，讓季隗而己次之。故班在四。辰嬴賤，班在九人。」晉文諸姜可知者，止此齊姜。自醉遣之後，絕不再見。《列女傳》言迎之以歸為夫人，未知何本，與《左傳》不合。「夫人請三師」，杜《注》：「夫人，襄公適母文嬴也。」蓋晉文既資秦力以得國，而齊桓薨逝之後，伯業不繼，於是置姜氏而立嬴氏，不復以舅甥為嫌。《左氏》於齊女則曰妻，於秦狄則皆曰納，而終之以「逆夫人嬴氏以歸」，序事之妙，能使千載而下情事如見。

齊姜

齊姜智略與晉宣皇后相似，而所遭同於漢昭烈孫夫人。讀史至此，輒為悵然。然觀諸葛武侯「近慮夫人變生肘掖」之語，又《趙雲別傳》「夫人以權妹驕豪，多將吳吏兵，縱橫不法」，則不知昭烈之負夫人歟？抑夫人之負昭烈也？晉宣未及化家為國，已云「老物可厭涼薄之行」，正與晉文先後一轍，而齊姜並無師、昭之子，為可恨也。

《三國志》義法

《史記》已下，《三國志》序事最有義法。如曹公赤壁之敗，不見於《武紀》，然蜀、吳二主傳及諸葛亮、周瑜、魯肅等傳屢書不一書，此互見於他篇者也。《三少帝紀》，高貴鄉公之弒，書日書卒書年若干，似為考終之辭，而其下即詳著皇太后令。凡沈業之馳告，司馬昭之拒戰，帝之入陣遇害，情事顯，然此旋見於本篇者也。

荊州曲直

觀魏武「對酒當歌，人生幾何」之作，知其初心之汲汲於受禪也。至赤壁兵敗，而心孤計變，昭烈得以從容定蜀。蓋自建安十三年至景耀六年，延漢祚五十七載，諸葛亮、周瑜、魯肅之功偉矣，故亮等三傳皆見之，而以蜀為主，吳為輔。《先主傳》云「權遣瑜、普等與先主並力」，《亮傳》云「周瑜、程普、魯肅等水軍三萬隨亮詣先主，並力拒曹公」，《吳主傳》云「與備俱進，遇於赤壁，大破曹公軍」；《瑜傳》云「與備並力逆曹公」；凡為此辭絫不殺者，大以著存漢之勳勞，亦小以定荊州之曲直也。關羽語魯肅：「烏林之役，左將軍身在行間，戮力破魏，豈得徒勞，無一塊壞？」自是公論。借之云者，特吳人自言如此耳。

三國正統

朱錫鬯言承祚削魏氏受禪碑，而詳書漢中王武擔山即皇帝位文及群臣勸進表，為以統與蜀。其說精矣。吾友惲子居云：「《三國志》以評易贊，何也？吳、魏君臣皆亂世之雄，從而贊之，是長亂也。惟蜀君臣宜有贊，故於其終全錄楊戲之文。壽之奪魏、吳而與蜀如此，可謂微而顯矣。」其識益精，然猶不止於此。魯肅初見吳主，即有鼎足江東之論，與隆中之對亦復何異？然先主聞亮言，直善之而已。吳主即不能無盡力為漢言，「非所及」之謝，非吳主之賢於先主也。亮一則曰「將軍帝胄」，再則曰「漢室可興」，其言光明磊落，天下可以共聞。肅乃欲權建號帝王以圖天下，是首啟權不臣之心者，肅也。作者但直述之，而順逆昭然矣。夫權稱帝，改元於曹叡繼世之後，作者猶嚴黜之，況躬行弒奪之操、丕父子哉！如果意存回護，則吳蜀盟辭，歷詆武、文、明三世，當削不箸錄矣。

儀延之獄

《魏略》稱武侯之終，令魏延攝行己事，長史楊儀宿與延不相能，揚言延欲北附，率眾攻延，延本無此心，不戰軍走，追而殺之。與傳不合。然傳亦言延不北降魏而南還者，但欲除殺儀等，非欲叛也。後儀恃功怨望，至悔不以全軍投魏，罪浮於延矣。

諸葛亮傳

《諸葛亮傳》：「治戎為長，奇謀為短。理民之幹，優於將略。」諒哉言乎！魏晉君臣，譎而不正，佞而不仁，政教無聞，奇謀是尚，而忠武所長在此，所短在彼，則其為三分之世，天下一人，復何疑哉？昔孔子許仲弓可使南面，其政事之才必過於仲、冉二子，而《論語》列之德行之科，何者？從其大也。夫宰相之任，至於無善不顯，無惡不懲，吏不容姦，人懷自屬，道不拾遺，強不侵弱，風化肅然，幾幾乎三代之盛矣，其他尚何足云？而淺人耳食，謂承祚挾怨詆毀，豈知言者邪？承祚既以管、蕭比忠武，以為未盡也，而進之以子產、孟子，又進之以周公、召公，其傾心至矣。

先主猇亭之敗

猇亭之敗，誠古今一恨事。論者以為過舉，則非也。荊州威震華夏，魏武至議遷都以避其銳，而孫權去順效逆，摧折股肱。凡漢祚不克中興，當塗卒成大惡，寔由於此。赤壁勝而操計中沮，猇亭敗而丕簒遂成，此漢魏之交兩變機也。昭烈既紹大宗，棄婚姻之好，興問罪之師，大義彰彰，計無再決。至於成敗，則天為之也，豈所逆覩哉？觀忠武、孝直若在之歎，亦事後計利形勢之譚，而發兵之初，未聞極諫，可以知其君臣之同志矣。

諸葛亮表文奪字

建興五年，亮南征，疏：「願陛下託臣以興復討賊之效，不效則治臣之罪，以告先帝之靈。若無興德之言，則責攸之、褘允等之慢，以彰其咎。」今本傳奪「若無興德之言」句，似討賊不效，亦當並責攸之等，文義不貫。

國山碑

《封禪國山碑》：「旃蒙協洽之歲，月次陬訾之舍，日惟重光大淵獻，受上天玉璽。」文曰「吳真皇帝」云云。紀日當云辛亥，乃以歲陽歲名代之，當時

諸臣不學如此。

魏武生出本末

《武帝紀》：「曹騰養子嵩嗣官至太尉，莫能審其生出本末。」《注》引《曹瞞傳》及郭班《世語》，並云「夏侯氏之子」。太祖於惇為從父昆弟，論者以惇子楙尚清河公主，疑不應有此。然觀承祚以惇、淵、仁、洪、休、真、尚七傳相廁，而次諸荀彧之上，與諸孫傳在張昭上同例，是當時寔有此說。承祚蓋諱而箸之也。

有祖無宗

明帝生存，即定廟號，與武、文二帝並稱太祖、高祖、烈祖，豈知其後三少帝皆不終天祿，遂至有祖而無宗？讀史至此，為之三歎。

卷十二

田子春

「田疇無終人」，陶靖節《擬古》詩：「辭家夙嚴駕，當往至無終。聞有田子春〔註1〕，節義為士雄。斯人久已死，鄉里習其風。」田子春，無終人，為即田疇無疑也。傳云「字子泰」，蓋「春」字之誤。

放資罪狀

《注》稱「劉放、孫資勸徵太尉追鋒車至，而魏室以亡」〔註2〕，是也。然此時司馬氏逆節未著，朝臣才望足任國事者寔亦無出其右，遂以為有意援引篡賊，論似稍苛。曹爽既誅，屢乞骸骨，蓋亦悔於厥心矣。

董昭

曹氏謀臣如雨，而董昭實為黨惡之魁。遷許都，建五等，受九錫，皆其策也。功高於郭嘉，而罪浮於華歆矣。

〔註1〕 按：陶詩作「田子泰」。

〔註2〕 《三國志》卷十四《魏書十四‧劉放傳》裴松之《注》：

《世語》曰：「放、資久典機任，獻、肇心內不平。殿中有雞棲樹，二人相謂：『此亦久矣，其能復幾？』指謂放、資。放、資懼，乃勸帝召宣王。帝作手詔，令給使辟邪至，以授宣王。宣王在汲，獻等先詔令於軹關西還長安，辟邪又至，宣王疑有變，呼辟邪具問，乃乘追鋒車馳至京師。……」臣松之以為孫、劉於時號為專任，制斷機密，政事無不綜。資、放被託付之問，當安危所斷，而更依違其對，無有適莫。受人親任，理豈得然？案本傳及諸書並云放、資稱讚曹爽，勸召宣王，魏室之亡，禍基於此。

子雍三反

劉寔稱王肅三反。〔註3〕夫「方於事上而好下佞己」，人性常有如此者。至「嗜榮貴而不求苟合」，「惜財物而治身不穢」，安有是理哉？蓋譏之也。

先主取益州

習鑿齒、裴松之俱不直先主襲取劉璋，其說非也。劉焉之罪，浮於袁術。璋領益州，非由朝命，就令形勢，足以自守，不至為他人所攘，亦當致討。況有二冠虎視其旁，而責先主以小信隳大計，真迂生事外之譚也。

姜維傳

孫盛、干寶之論姜維，據成敗之跡，沒忠孝之忱，其說謬矣。承祚於篇終既引郤正之辭以當論贊，而十年十一戰，亦安可不垂為大戒哉？〔註4〕特恨序事太略，於復國之苦心言之未為詳盡耳。

〔註3〕《三國志》卷十三《魏書十四・王肅傳》裴松之《注》：
　　劉寔以為肅方於事上而好下佞己，此一反也。性嗜榮貴而不求苟合，此二反也。吝惜財物而治身不穢，此三反也。
〔註4〕《三國志》卷四十四《蜀書十四・姜維傳》：
　　郤正著論論維曰：「姜伯約據上將之重，處群臣之右，宅舍弊薄，資財無餘，側室無妾媵之褻，後庭無聲樂之娛，衣服取供，輿馬取備，飲食節制，不奢不約，官給費用，隨手消盡；察其所以然者，非以激貪厲濁，抑情自割也，直謂如是為足，不在多求。凡人之談，常譽成毀敗，扶高抑下，咸以姜維投厝無所，身死宗滅，以是貶削，不復料摘，異乎《春秋》褒貶之義矣。如姜維之樂學不倦，清素節約，自一時之儀表也。」
　　裴松之《注》：
　　孫盛曰：異哉郤氏之論也！夫士雖百行，操業萬殊，至於忠孝義節，百行之冠冕也。姜維策名魏室，而外奔蜀朝，違君徇利，不可謂忠；捐親苟免，不可謂孝；害加舊邦，不可謂義；敗不死難，不可謂節；且德政未敷而疲民以逞，居禦侮之任而致敵喪守，於夫智勇，莫可云也：凡斯六者，維無一焉。實有魏之遺臣，亡國之亂相，而云人之儀表，斯亦惑矣。縱維好書而微自藻潔，豈異夫盜者分財之義，而程、鄭降階之善也？臣松之以為郤正此論，取其可稱，不謂維始終行事皆可準則也。所云「一時儀表」，止在好學與儉素耳。本傳及魏略皆云維本無叛心，以急逼歸蜀。盛相譏貶，惟可責其背母。余既過苦，又非所以難郤正也。
　　干寶曰：姜維為蜀相，國亡主辱弗之死，而死於鍾會之亂，惜哉！非死之難，處死之難也。是以古之烈士，見危授命，投節如歸，非不愛死也，固知命之不長而懼不得其所也。

劉威碩之死

劉封、彭羕、廖立、李嚴、劉威碩、魏延、楊儀等七傳相次。威碩本無所短長而罪亦最微，卒非摑妻之人，面非受履之地，爰書雖工，何遽棄市乎？此時丞相在軍，侍中暨留府長史，俱不聞申救疑獄也。

馬謖之死

互見即不復序，乃為良史。如街亭之敗，《諸葛亮傳》但云「戮謖以謝眾」。戮之云者，殺之邪？抑廑戮辱之邪？觀《馬良傳》：「謖下獄，物故，亮為流涕」，則知謖非誅死矣。不特此也。《向朗傳》：「朗善馬謖，謖逃亡，朗知而不舉」，是謖罪不止於喪師也。淺人讀書，至乙卷而甲卷已不復省憶，徒襲習鑿齒謬說〔註5〕並為一譚，殊為可恨。

得慎伯宛鄰書

慎伯書來，謂余文深通古人義法，而筆微傷弱。其委折入情處，亦習之、永叔之亞也。詩詞之病，在雅俗共賞，然亦不當於新城、秀水以下求之矣。譽言所不敢承，貶辭則指謫痛癢，非他人所能道。附記於此，期自矯焉。

宛鄰書來，知方立溘逝，為之失聲一哭。方立平生雅不好余，而余好方立無已。此乃愛才之誠發於至性，大而恩讎，小而毀譽，舉不足以易之者也。天下如方立好學之篤、趨向之正，屈指幾人？造物既生之矣，旋奪其年，卒使所業不竟，為可疑怪也。

費禕言似士燮

「合諸侯，非吾所能也，以遺能者。我若群臣輯睦以事君，多矣。」〔註6〕范文子之言也。「丞相猶不能定中夏，況吾等乎！不〔註7〕不如保國治民，

〔註5〕《三國志》卷三十九《蜀書九·馬謖傳》裴松之《注》：

習鑿齒曰：「諸葛亮之不能兼上國也，豈不宜哉！夫晉人規林父之後濟，故廢法而收功；楚成闇得臣之益己，故殺之以重敗。今蜀辟陋一方，才少上國，而殺其俊傑，退收駑下之用，明法勝才，不師三敗之道，將以成業，不亦難乎！且先主誡謖之不可大用，豈不謂其非才也？亮受誡而不獲奉承，明謖之難廢也。為天下宰匠，欲大收物之力，而不量才節任，隨器付業；知之大過，則違明主之誡，裁之失中，即殺有益之人，難乎其可與言智者也。」

〔註6〕《左傳·成公十六年》。

〔註7〕「不」，《三國志》作「且」。

敬守社稷，如其功業，以俟能者。」〔註8〕費敬侯之言也。使孔、孟仕晉厲公、蜀後主之朝，所見必當如此矣。

孫翊傳無錯簡

《孫翊傳》：「蜀丞相亮與兄瑾書」云云，或疑自《諸葛喬傳》誤入，非也。喬字伯松，孫翊子自名松，子喬其字也。繹書中「受東朝厚遇」云云，正是依依於孫氏子弟，非自言諸葛氏子弟也。

蜀制可議

甘夫人寔生太子禪，而章武間廑追謚皇思夫人，一可議也。所立後乃故劉瑁婦，二可議也。關、張、士元之歿，都無贈謚，遲之又久，至景耀三年始邀易名，三可議也。後主即位，不逾年而改元，四可議也。

澹音題畫

同鄉繆君鴻罷平谷令，貧不能歸，作畫數十軸，詣津門，欲賣作資斧。久之，無過問者。吾友山陰楊子掞紹文。官長蘆批驗大使，其配王澹音夫人聞而憤之，索畫各題一詩，數日求者紛集，得百金以行。

石鼓文

昌黎自言辨古書之誠偽，昭昭然如黑白分。〔註9〕而於宇文泰、蘇綽等所造之石鼓文，獨心折不疑，至有「陋儒編詩不收入」〔註10〕之語。陋儒者，何人邪？文人之言，狂悖無有過於此者矣。

惟恐有聞

君子見善如不及，聞善言則拜，惡有慮其行之不給而恐其復有聞者？《論語》記子路云云，乃云子路躬行是務，唯恐聲聞之過情，非謂聞善也。韓文公《知名箴》：「勿病無聞，病其奕奕。昔者子路，惟恐有聞。赫然千載，德譽愈尊。」唐以前舊解蓋如此。

〔註8〕《三國志》卷四十四《蜀書十四・姜維傳》裴松之《注》引《漢晉春秋》。
〔註9〕韓愈《答李翊書》：「然後識古書之正偽與雖正而不至焉者，昭昭然白黑分矣。」
〔註10〕韓愈《石鼓歌》。

雪宮

「雪宮」，閻氏《釋地》謂孟子之館，宣王就見於此。宋虞廷引申其說，以孟子之滕，館於上宮，及燕昭為郭隗築宮為證。是也。古者，宮謂之室，室謂之宮，宮未嘗專屬人主所居。趙岐、劉熙此注，並云：「離宮之名。」離宮猶言別館，遊幸之地，有上客至則以處之。且觀齊宣發問之意，顯然與梁惠不同。「賢者亦樂此乎」，此問在上之賢君，愧辭也，故答以「賢者而後樂此」。「賢者亦有此樂乎」，乃問在下之賢士，驕辭也，故答以「不得則非其上」，及引而進之於同民。則孟子平生治術，遠述《靈臺》之詩，近徵晏子之對，其恉一也。

雙聲疊韻

雙聲疊韻，蓋本同音相訓之例。如「庠者，養也」、「校者，教也」、「序者，射也」之類。近人尤好言之。至改李義山詩「郎君下筆驚鸚武，侍女吹簫引鳳皇」為「弄鳳皇」，以「驚鸚」為疊韻也，則可笑矣。《中庸》：「栽者培之，傾者覆之」，栽、培疊韻，傾、覆則否。「齋莊中正，足以有敬也。文理密察，足以有別也」，「齋莊中正」，雙聲；「文理密察」則否。知古人不欲以此害意也。

松嵐先生詩

嘉慶甲戌，自洛入都。劉松嵐先生方僑居河內，留飲竟夕。別去不相見九年。先生明年七十矣。夏日曬書，檢得舊贈詩牋，不勝根觸，坿記於此。「相逢旋別太蒼黃，且解征鞍盡一觴。詩筆果然傾六代，史才誰與薦三長。璚花寂寞春無主，_{元注：祁孫及王惕夫、劉芙初、吳蘭雪、樂蓮裳、彭甘亭皆久客題衿館。賓谷擢官，諸君子不復相聚矣。}名士蹉跎鬢有霜。此去大羅天尺五，老夫傾耳聽霓裳。」

雲臺先生詩

道光壬午五月，阮雲臺先生自粵中入覲，道出濡須，有詩留贈，云：「廿載才名博此官，省君清興甚相安。箸書絕勝芙蓉鏡，卻疾無過苜蓿盤。往日池亭如古蹟，故人詩卷喜新刊。勞勞似我君休問，試將霜髭付與看。」余和作有「驥尾諸賢先百世，_{謂皋文翰林、李忠毅公。}龍門故道隔千盤」之句。畫水云：「儀徵宮保門生故吏多矣，以張、李二公相提並論，獨具卓識。」

王烈婦

宋氏，合肥人。年二十九，夫王廣煦卒。四十五，孤子墀卒。宋謂家人曰：「曩時本不欲生，徒以墀故。今墀復捨我去，即行吾初志耳。」絕粒至十五日乃絕，道光二年五月二十八日。

東漢四親廟

光武奮跡匹庶，雖名中興，豈非創業？而張純、朱浮乃敢援為後為子之文，請以宣、元、成、哀、平五帝四世易南頓君以上四親廟，且言：「設不遭王莽，而國嗣無寄，推求宗室，以陛下繼統，安得復顧私親而違禮制帝？」即從之。自非渾然天理無幾微矜伐之意而能如是乎？若在前明嘉靖之世，二臣且以議禮伏法矣。

井上有李

《孟子》：「井上有李，螬食實者過半矣。」乃言陳仲子饑困無所得食，忽憶井上故有李樹，樹上之實為螬所食過半矣。蒲伏而往，冀得墮李果，三咽而返。蓋螬實縱橫滿地，故不勞而獲。若廑有一李，無聞無見之時，何由知之而云往將食之乎？往亦何由求得之乎？《文選》張景陽《雜詩》，《注》引《孟子》「井上有李實，螬食者過半矣」。劉熙《注》：「李實有蟲食之過半。」揆之情事，頗覺不合。

東通侵

風字從蟲，凡聲，當在二十一侵。《詩》「絺兮綌兮，淒其以風。我思古人，實獲我心。吉甫作誦，穆如清風。仲山甫永懷，以慰其心」是也。「流星霣，感惟風。翩歸雲，撫裏心。」[註11]「君子博文，貽我德音，辭之集矣。穆如清風。」[註12]匡衡、蔡邕古音未改，然侵韻中字頗有通東者。《易·象傳》：「即鹿無虞，以從禽也。君子舍之，往吝窮也」；「舍逆取順，失前禽也。比之无首，无所終也」；「浚恒之凶，始求深也」；「九二悔亡，能久中也」；「不恒其德，无所容也」；「久非其位，安得禽也」；「艮其限，危薰心也」；「艮其身，止諸躬也」。《易》韻如此。《詩》亦有之。《豳風》「二之日鑿冰沖沖，三之日納于凌陰」；《大雅》「天生烝民，其命匪諶。靡不有初，鮮克有終」。禽、深、心、

〔註11〕《漢書》卷二十二《禮樂志第二》。
〔註12〕蔡邕《答對元式詩》，見歐陽詢《藝文類聚》卷三十一《人部十五》。

陰、諶皆通東韻。又《詩》：「臨衝閑閑」，《韓詩》作「隆衝」；「我躬不閱」，《表記》引作「我今」。漢避殤帝名，改隆慮山為林慮。〔註13〕是臨、林等字與躬、隆同音，可合東韻也。

詩韻

《三百篇》用韻皆天籟自成，初無定格。有隔句用韻者，《行露》之三章是也，而《葛覃》首章尤有參差不齊之妙。有次章轉韻而末句仍歸前韻，方極一唱三歎之致，如「于嗟乎騶虞」、「于嗟乎不承權輿」是也。蓋聲音之道，在有心無心之間，非如唐、宋人以強韻次韻沾沾自憙也。

輝光日新

《大畜·彖傳》：「剛健篤實，輝光日新」，各四字絕句，「其德」屬下。《釋文》引鄭《注》如此，正與「賢」、「天」字為韻。顧氏從王弼讀，不以「新」字入韻。《漢書·禮樂志》「被服其風，光輝日新，化上遷善，而不知所以然」正引此。

離騷釋韻

聰應所讀《離騷》，吾鄉蔣氏本也，音韻略焉。盛暑揮汗，撮引經傳，財取互證而已。

降　夆聲。讀若洪。《月令》「天氣上騰，地氣下降。天地不通，閉塞而成冬。」

能　讀若耐。桉：能奴來、奴代二反。此與「佩」韻，當從去聲。《史記》《漢書》皆數見。

莽　讀若模，上聲。《西京賦》：「燎京薪，駭雷鼓。縱獵徒，赴長莽。」

隘　桉：《說文》：「隘，從𨸏益。」不言聲。然水部溢、口部嗌、手部搤，並從益得聲，則隘之為諧聲無疑。《說文》雨部引《左傳》「墊隘」作「墊阨」，可證也。

舍　讀若暑。《荀子》：「騏驥一躍，不能十步。駑馬十駕，功在不舍。」

他　讀若拕。《國風》：「在彼中河，髧彼兩髦。實維我儀。儀讀若俄。羲和占日，常儀占月。後遂訛為常娥，音同故也。《說苑》：「食則有節，飲則有儀。往則有文，來則有嘉。」之死矢靡他。」

〔註13〕《漢書》卷二十八上《地理志上》：「應劭曰：『隆慮山在北，避殤帝名，改曰林慮也。』」

化　毀禾反。《繫辭下傳》：「神而化之，使民宜之。」《說文》：「宜，從〔註14〕多省聲。古文作爹。」《士冠禮》：「爰字孔嘉，髦士攸宜。」

晦　每聲，讀若瀰。《淮南子》：「九州不可頃畮，八極不可道里。」畮、晦重文。

索　讀若素。《太玄》〔註15〕：「上索下索，遵天之度。」桉：此與「妬」韻，應從去聲。下與「迫」韻，入聲。

英　央聲。讀若泱。《管子》：「五色雜英，各有異章。」

服　反聲。讀若萄，皮力切。《國語》：「檿弧箕服，實亡周國。」

普　段大令云：「普讀入聲。近鐵。《懷沙》以韻『抑』，《莊子》以韻『溼』，《東京賦》以韻『結』、『節』是也。此讀平聲，近汀。《詩·召旻》『胡不自普？職兄斯引。池之竭矣，不云自頻』是也。周氏密欲以『長太息』二句倒轉而以『普』韻『涕』，非也。」

錯　讀若措。《天問》、《九章》、《九辨》屢見。

懲　段大令云：「本音在蒸、登，與陽、唐合韻。如瞻、《詩·桑柔》。聾、《老子》。嚴、《天問》。通《卜居》。等字可證也。」

野　予聲。《逸周書》：「上困下騰，戎遷其野。敦行王法，濟用金鼓。」

家　讀若姑。《墨子》：「治天下之國若治一家，使天下之民若使一夫。」

差　讀若嵯。《淮南子》：「循繩而斲則不過，懸衡而量則不差。」

屬　《考工記》：「犀甲七屬，兕甲六屬，合甲五屬。」《注》云：「屬讀如灌注之注。」

迫　讀若博。《古詩十九首》與樂、薄、洛、索字為韻。

夜　亦聲。亦字古音在御遇。讀若豫。《淮南子》：「偃其聰明，襲其太素，以利害為塵垢，以死生為晝夜。」

下　讀若戶。《老子》：「九層之臺，起於累土。千里之行，始於足下。」

馬　莫補反。《韓非子》：「君若怦〔註16〕，臣若鼓。技若車，事若馬。」

惡　烏路反。桉：美惡之惡、好惡之惡，古音互用。如木華《海賦》「決帆摧橦，戕風起惡。靉昱絕電，百色妖露」，是以美惡之字為去聲也。劉歆《遂初賦》「何叔子之好直兮，為群邪之所惡。賴祁子之一言兮，幾不免乎徂落」，是

〔註14〕《說文》此下原有「宀之下，一之上」。
〔註15〕「玄」，底本原作「元」。
〔註16〕「怦」，《韓非子》作「桴」。

以好惡之字為入聲也。

調　《車攻》詩、東方朔《七諫》皆與「同」為韻。段大令云：「調字周聲，尤東合韻。」如《史記‧衛青傳》：「大當戶銅離為常樂侯。」「銅離」，徐廣曰：「一作稠離。」《毛詩》「橫從其畝」，《韓詩》作「橫由」，是也。又潘岳《藉田賦》以「茅」韻「農」，束晢〔註17〕《勸農賦》以「曹」韻「農」，亦可証。

茅　矛聲。《小雅》：「英英白雲，露彼菅茅。天步艱難，之子不猶。」

離　讀若羅。《淮南子》：「喬枝菱柯，芙蓉茇荷。五采爭勝，流漫陸離。」

沬　桉：沬有三音。在《唐韻》十三末者，莫撥切。《丰》爻辤「豐其沛，日中見沬」，莫佩切。此與「茲」韻，莫杯切。

行　讀若杭。《易林》：「百足俱行，相輔為彊。」

五嶽

唐虞都冀州，故以冀州之霍山為中嶽，其四則東泰、北恒、西華、南衡也。周都邠州，故以華山為中嶽，其四則西嶽、東泰、北恒、南衡也。俱以王畿為中。漢改定五嶽，以嵩高為中，然猶以衡山為南嶽。孝武以為遼遠，始移其神於廬江灊縣之霍山。故云「華嶽岱恒衡」者，周制，《爾雅》之文也。其霍山為南嶽、嵩高為中嶽云云者，乃後儒之所增竄。姚氏經說反以為可據，非是。

答寶應朱光祿

繼輅獲與少司馬同舉於鄉，得聞志行之日久矣。去歲，始晤霍山二兄，伏承杖履康娛，神明益固。近者丈人晉階一品，二兄擢牧方州，家門之慶，蒸蒸日起，此於大君子無所增加，然使海內勤學守道之士有所激勸，即薰德善良之澤為不小矣。新正八日，奉到手書，辭意諄諄，三復感悚。繼輅以同縣治古文之人已有張皋文、惲子居，自度必不能及，故初無意於此。自遭大罰，慈親見背，身處窮困，不能顯揚，幸沐聖善之教，不見棄於海內賢人君子，思得文辭以闡揚遺懿，是亦賤者之顯揚也。輒不自揣，仿尹少司空之例，譔次年譜，持以乞言。既不敢有所文飾，以厚誣其親，其辭才六七千言，不能成帙，於是思求有所附麗，以冀萬一可傳。始稍稍求古文義法，彊而為之，非有所磅礴鬱積於胷中而沛然不能自己於言也。故其文積理不深而行氣不厚，其去海峯、惜抱

不知幾千萬里也。海峯之文,神清而韻遠,較之望溪,淺矣薄矣。然而善學望溪者,則無有過於海峯者也。亦猶玉溪之文不逮徐庾,而善學徐庾則無過於玉溪。何者?肖不以形,勢值其變也。觀於王晦生之似海峯,而知海峯之不似望溪為善學望溪矣。惜抱又變海峯之宕逸為淵雅,其所著《李斯論》諸篇,一一可以推見其立言之意。所言在此,所指在彼。從容諷論,身已不仕,而拳拳於世,庶幾聞者足戒,言者無罪焉。某君之文,神昏而氣散,既肆而未醇,非所謂謹言之君子也。繼輅之見如此,與執事所論頗有異同。長者之前,豈容有不盡之意?用敢陳說如此。小子狂簡,不知所財,伏惟丈人終賜訓誨。

吾不與祭

《論語》:「吾不與祭,如不祭。」此亦何人?不然,而待聖人言之邪?蓋歎魯祭敬衰。自孔子不為大夫,不復與祭以來,其祭直如不祭。「如在」,如神在之意,潛消焉而不覺矣。

井有仁焉

此宰我憂世之說也。仁者方不免於陷穽,我且明知而蹈之乎?子云:「何為其然?」正答「井有仁焉」句,言仁者終不入於陷穽,不可陷,不可罔。所謂磨不磷,涅不緇者也。時文家誤以「何為其然」為答其從之句。而或改有仁為有人,或不改,皆成扞格。

聞一知十

「聞一知十」者,「一日克己復禮,天下歸仁」。十者,數之終也。「聞一知二」者,「己欲立而立人,己欲達而達人」。二者,數之對也。聖人教人,盡其欲立欲達之量,人己對待,所謂一生二也。而顏子心不違仁,已不啻收其全效,故曰「吾與汝不如」。宋于庭云。

梁烈婦

梁烈婦名長,無為州人。父曰秉鑑。幼字同州王氏,壻曰王利璣。秉鑑貧,以女歸王氏為養媳。凡十年,年十九矣,而利璣病。女與利璣故不相見,至是入廚作羹,使婢持餽利璣股肉也。羹至而利璣死。婢以報女,女曰:「不可救乎?」曰:「不可救矣。」女逡巡入室。俄聞有聲甚厲,或趨視,已自頸矣,血淋漓噴壁上。時道光五年三月十六日也。吾友薛玉堂為作傳。

韓孝女

孝女，宛平人，故東流知縣韓君藻女。以孝慕，故矢不嫁。東流君卒於官，眷屬留居安慶八年，而母夫人亦死。臨訣，顧孝女曰：「汝無夫家，將安歸？」女曰：「從母歸地下。」母遂瞑。孝女絕粒十五日，神明不亂，作詩云：「幽魂欲斷夜沉沉，覓父空懷六載心。今日重泉真箇到，分明不是夢中尋」；「窗前留我舊妝臺，贖稿殘編莫慢開。寄語中圭諸姊妹，孤魂還其月飛來。」放筆而逝。孝女小字孝梅，殉母時年垂四十矣。東流君，乾隆三十九年舉人，嘗再充江南同考官。孝女殉母在道光四年。

今之學者為人

古之學者但為己而已，無為人之責也。自司徒之屬皆廢其職，學者當以世道人心為己任。孔子「誨人不倦」，「無行不與」，「不得中行，必也狂狷」，何其孳孳於為人也。自來注家皆誤會經意。

芳草鮮美

《桃花源記》：「芳草鮮美，落英繽紛。」因見落花滿地，先寫草色，敘致離合，景色宛然。古人下筆不苟如此。《藝文類聚》、《初學記》皆作「芳華鮮美」，黏定桃林，即成俗筆。

唐韻

熒、熒等字並隸十五青，而塋字獨隸十二庚。壁、僻等字並隸二十陌，而壁字獨隸二十三錫。類此甚多。顧自唐以來，文學之士奉為金科玉條，不可解也。

黃仲則詩

黃丈仲則詩有云：「獨立市橋人不識，一星如月看多時。」向來平平閱過，頃吳大令山錫。語余，此詩題《癸巳除夕》，乾隆三十八年也。其明年有壽張之亂，金星先期驟明，作作有芒角。作者蓋深憂之，非流連光景之作也。余嗟賞其言，以為讀古人詩皆當具此手眼。

備

向以賠字太俗，欲借作倍，而誼較遠。頃閱惠氏筆記：「高神武立法：盜

私物，十備五；盜官物，十備三。後周詔侵盜倉庫，雖經赦免，徵備如法。備音培，償補也。」

亡女輓句

吾友重交情，念故人宦蹟漂零，遣汝從行承子職；
而翁今痛悔，惜賢女婦工嫻習，為余遠涉負姑恩。

早年授諸妹風詩，妙解諧聲，曾笑仙壇書俗韻；
頻歲侍衰親藥裹，漸諳本草，何圖己疾少良醫。

得壻才比璠璵，入室芝蘭，似此雙棲兼福慧；
如母性安粗糲，堆盤苜蓿，何曾一日飫肥甘。

得報已兼旬，疑假疑真，畢竟是真是假；
長辭纔片刻，有夫有父，何曾見父見夫。

汝秉蘭蕙之姿，撒手長行，不受病中一切苦惱；
我本卷葹之草，拔心未死，難禁世上萬種悲哀。

我無實學負虛名，自作餘殃延愛女；
汝太明詩兼習禮，莫留慧業誤來生。

方期白首，其還鄉訪友，頻來呼汝羹湯留痛飲；
孤負青眸，能識士相攸，何補他年翟茀是遺容。

玉貌冰心，婉順別饒嚴正氣；
布衣蔬食，清臞不入綺羅叢。

明姿與春月爭輝，曠世朱顏，傅粉調脂都不習；
正性許秋筠比勁，傳家素業，佛塲仙院兩無輗。

於汝竟何恩，勞汝舍舅姑杖履而來，知難瞑目；
嗟余今已老，使余從父母神靈以去，本所甘心。

　　自聞長女君淑之喪，欲為一文，以述悲悼。心孤氣結，屢握管而不能舉其辭，但於枕上作輓句，俾懸之靈次。雖哀已過情，而語無溢美。錄呈著書闡幽之君子，倘採錄札記以不朽，亡女之幸也。

附錄哀誄三首

　　莊子曰：「吾生也有涯，而知也無涯。以有涯隨無涯，殆已！」然則人之

生，自十年二十年以至百年，皆所謂有涯者也。人見其二十三十奚以悲，而百年者又奚以喜耶？又言生者夢而死者覺，則生之擾擾而死之憪憪，凡所謂繫人之思念者，皆其夢中之事，如雲流風過，亦何戀於其心？而生者方滯於彼，而竊竊然苦傷之不已，殆乎！昔吾鄉有葉小鸞者，才德容貌超出輩流。未嫁而夭，其父悲之，至謂其仙去。今讀《午夢堂集》，見與泐大師語生死之際，了了可證。余嘗疑之，若是則死果可樂而生果可悲也？蒙莊之言，殆信然歟！

吾友陽湖陸繼輅祁孫之長女名良勝，字君淑，同縣諸生惲彙昌之室也。年十許，母錢孺人授以《毛詩》，即知叶韻為非是。異日，於祁孫案上得段若膺氏《音韻表》讀之，乃大喜。既盡通其說，以次授諸妹，圍坐一室，聲琅然徹於戶外，聞者或不知所讀何書也。少長益，耽文藝，然承家法，而不以才自稱。葉氏父母姊妹皆以才分名於當時，故苗而不秀，至今人過其居，讀其書，未嘗不累歡而深悲焉。祁孫夫婦文雅才藻皆足誇耀葉氏，而母林太孺人之教，深以才華為誡。故祁孫歉然無放佚之言，無縱麗之行。其子女亦多成就。君淑嫁十三年，有三子二女，而卒於祁孫合肥學舍，年三十有四。其嫁也，常在父母之室，乃其舅姑每語人曰：「吾子娶婦乃益孝謹。」嗚呼！此可以見其閨門之行矣。祁孫哭之慟，述其事，謂一言一行皆足繫人無窮之思。其卒也無疾，亦或謂其仙去。故余為之辭，冀以導其哀焉。辭曰：

嗚呼！彼樂生而忘返兮，雖百年其尚短。苟無貴其恒榦兮，奚歲月之足歎。嗟若人之貞淑兮，羌習禮而明詩。外婉孌以綽約兮，內剛健以自持。自女子之有行兮，遠父母與兄弟。乃在室而從夫兮，推尊親於姑氏。忽委化於中途兮，瞻遺掛之在壁。形髣髴而難留兮，泂懸解之已釋。父母慟而涕泣兮，舅姑聞而悽愴。子女啼而不能視兮，悲夫子之浪浪。謂靈魂其速反兮，來告之以大故。申款款之離情兮，明夢覺之同趣。知死之不可復生兮，念華屋之生存。相顛毛之種種兮，莫切骨而傷神。吳江吳育譔。

孺人陸氏諱良勝，字君淑，陽湖人。陸繼輅祁孫之長女也。適同縣惲秀才彙昌，凡十二年而卒，有子三人，年三十有四。祁孫自皖中寓書京師，屬予作誄。且稱之曰：「婉順孝恭，澹泊嚴正。」烏虖！有女如是，宜其悲矣！祁孫一子早殤，女之存者，惟長與叔，皆賢而才。其叔之才尤著，能治《說文》，工楷書，然固孺人之教也。孺人少讀《毛詩》，即以叶韻之說為非是。稍長，講求古韻，能知其意。祁孫既甚愛兩女，悉令從官合肥，各與壻偕。孺人雖在遠，其舅姑常念之，怡聲婉容如在左右焉。舅徵君秉怡謂骨肉情同，娛我友於

寂寞。日月未艾，期迎婦於他年。而孺人綢繆恩義，顧瞻內外。言告師氏，力竭乎歸安；女子有行，情興乎周道。乃鹿車共挽，遄徵屆期，鬼伯在門，齎志遂歿。烏呼！哀哉！誄曰：為女則無異乎子兮，為婦則無殊乎女兮。事父母舅姑欲交盡其禮兮，彼蒼者天不能並成其美兮。鄱陽陳方海譔。

陸氏良勝字君淑，余執友祁孫之長女。母錢氏。陸、錢毘陵世族。祁孫文學蔚然，為名孝廉。錢夫人稱佳耦。女承內外言範，妹妹矜矜，德容如玉。年十三，課諸妹讀《毛詩》，疑宋人叶韻為非。從其父，講求古韻，諸妹誦詩，遂具家法。長適同縣孝廉方正惲君秉怡之子、縣學生彙昌，佳士也。女事尊章加謹，大家絕愛重之。居有間，祁孫之官合肥，舅姑良賴婦。以祁孫及錢夫人多疾，無長男侍奉，慨然命子若婦隨行。女在合肥六年，所以慰悅二親者劬勞單盡。祁孫歡然，不知薄宦之貧且病也。道光乙酉二月六日，晨起告其母曰：「女今日營魂搖搖，殆將死。」母訝且慰之。向暮，臥無所苦，奄然化矣。生子女五人，年三十有四。壻彙昌方省其姑完顏夫人於潁水，數日前，夫人言夢女仙去。未幾，訃至。女既死，母哭之極哀。父修通志於皖城，灑淚告其友欽韓，思所以不朽於女者。女生名門，父母舅姑若夫皆履吉無恙，敦順婉孌，其素行宜若無可書者。然其父母痛之如此，則女之賢孝可知也。以此事舅姑，則舅姑之痛，其死又可知。而彙昌伉儷之戚，益不待言也。如是，烏得無一言以紓吾友之哀乎？遂繫以辭，曰：

忠貞之見兮，家國之變兮。淑慎之勉兮，家國之晏兮。懿陸氏之溫溫兮，遷高門之餘禩。醴有源兮蘭有根，得所怙兮獲所歸。修於閨閫兮，如君子之恒。操孝乎竭蹙兮，博長者之軫。悼貽吾友兄兮不自慘，家寶一失兮將誰尤。委空房兮挽方舟，風發發兮旌飄飄。魂其來兮江之皋，骨歸黨兮山之椒。開鏡奩兮無留影，瞻遺容兮聲不謦。嗚呼鬼耶？散莫搏。噫嘻仙耶？歸無緣。女其有知耶？益悲父母之悲。女其無知耶？哀固有時而衰。慰吾友兮寫鬱陶，摛質辭兮御芳醪。吳沈欽韓譔。

五真閣吟稿

錢惠尊

五真閣吟稿序

　　嘉慶丙子秋冬間，余杜門養疴，無所事事，始自刪定其詩。既竟，復取誃宜之詩去三之二，命兌貞重錄一帙，題曰《五真閣吟稿》，而序之曰：

　　吾聞儒家者曰：婦人不宜為詩。斯言也，亦幾家喻而戶曉矣。顧嘗有辨之者，至上引《葛覃》、《卷耳》以為之証。夫《葛覃》、《卷耳》之果出於自為之與否，未可知也。則婦人之宜為詩與否，亦終無有定論也。抑吾又聞《詩三百篇》皆賢人君子憂愁幽思不得已而託為者也。夫人至於憂愁幽思不得已而託之於此，宜皆聖人之所深諒而不禁者，於丈夫婦人奚擇焉？誃宜早喪母，既嫁，事姑謹，姑憐之，時時節其動止之勞佚、衣被之寒燠、飲食之過不及而均之，於是欣欣然始知膝下之為樂。然嚴君宣三千里外，定省久廢。逮捐館舍，又不獲視含斂，涕淚嘗浮枕簟間，余無以慰也。已而，余以負米出遊，每歲暮一歸省。發春數日，即又治裝行。柳絲帆影，黯然神傷。或霜重月寒，蟲聲一庭，孤影徘徊，諷詠閒作。於此而申之以明禁，曰婦人不宜為詩，是父子之恩終不得達，夫婦之愛終不得通，而憂愁幽思之蘊結於中者，亦終不得而發抒也。曾聖人之為訓而若是酷歟？余之窮於世久矣，誃宜既不幸而為窮人婦，凡翟茀之榮、裘珮之飾、宮室之美、婢妾之奉，悉無有焉。然而二十六年以來，無幾微怨尤之意形於辭色者。彼蓋習聞夫富實利達之不可求，而文采之傳世為無窮也。吾一婦人，冀得以一言片辭坿夫子後，足矣。故雖朝餐未炊，秋風刺骨，竈嫗謗嬲，鄰女詻譏，猶復琅然而長吟，快然而自喜。樗蒲絲竹之好，無以過焉。夫世之婦人耽樗蒲、習絲竹者何限，而儒者之大禁乃不在彼而在此，不亦過乎！嗚呼！自太孺人之終於今，八年矣，余之奔走衣食如故也，動止之勞逸、衣被之寒燠、飲食之過不及，蓋無有能念之者。又屢喪其子若女，其憂愁幽思，

有較甚於八年之前者。後此之所作，將益多而不可禁。然則詵宜之為詩，豈詵宜之幸耶？又悔余禁之不早也。詵宜姓錢氏，名惠尊。詩古今體若干首，題圖酬應之作亦有餘代為者褫存集中。兌貞者，其第三女，今茲年十六矣。好作書，學歐陽詢、裴休。後之人得此帙而觀之，當有罋然而羨窮居之樂者。丁丑新正二日，修平居士。

五真閣吟稿

陽湖陸錢惠尊詥宜

小元池仙館堦前手種摩羅春數枝枚發花皆並頭因成一詩並邀祁孫同作

擢簾彷彿玉顏酡，瑟瑟珍珠點袖羅。一名珍珠。從此花叢添故事，不須分種向都波。

詠蓮

亭亭出淥水，灼灼倚新粧。筠簾耀初日，朱闌憑曉涼。花嬌人易見，心苦誰共嘗。寄言採蓮者，並蒂莫輕傷。

撲蝶詞

春光轉瞬都成惜，莫認花梢作安宅。玉腰瘦損粉翼輕，那禁紈扇來無情。一晌分飛別愁重，驚心又避流鶯唪。夜深隱隱露華寒，獨抱幽香不成夢。

芳草

芳草萋萋映夕陽，故國春已去堂堂。好花經眼成蕭瑟，別夢開心奈渺茫。珍重青山題綵筆，生憐紅豆貯香囊。多情只有當頭月，曾到行人綠綺旁。

問月

一輪青桂影濛濛，竊藥傳聞向月中。不信無情有仙骨，年年穩住廣寒宮。

題無錫女史嵇氏遺詩

如此年華委逝波，有才無命奈君何。知生西土知天上，我欲濡毫問大羅。

薄命依稀花上露，愁心宛藕霜中絲。如何昌穀奚囊外，又見人間幼婦詞。

過水月巷述哀並寄家大人大梁

憶昔慈親永訣時，傷哉孤女欲從之。驚心寒食數行淚，回首衰顏千里思。蕭寺鐘鳴夜岑寂，畫樓燈燼夢差池。香消人靜誰為伴，殘月無言上總帷。

幾日

難藏幽怨是眉梢，幾日慵開明鏡描。試問愁心今幾許，秋蟲切切水迢迢。

七夕

鵲尾填橋近渺茫，曝衣穿線為誰忙。午窗繡倦都無事，閒倚晴闌晒夕陽。

對菊寄豫

無語獨憑蘭，離愁積百端。奇才成合晚，謂叔父。傲吏住應難。謂大人。翠葉經霜冷，黃英掩淚看。問花緣底瘦，似我帶圍寬。

蟲語

寒窗蟲語伴吟哦，催送華年暗裏過。我尚聽伊雙淚落，不知客合定如何。

丁夫人莊宛芳七夕生男寄余為假子余名之曰兆盧而報以詩

七夕產寧馨，啼聲喜共聽。清才分入洛，佳識識添丁。阿母今閨彥，攜甥到謝庭。雙星知賜巧，祝爾享遐齡。

病起

如畫秋光病起時，帶圍減盡舊腰肢。晚晴暫啟陳欄坐，惱殺西風上鬢絲。

孤負樨香又一時，年年病似與秋期。侍見會得憐花意，報放東籬第幾枝。

梅花

一枝忽又映迴闌，萼綠仙人下碧鸞。雪月交輝倍清迴，夜深久立不知寒。

暗香疏影句堪珍，生與梅花有宿因。自是甘心耐清冷，卻教人說占初春。

代祁孫題其友人校花圖

幽人校花如校經，珍珠密字題娉婷。玉稱昭容分甲乙，畫屏周昉虛舟青。簾波
不動鳥聲緩，招取春魂入湘管。秋江別有未開花，獨抱寒香怨春短。

新蟾

新蟾遙共晚涼生，偏照空閨一樣明。慢說愁心堪寄月，知他今夕雨還晴。

聽雨

細雨窗前滴，淒涼雜漏聲。沉沉添小病，寂寂動離情。縱有淚難寄，誰知笑不
成。雛兒知憶遠，倚膝可憐生。

七夕

閒攜嬌女共徘徊，可識行人何日回。記得年時新月上，自陳瓜果待君來。
畫簾垂處月如絲，獨夜慵吟乞巧詞。慢說相思不相見，分鳴知爾斷腸時。

祁孫歸

依然璧月吐幽輝，芳樹重重上綺帷。同倚闌干轉惆悵，傷懷猶憶別時悲。
連宵風景劇淒清，早掩重門對短檠。尺素欲傳佳句少，更憑何物慰君情。

祁孫秣陵秋院本

滿園桃李豔春光，可有冰花抱冷芳。為問枝頭雙蛺蝶，玉腰減損為誰忙。
曾聞名士悅傾城，珍重司勛載酒情。英似秦淮河畔柳，東西南北送人行。

奈何與君別效祁孫

奈何與君別，思君欲斷腸。儂愁似秋夕，又比昨宵長。
奈何與君別，思君淚萬行。儂心似籬菊，受盡一秋霜。

寄祁孫

筠簾乍捲晚風清，花影橫堦月滿庭。燕子未歸人已去，雨絲易斷淚難晴。路長
定有相思句，吟苦還愁太瘦生。循例平安聊寄遠，可能便與慰離情。

祁孫復偕計吏入都別後卻寄

風雪匆匆可黯別魂，自君之出掩重門。不應前路無知己，莫以窮途易受恩。輕訑最非慈母意，高談須謹故人樽。倚閭但喜歸來早，得失浮名未足論。

夢亡兒

兒足未能履，何因夢裏回。傷心窗外月，曾照小墳來。

懷叔父

貧病匆匆怨此行，投如白璧暗中輕。才高最折書生福，金盡空留俠士名。且喜雛鵾能振翼，不應老驥更孤征。遙知五十英雄淚，灑向秋風作雨聲。

紅蓮

畫閣西頭坐晚涼，紅蓮不及白蓮香。可知色相天然好，無奈胭脂誤曉粧。

趺坐

靜中趺坐自生涼，案上先吹銀燭光。此際道心清似水，鐘聲和月到迴廊。

風荷

一院風荷乍卷舒，招涼先自疊蝦鬚。明粧欲卸仍窺鏡，翠袖初攲見唾珠。屢散浮萍還聚會，未開新蕊太清臞。幽人不耐驚秋早，怕啟銅鈿換五銖。

倚闌待月圖為閨人董氏題

初三月，纖如鉤。月不來，上小樓。十五月，圓如鏡，月不來，步芳徑。待月來，顰修眉。眉痕展，霄未開。待月來，弄齊紈。紈扇掩，露已寒。露寒雲重依微見，十一曲闌都倚遍。長娥此夜不勝秋，只許人間窺半面。水晶枕畔玉釵橫，夢跨青鸞傍月行。天上一輪依舊好，不知下界有陰晴。

雨過

日長其奈暑風何，盡把湘簾放綠波。消得曲闌干並倚，雨餘庭院受涼多。

不寐

偏是新涼夢不成，蟲聲鈴語總關情。怪他多事梧桐葉，一片飄來百感生。

秋雨乍涼有作

濃陰隔疏雨，庭前生月闌。秋蟲鳴其中，樂此俯仰寬。病軀怯煩暑，又不勝輕寒。寒生易惆悵，獨坐心淒然。問我何所感，此感初無端。田家方待澤，忍望月華看。

即事口占

樨香三面護幽齋，如此秋光亦復佳。難得瑣窗人共倚，不辭沽酒拔金釵。

莊遠青採芝圖

採芝復採芝，採芝向何許。元池竹徑深，見此香羅舉。香羅尚作道家粧，記得天孫贈七襄。塵世更無花比豔，白尋瑤草惜幽芳。

海棠詞

碧桃顏色柳腰肢，雨潤煙濃見一枝。夫壻封候人面去，耐他兒女訴相思。

薄醉何人掩帳紗，睡情草草付啼鴉。麻姑也覺無消遣，閒倚紅鸞擲絳砂。

莫雨朝陽揾不禁，絲絲畫出美人心。胭脂井底千年水，澆得春愁爾許深。

燕瘦環肥任較量，隔簾春影太微茫。杜陵不是吟懷減，斷盡花間錦繡腸。

璧月模糊怨薄陰，春人心事費沉吟。惜花更擬燒高燭，又恐驚他並命禽。

人間天上總離愁，織女金梭倦未收。待得重逢呼小字，傷春可奈又悲秋。祁孫《秋海棠》詩有「又逢君」之句，戲反其意。

綠萼梅次韻

此是雲仙萼綠華，乍來塵世降羊家。隴頭書寄同瑤珮，花下詩成籠碧紗。偏覺水邊疏影瘦，真宜竹外一枝斜。忘形只與蘭為友，不羨紅亭豔曲誇。

名禽篇

羅浮有名禽，遊戲出蓬烏。戞然鳴向天，雲氣隨縹緲。宛宛金鷥蕤，煌煌紫芝草。食之猶苦饑，何況梁與稻。翻然返神山，回首九州小。

瓦偶香筩次韻

香嚴童子證前根，吹息如蘭坐處溫。為貯龍涎別有韻，似含雞舌卻無言。垂簾五夜工書篆，搏土何年得返魂。莫道帳中裝七寶，紙窗竹屋素風存。

夜坐吟

鴻濛遙掛碧王鉤，薄露壓樹清光浮。秋窗離人坐長歎，纖雲欲墮嫦娥愁。割情如絲斷還續，淚眼不見碧海頭。一回相思一回瘦，蹙損眉痕亦非舊。挑燈作書將遠貽，欲械不械空遲遲。絡緯聲停四壁靜，此恨未訴君應知。

夜坐

空庭月影寒，夜色清如許。一片玉玲瓏，獨伴花鈴語。

對菊

休論魏紫共姚黃，別有豐標晚節香。寂寞園林君與我，疏風冷雨過重陽。

平原君傳書後

公等碌碌皆因人，平原枉有三千賓。囊大曾無一錐貯，見遂不識來何許。邯鄲城門晝不開，此時局促真駑駘。不聞公子畫奇策，乃至以妹要人哉？吁嗟乎美人一笑何大罪，特借卿頭為士賄。矯情待士士不取，有客飄然向東海。

歸燕篇

丹楓已落迎涼館，黃蝶疑花飛款款。意而一夜語呢喃，淒涼畫棟香塵滿。玉京無語倚斜陽，盼盼樓頭夜更長。來日春風滿金谷，去時秋水落銀塘。銀塘金谷何須數，王謝華堂一荒圃。宛轉空閨足上絲，飄零處士齋頭樹。更有天涯望遠人，開山迢遞阻煙雲。朱闌十二簾空捲，紫塞三千袂乍分。紫塞秋高新侶少，巢成無奈西風早。回頭何處鬱金堂，此身合化離鄉草。寒食明年枉再來，幾番易主認樓臺。只有王孫依舊綠，廣庭月落一徘徊。

楊園

曾是當年羅綺叢，楊枝無語怨東風。草長曲曲通樵徑，竹密時時見鶴籠。一院鳥聲微雨後，半天閣影夕陽中。我來憑眺剛春莫，愁看桃花兩岸紅。

善哉行<small>集司空表聖詩品</small>

生者百歲，百歲如流。荒荒油雲，岫忽海漚。<small>一解。</small>碧桃滿樹，紅杏在林。歡樂苦短，始輕黃金。<small>二解。</small>幽人空山，清酒深杯。落花無言，浩然彌哀。<small>三解。</small>超超神明，寥寥長風。來往千載，橫絕太空。<small>四解。</small>

戲馬臺次韻

劉項曾經幾戰攻，蒼茫憑眺泣英雄。八千子弟全師健，百二山河一炬空。壯士情深憐駿馬，將軍掌上走真龍。祇今成敗都銷歇，落日荒臺起逝風。

美人啜著歌

春愁如霧留香夢，嬌睡於亍蘆花鳳。翡翠簾疏樹影低，一庭濃碧流營嗘。
小汲銀瓶貯新淥，灑窗松雨炊寒玉。雛奴撲蝶扇紈輕，一晌憑闌茗花熟。
玉椀清空蟬翼香，五銖衣薄怯微涼。半規明月淡疏柳，畫閣雲深春晝長。

偶題

玉爐香燼一廉鉤，小倚雕闌竹徑幽。一自葬花人去後，滿庭紅雨杜鵑愁。
秋思無端入綺羅，有人惆悵苦情多。三生幾許相思淚，流盡年華奈爾何。
丹青辛苦掩重樓，無限溪山腕底收。珍重素毫消永晝，綺窗香煖不知秋。
青女禁寒獨閉關，綠雲寧復鬥高鬟。最憐已作沾〔註1〕泥絮，一去天涯竟不還。
新塋門前烏夜啼，華堂人去月輪低。漂零賸有春申客，舊事淒涼總怕題。

十二月十五簡園對月

此夜明如許，重圓已隔年。清光催我老，瘦影倚君憐。竹閣最長夜，孤蓬欲曉天。不堪重細數，強半照離筵。

聽雨遙和祁孫來韻

獨客復聽雨，人生有此宵。歸心來寂寞，春色去蕭條。散步思花逕，孤吟對酒瓢。雞聲最相警，劍氣恐全消。

喜晴

乍覺碧天遠，春光動太虛。水深侵岸草，花落聚池魚。細柳爭縈拂，閒雲自卷舒。捲簾凝眺久，幽鳥下庭除。

題畫

方塘如鑑草如茵，寂寂紅樓近水濱。窗外落花深未掃，可憐愁熟捲簾人。

〔註1〕按：「沾」恐為「沾」之誤。

偶成

一春苦雨損群芳，三徑苔痕上短牆。忙煞深閨小兒女，簾前學制掃晴孃。
落盡梨花院已秋，幽懷寂寞掩重樓。多情只有毿毿柳，還倚斜陽慰客愁。

《東林列傳》書後

天啟國事何披猖，東林意氣誠慨慷。至尊雕刻擅絕技，運斤不覺戕苞桑。逆璫
盜執太阿柄，滿朝強項牽銀鐺。吁嗟乎門生義子方紛紛，戴頭直入磨牙群。若
曹始亦畏清議，困獸走險來併吞。都門本非講學地，一網翻教剪除易。欲清君
側無內援，毒焰薰天撲彌職。爾時獨有黃真長，深識卓絕言琅琅。惜哉無補亦
身殉，揮灑碧血誰為藏。妖氛一掃漫稱快，此時國已無留良。君不見東林之盛
古莫比，造物生才竟何以，曷不將貽信天子。

題畫

雲作珠簾月作鉤，美人小立闌干頭。欲語不語如含愁。西風嫋嫋動羅帶，目送
飛鴻碧天外。

題桃花扇

白門衰柳噪寒鴉，六代青山日又斜。滿紙淋漓鬱碧血，謂史閣部淚血、左崑山胸血、
黃虎山項血也。傷心豈獨為桃花。

詠庭柏

窗前有老柏，歲久幹生癭。風怒千尺濤，月媚一庭影。嗟彼梁棟才，值此寂寞
境。蕭然共歲莫，人樹兩淒冷。

掃逕

掃逕積寒素，捲簾延暗香。春風殊耐冷，吹月上迴廊。

詠摺疊竹扇和祁孫

約束便娟翠一叢，卷舒隨手劇玲瓏。班姬半掩懷中月，秦女原饒林下風。曲檻
簾紋橫乙乙，畫航帆影落恩恩。湖演向晚衣香動，隙處分明玉頰紅。

最憐湘竹淚痕滋，瘦削偏宜棄手持。度曲脂香通細細，倚闌月影界絲絲。剪來
蓮沼波千疊，描取梅林雪一枝。莫向秋風悲棄置，歲寒舊約寧差池。

句曲女史駱佩香寫生便面

日日疏林淚斷紅，柳絲無力繫東風。美人別有留春手，袖得香魂入畫中。
回首前身一惘然，陰陰濃綠聽鳴蟬。誰知圖畫選成恨，團扇逢秋又棄捐。

楊柳墨桃障子

傷別傷春孰共論，不曾飛絮已消魂。柔條几日長如許，何處重尋王爪痕。
孤根小謫奈愁何，招得香魂墨一螺。為是妬花風太急，自將顏色浣春波。

屈君頌滿遺札為節配季夫人蘭韻題

小別何因怨索居，多情想見病相如。芸箋十幅殷勤護，便抵當年封禪書。

又為季夫人題屈君墨竹

欲報平安黯別魂，琅玕刻通共誰論。無情最是瀟湘竹，只向人間染淚痕。

莊筠懷表妹佩劍小像次自題韻

劍術蹉跎久不傳，披圖忽訝見飛仙。紅綃俠骨高千古，黃鵠空巢已十年。舊畫
新題憐鬢改，萱萎椿茂總情牽。石橋灣畔波痕漲，遲爾歸帆二月天。

戲詠蓮蓬人

樽前蘭息最宜人，蕙帶荷衣詎染塵。洛浦彷徨憐瘦影，蘇臺約略記初因。素絲
似雪愁縈鬢，清露如珠繫滿身。信是渡江不用枑，藕船安穩勝蒲輪。

有感

當岱文人敍會揚，小山亭畔月如霜。奇才軾轍歸何處，失路機雲只自傷。明鏡
尚涵蘭慧質，嫁衣空疊綺羅裳。中年壯志消除盡，盡看鄰雞作鳳凰。

張都尉夫人有女名襄字雲章年甫十五不知其能詩畫也頃以近作寄質並貼探梅埽花二圖作此答之

我與左芬別，垂肩髮末攏。不圖三絕擅，都在兩年中。自詠庭前雪，真饒材下
風。遙憐眉黛好，秀色遠山同。

汝伯字見杜詩。如渠歲，神童譽早傳。今看子雲作，猶遜鮑家篇。老我嗟才盡，
憐伊向學專。本來常惜別，更使夢魄牽。女伴閨中友，通家姊妹看。阿三今已
嫁，婉娩學承歡。書與圭峰近，詩如道韞難。何時遂歸思，聯唱到更闌。

掃花芳草綠，踏雪氅衣紅。寫出娉婷影，應緣倩盼同。高枝金釧重，絳萼口脂融。頻祝瑤華至，時時望過鴻。

題王澹音《環青閣詩集》

抱玉人歸鬒慾絲，廿年偕隱願猶遲。因君消我無窮悔，行篋攜來黃絹辭。祁孫自都門歸，攜嫂辱贈詩一幅。

絕愛京華感舊篇，瀟湘春水浣吟箋。憐予虛得江山助，嶽色河聲住十年。

展卷已聞蘭氣息，相逢定掩月光輝。如何陌上花無數，只送香車緩緩歸。

附錄一：董士錫《崇百藥齋詩文集敍》

〔註1〕

　　祁生長於余十歲，余十三就外傅，時祁生詩名以滿鄉里，與莊傳永、丁若士、莊叔枝、洪右甫為友。余時見諸君意氣豪甚，心慕之。稍長，受業於莊達甫徵君，則與叔枝、右甫為同門，引余而友之，祁生與焉。弱冠入京師，與叔枝同受業於舅氏張皋文編修，而傳永、若士故與余舅氏友，亦引余而友之，祁生又與焉。祁生嘗就阮尚書於杭州，就曾中丞於揚州，又以試禮部婁之京師，後依魏曾容於洛陽，與余遊歷蹤跡每相值，所知交亦與余大半同，則余之於祁生，其相習為何如邪？祁生無不學，於文無不工，而體物切情，詩為尤至。二十年來，京師內外、江南北、浙東西，寶其寸楮者皆是。近十年致力為古文，不苟依傍，而通達事理。生平貴執之門，未嘗踐焉。庭巷無大賈富商跡，室無俗士坐。自以少孤，不及事先恭城君，奉所生林太孺人教甚嚴，時時自言之。故其為文也，洋洋乎如千頃波，而勁氣昭質，充然炯然，按之皆有物。其為詩也，組繪不傷意，琱鍊不傷韻，紆婉不傷氣，志之所之與境之所經皆寓焉。驟觀之，若不知其有為而言者。油油然蓄，然後出之，詩人之內心也。余學為詩文，後於祁生，為詩不成，棄去；為文又不工。今年祁生將校其《崇百藥齋集》若干卷刻之，而徵余敍。凡今之僞人詩文者，大都曰是學唐宋誰某為詩文者。果先有一古人心中，乃曲為揣摩以赴其節邪？若曲為揣摩以赴其節，此其用功甚深，非才力有過人者不能。有過人之才力，則固足以自見矣。而廑廑於古人之面貌，是自棄也。然則襲古人之面貌者，其才力必不過人，其揣摩亦必不能

〔註1〕董士錫《齊物論齋文集》卷二，《清代詩文集彙編》第537冊，上海古籍出版社2010年版，第455～456頁。

曲中其節。何也？才力不至，不足以達其性情；而才力之過人者，性情學識又未有不與之交至者也。今置祁生於古人中，固必有其近似者。然切指之曰：是似誰某？余不能會，則以其性情、學識、才力之各有所至而知之。祁生集中婁侶傅永、若士、叔枝、右甫，而又為傅永、叔枝識墓，其推許之者，亦各如其性情、學識、才力。夫精粹如傅永，任達如若士，孤狷如叔枝，寬夷如右甫，皆斷然有以自立。祁生之不妄推許，即其詩文可知。是故祁生之詩文可不以敘見，而余之敘之者，獨幸祁生之集成，而又悲人事之變遷，如傅永、叔枝、右甫，學劭而身不顯，溘然與朝露同盡，而其詩文零落，又不能如祁生、若士之有可傳於後也。述二十年以來交遊之素，有不勝太息欷歔而不能自以者矣。

附錄二：陸繼輅佚文

亦有生齋集詩序 [註1]

夫恢素抱者,極於宏遠;練實學者,歸於事功。與世取重,卑論夷夔;許身至愚,亦且方虎。即或勳不勒於彝卣,錫不及於山川,子處無裨於高深,偉行莫施於安治,猶可菰蒲一舸,屢散千金;姜韭百畦,長侔萬戶。鄭莊置送迎之驛,陳登起上下之樓。陋西蜀之王孫,渺南山之處士。固亦門閭通德,身世無懷,何至銷壯心於占畢,沒奇志於詩書?窮愁著述,下等吳虞;憔悴行吟,降同楚屈。嗚呼,憊矣!

同里趙收庵先生,四姓華冑,五陵貴宗。賈生為洛陽少年,季札是延陵公子。當其百金買劍,八斗量才,讀書穹窿之巔,對策平臺之表,固已氣傾良樂,塵視鄒枚。赤甸懼其高名,蒼生隱其遐望。方許歌賡復旦,誦補清風,奚翅房中和安世之篇、殿上奏凌雲之賦而已。而乃廿年華省,薇冷蓉枯;再守名區,琴焦鶴瘁。去郡僅一錢之選,閉關仍三徑之荒。彥升老去,竟事依人;鑿齒歸來,已枯半體。茂此樂天之學,萃為傳世之書。相如病久,終是文豪;子美官卑,徒成詩史。後有良工,心可知也。若其義抉元要,音均同律,尋繹周孔,

〔註1〕載清道光元年(1821)刻本《亦有生齋集詩》卷首。

按:《崇百藥齋文集》弟十五《與趙青州書》:「至書之有序,所以序明著述之本意,非多輯諛辭以驚愚而飾眾也。大集錄蓉裳丈一序足矣。谷人先生、虛菴、松如、子居、山子、晉卿及繼輅又七篇,而晉卿最佳,然亦祇自言其所得於閣下之文,固無與也,愚以為可盡刪也。如以子居、谷人已歸道山,不忍棄,即虛菴以至繼輅諸作,他日亦必見於其人之集中。過而存之,亦無不可。」可參看。

源流曹馬。感風雨於宵旦，變草木於春秋。淵淵金石之聲，落落星河之色。和鸞翽鳳，有響皆平；方玉園珠，無詞不潤。則又盛德之元音，非候蟲寒鳥所得方矣。夫京洛冠蓋，半化淄塵；巨川波濤，能傾安楫。何如湖山款其清夢、鷗鷺寫其閒心？一城雲樹，鄉好疑仙；四座樽罍，酒清中聖。上藥製葰芩之籠，輕舫載水木之華。為得繕性之奧趣，致怡神之妙理哉！彼子房辟穀，示疾於機先；鄴侯還丹，拂衣於事後。猶覺物我之化不純，陶詠之天未暢矣。繼輅偕登濟洛之舟，同住仁親之里。早年侍坐，曾啖牛心；比歲摳衣，常看鶴髮。茲以琅環善本，副在金庭；鸚鵡華詞，協諸香象。遂令下走，弁以小言。竊幸青惷春卉，願附藍輝；智謝夏蟲，敢同冰語。既激昂其端緒，亦鬱懍其心神。長言善諷，未妨雜以仙心；後起多才，無不拾茲香草。

嘉慶二十年小雪前五日，同里後學陸繼輅。

思補齋詩集序〔註2〕

先府君執友，繼輅所及見者，養恬莊先生以經學，蓉盦蔣先生以辭章。一時後進之士，翕然從之。莊先生之學，一傳為莊珍藝大令，再傳為劉申甫、宋于庭。蔣先生之學，一傳為洪穉存編修、黃仲則少尹、楊西禾大令、趙味辛司馬。其繼洪、黃、楊、趙而起者，至今遂不可勝數。蓋兩先生皆優游林下，享上壽，而蔣先生棄官尤早，故其教澤之所被如是其深且久也。少空公劉圉三先先，早擢上第，內直禁近，外掌文衡，年甫逾艾，遽卒於官。其文章幾幾乎為位業所掩。逮吳山尊學士《八家文鈔》出，始與袁、邵、孔、曾諸公赫然顯著於天下。其後數年，《思補齋文集》刊成，學者益以全覩為快，然猶未見先生之詩也。先生於先府君既為外昆弟，余亦早得見先生次子檀橋宮贊，又遍交於先生之諸孫，其於先生之詩猶且不獲一見，則世之人之不足以盡知先生也宜矣。道光七年，先生孫用錫始掇拾遺稿，上自經進之作，下及懷人贈別之篇，凡若干首，為《思補齋詩集》四卷。嗚呼！此豈遂足以盡先生之詩乎哉！然即其詩窺之，其事君也，則頌不忘規；其愛士也，則譽之惟恐不及。先生之為人，亦略可概見矣。至其生峭穩愜，出入昌黎、東坡、石湖、放翁之間，抑亦有目者之所共見爾。用錫既以校讎之役見委，且請序之。繼絡輅亦欲自言其不及見先生之恨，與感念先府君執友交遊之零落，有愴然不能已於言者，輒述之如此。嗟乎！先生群從，兩相國文定公文集久行於世，而文恪則否。名卿大夫豈以是

〔註2〕《武進西營劉氏家譜》卷五，1929 年版。

為輕重者？而後人高曾梏棬之思與承學之士高山仰止之慕，則非此莫寄也。然則用錫之用心為可效法矣。同里後學陸繼輅撰。

《書林揚觶》題辭〔註3〕

《漢學商兌》所以直入諸家之脅，全在理精義確，可謂搏虎屠龍手。其著書大恉，則盡於此書中。陽湖陸繼輅。

〔註3〕（清）方東樹著、漆永祥校《漢學商兌》，北京聯合出版公司2017年版，第366頁。

附錄三：陸繼輅傳記資料

《清史稿》卷四八六《文苑列傳三》

陸繼輅，字祁孫，陽湖人。幼孤，生母林嚴督之，非其人，禁勿與遊。甫成童，出應試，得識丁履恒，歸告母，母察其賢，始令與結。其後益交莊曾詒、張琦、惲敬、洪飴孫輩，學日進。嘉慶五年舉人，選合肥訓導。以修《安徽省志》敘勞，遷貴溪令，三年引疾歸。繼輅儀幹秀削，聲清如唳鶴。不以塵務經心，惟肆力於詩。清溫多風，如其人也。

常州自張惠言、惲敬以古文名，繼輅與董士錫同時並起，世遂推為陽湖派，與桐城相抗。然繼輅選七家古文，以為惠言、敬受文法於錢伯坰，伯坰親業劉大櫆之門；蓋其淵源同出唐、宋大家，以上窺史、漢，桐城、陽湖，皆未嘗自標異也。繼輅著《崇百藥齋集》、《合肥學舍札記》。

子耀遹，字劭文。縣學生。工為詩，喜金石文字，與繼輅齊名。其為人韜斂精彩，而遇事侃侃無所撓。遊公卿間，尤長尺牘。嘗客陝西巡撫幕，教匪反滑縣，那彥成過長安，聞耀遹名，即請見，為陳機宜數十事，因囑具草以聞，多施行。道光初，舉孝廉方正，選阜寧教諭，卒。有《雙白燕堂集》、《金石續編》。

繼輅所鈔七家文者，大櫆、惠言、敬外，則方苞、姚鼐、朱仕琇、彭績也。

《清史列傳》卷七二《文苑傳三》〔註1〕

陸繼輅，字祁孫，亦陽湖人。九歲而孤，生母林氏實長而成之，嘗閉置不

〔註1〕《清史列傳》第18冊，中華書局1988年版，第5965頁。

令出外。年十七，應學使考試，識丁履恒、吳廷敬，歸告母，母察之以為賢，遂縱繼輅結客，先後交惲敬及莊曾詒、張琦、洪飴孫、學日進。與兄子耀遹齊名，人稱「二陸」。繼輅儀幹秀削，讀書夙成，吐辭雋婉，常傾座人。當代先達有人倫鑒者，爭羅而禮焉。嘉慶五年舉人，官合肥訓導，甚得時譽。俸滿保知縣，以修《安徽省志》敘勞，選江西貴溪縣，三年，以疾乞休。十四年，卒，年六十一。是時常州一郡，多志節卓犖之士，而古文巨手亦出其間，惲敬、張惠言天下推為陽湖派，與桐城相抗。繼輅及董士錫所為文，亦拔戟自成一隊。而繼輅於詩，致力尤深。著有《崇百藥齋文集》四十四卷、《合肥學舍札記》八卷。

李兆洛《養一齋文集》卷十一《貴溪縣知縣陸君墓誌銘》〔註2〕

陸出古陸終氏，漢晉間為吳中望。唐宰相忠宣公至君凡三十二世。明初有昭毅將軍都督同知世襲錦衣衛指揮使諱福者，自淮安徙居常州，君之十四世祖也。曾祖廷煒，祖載起，並諸生，贈順昌縣知縣。父廣霖，乾隆己未進士，歷官福建、廣西，終恭城縣知縣，署思恩府百色同知，治績載閩志。嫡母高，繼母莊，生母林。

君諱繼輅，字祁孫，一字修平，恭城之暮子也。九歲而孤，林太宜人實能長而成之。君儀幹秀削，讀書夙成，文采四照，音聲清如唳鶴，吐辭雋婉，常傾座人。當代先達有人倫鑒者，爭羅而禮焉。不肯輕涉世事，惟肆力於詩，清溫多風，如其人也。嘉慶庚申，中江南鄉榜，八試禮部，仍黜。丁丑，大挑二等，選合肥縣學訓導。君少羸善病，憚鞅掌，而為校官得士譽，上游薦以才任治劇。又修省志，董成事。以勞議敘，授江西貴溪縣知縣。到官三年，治政清肅，因疾乞休。既得請，旅省城，行有日矣，而竟不起。

予年二十，始識君於君之第一。時里中少雋士皆集，因而定交。予每至郡，必詣君，同人皆集君所，予之友皆君友也。君綢繆婉摯，篤切鬭之誼。每朋尊促坐，清酒百壺，歡笑間作。己或觸所聞見，微辭致規，因極論得失，欲刳心相示，涕泗橫流，不知者以為酒狂也。自予服官淮甸，遂不復見。比君赴合肥，予適旋里，得一再見，而情緒非復昔時矣。君盡室之官，空其屋以賃某姓，某不戒於火，盡（火+替）所居。追憶昔所遊宴處，如在目前。念君歸來，當何如措懷，而竟與人俱渺也，復可以致思乎哉！

〔註2〕《清代詩文集彙編》第493冊，上海古籍出版社2010年版，第197～198頁。

　　君性至孝，痛祿養不逮，為林太宜人請封典，譔錄年譜，求諸同人能文詞者，為序贊銘誄等若干篇，都為一集，以傳於後，曰《貞瑉錄》。嘗致予書，欲有所為，予不能繼諸人後，遲遲未成也。今君亡矣，愧負何可釋，著之君志，成君志焉。著《崇百藥齋詩文集》並《札記》五十餘卷，學者多愛誦。生乾隆三十七年壬辰十一月二十六日，卒道光十四年甲午六月二十三日。配錢宜人，生子耀連，蚤卒。女三，壻惲彙昌、洪毅曾、楊方訓，皆友之子，皆文而才。簉室王，生子二，曰光迨，曰嘉遂。光迨五齡，嘉遂二齡耳。方耀連之不祿也，君以兄子耀遹之子聰應為嗣孫，曾孫佑杞、佑勤。君歿，耀遹為營葬於陽湖豐西鄉橫塘之阡，道光十五年乙未十月二十五日也。耀遹齒稍長，於君恩則父子，而相親若兄弟，其趣操亦略同，庶幾廣受籍咸之亞，方刻君遺書而傳之。銘曰：行何翶翶，世何恩恩。通而非通，窮而非窮。君文則工。

附錄四：相關評論輯錄

耿文光《萬卷精華樓藏書記》卷一百三十二 [註1]

《舫廬文存》

　　桐城、陽湖之文，二家派別，時論云然。予初未之信，繼讀吳仲倫《初月樓文鈔》、《古文緒論》及曾文正《歐陽生文集序》，乃知桐城家之盛之尊，為陽湖家所不及。然僕終不以為然也。自乾、嘉以來，方望溪、劉海峰以文顯，而姚惜抱暢之，梅伯言、管異之、方植之、戴存莊、吳仲倫諸人復衍之。言古文者，遂有桐城家之派。自惲子居謂元、明以來古文失傳，重其友張皋文之作不多。皋文殁，乃併力為之。而其同邑李申耆、陸祁孫、董晉卿俱以能文稱。言古文者，又有陽湖家之派。其可別者，桐城做法謹嚴，必先盡其淘汰揀擇之功，而後方許為門徑之睎，故如《初月樓緒論》所舉，忌者數端，曰語錄，曰時文，曰詩話，曰尺牘，曰小說。語錄、時文，稍知為文者能去之；其下三者，雖卓然以文名於時，往往不免。就《緒論》所指數家，合以僕之所是，皆非無其可議處。如汪堯峰文氣息閒靜，而詩話、尺牘氣未除；王惕甫、秦小峴則其尤者。侯朝宗、王於一文之佳者，未脫唐人小說氣；袁簡齋抑更下矣。簡齋文不如其小說，而小說猶未至唐人佳處。他若黃梨洲，氣岸闊大，語多出入；姜湛園醇肆並見，漫衍特甚。繩以法度，其皆桐城家之所黜者與？陽湖以皋文之淵雅，賦年不永，所作於摹古之跡尚未盡化，姑無論焉。子居清剛夭矯，縱橫其氣，鋒鍔其詞，意在生面獨闢。然不善學之，將有矜心作意，不得其氣之和

〔註1〕《山右叢書初編》第12冊，上海古籍出版社2014年，第431～432頁。

者。此外《養一齋》、《崇百藥齋》、《齊物論齋》諸集,簡淨可觀,力已不逮。此陽湖一家衍其派者,不如桐城之廣之,非無故也。望溪之文,謹嚴有餘而不足於遠妙之趣。海峰有絕佳之篇,鏘然音節而摹擬諸子痕跡猶存,未為上乘。惜抱厭望溪之理而精之,斂海峰之才而潤之,享年之高,積以學力,其文上繼方、劉,而迂迴蕩漾,餘味曲包,則又二家所未有。《初月樓集》中論之綦詳。自其文之是與正而有足以取法乎我者言之,則桐城可也,陽湖可也,不必桐城、陽湖而亦可也。求之於《史》、《漢》以觀其博大,參之於唐、宋諸家以得其錯綜,合者取之,不合者捨而置之,夫又何為僅僅於桐城之廣之思效法,而少陽湖之傳而棄之也哉?

今傳是樓詩話〔註2〕

(二四二)　陸繼輅詩關乎合肥獻徵

　　陽湖陸祁生為吾肥學博時,輯《淝水蘭言錄》,余久覓未得。其《崇百藥齋詩文集》刊於合肥學舍,由徐漢蒼、蔡邦紱、盛朝傑、束大鏞、李汝琦、趙對澂、趙彥倫、虞毓芳、王應銘,黃承谷、李鴻圖醵資為之,皆吾邑士人之及君門下者。集中《題徐秀才漢蒼詩卷》云:「一月平梁白髮侵,天南昌穀共高吟。不知此日瀵湖水,持較春愁孰淺深。」「絕憶詩人趙倚樓,(席珍。)城南一醉典征裘。徐郎解識離鄉苦,只放輕帆到潤州。」《題趙秀才對澂〈冀北送春圖〉》云:「朝來正賦送春篇,何處春歸不可憐。我去江南君冀北,不知春去定誰邊。」《選詩行簡趙孝廉席珍、夏秀才雲、李明經宗白、徐徵士漢蒼、盧明經先駱,並寄李嚴州春、黃秀才承谷、趙秀才對澂》中有句云:「合肥詩人領袖誰,前龔後李肩相隨。尚書盤盤才較大,次韻五言疑可汰。固知詩好不貴多,蘭發一花真絕代。我閒無事欲選詩,引年卻疾此最宜。諸君愛我競持贈,已覺五日忘朝饑。序詩但序齒,周子(大槐)龍頭趙(彥倫)龍尾。好詩非好名,未許妻孥喻悲喜。東望瀵湖感逝湍,梅花消息殢春寒。一編《淝水蘭言錄》,便作詞科薦牘看。」又《題夏秀才雲詩集》則有「試看雜興五十篇,端毅集中無此句。我初縱筆為歌行,頗向流輩誇吟狂。後來稍窺五言秘,欲與陶謝參翱翔。君今此體天下少,慎勿見異趨名場」等句。《題盧明經先駱詩》則有「盧郎才思通銀河,清詞麗句刪逾多。三千餘字頤園賦,燦若銀花間瓊樹」及「我到平

〔註2〕王揖唐著,張金耀校點《今傳是樓詩話》,遼寧教育出版社2003年版,第163～165頁。

梁訪友勤，心傾第一倚樓人。還從城北邀詞客，重與江南賦冶春」等句，自注：「謂趙孝廉席珍、徐徵士漢蒼也。」又《題趙孝廉席珍集》則有「一卷詩應冠五城」及「三疊琴心道欲成」之句。又《贈李徵士宗白》則有「孝廉之征李生可，我言於眾皆云宜」之句。《題及門蔡徵士詩》則有「蔡生拙修飾，下筆頗頹放。心花忽怒發，顯晦不可狀」之句。《贈張秀才丙》則有「夜來讀君詩，寒榮發光怪。七言設長城，百雉壓曹郡。尤工懷古篇，全史恣澎湃」之句。又《口占寄懷》云：「不見張郎久，相思遣最難。書憐柔日輟，客罷腐儒餐。樂府近何似，柳花吹又殘。牽舟如可住，各有舊漁竿。」按：漁村先生詩前已錄入詩話，以上皆關吾邑獻徵者。余曩有《合肥詩徵》之輯，冀與邑志並舉，南陵徐隨盦乃昌疊以鈔詩見寄，稍暇當卒成之。陳子言之《廬江詩苑》先我而作，拾遺補闕，有待方來，不敢不勉也。

續修四庫全書總目提要（稿本）第 10 冊〔註 3〕

《崇百藥齋文集》二十卷《續集》四卷《三集》十二卷附《五真閣吟稿》一卷 道光刊本

　　清陸繼輅撰。繼輅，字季木，一字祁孫，號修平居士，陽湖人。嘉慶庚申舉人。初官安徽合肥縣訓導，以薦舉授江西貴溪縣知縣。是集詩文合編。初集前十二卷為詩，卷十三為詞，卷十四至二十為文。《續集》前二卷為詩，後二卷為文。《三集》卷一至卷十為詩，卷十一、十二為文。附《五真閣吟稿》，則其室錢惠尊之作也。案：繼輅自少以詩名。其《丙子祭詩文》自稱三十年中，棄其祝壽賀婚之作，猶四千餘首；去多用僻字以為奧衍、一往奔放以為豪放者；復去閒情無所寄託、詠古無所比傅者，及撫仿太似、持論太偏、敘別過悲、感遇過激者。所存不及千首。《續集》、《三集》數亦相等。可見淘汰之嚴。大抵少作倜儻多奇，中年後斂其才氣，彌見深穩。同郡詩人洪、孫、黃、趙之次，允推作手。文則私淑桐城，志傳紀事之篇義法謹嚴，而不掩其才氣。集中《七家文鈔序》言同里錢伯坰親受業於海峰劉氏，誦其師說於惲子居、張皋文二子。始治古文，淵源在是。所謂七家者，於桐城方劉姚三家、陽湖惲張兩家之外，以朱梅厓、彭秋士益之，是其觀摩所在也。長沙王先謙輯《續古文辭類纂》，一宗桐城，於繼輅特錄是序，足補湘鄉曾氏論桐城傳派之未備云。又有《合肥

〔註 3〕中國科學院圖書館整理《續修四庫全書總目提要》（稿本）第 10 冊，齊魯書社1996 年版，第 519～520 頁。

－661－

學舍札記》，雜錄考訂，當隸子部雜家類。其書談藝之言居半，與是集可互資印證焉。

章士釗《柳文指要》之《送邠寧獨孤書記赴辟命序》（卷二十二）

夫陽湖諸家如李申耆、陸祁生，皆精訓故，用字準確，不比桐城泛濫而無序，惟億孫亦然。

錢鍾書《容安館札記》卷一〔註4〕

二百六十九

陸繼輅《崇百藥齋集》二十卷、《續集》四卷、《三集》十二卷。陽湖派中柯茗、大雲皆不作詩，養一、宛鄰、夫椒胥作而不工。祁孫之才，指當首屈，宜鄉黨尊相推崇也。談藝宗旨散見《合肥學舍札記》，所作語主性靈，然而矜風格、事雕繪、務寄託，貌似俊逸，按之則什九虛聲泛語，轉不如甌北、兩當之不高調卻真詣也。文雖學桐城，尚不吞聲結舌。

卷四《誰遣》：「誰遣風吹夢影來，未分明處暫徘徊。二分可能是圓月，一寸重然既死灰。斷飲心情知夜永，易凋顏色怨春催。碧城此去寒應減，看取南枝後放梅。」《悼花詞》：「絮跡萍蹤盡可憐，雕陰深鎖一溪煙。桃花幾日成前度？錯遣崔郎憶去年。」四。

《食臘八粥》：「擬託長鑱無二頃，不堪短鋏到三彈。」卷八《春夜被酒得句輒書》：「桑陰如幄聽傳呼，煮鶴焚琴事有無。我覺使君終解事，不曾陌上怒羅敷。」六。

卷十一《有悟》：「誰寫蒼茫獨立圖，披圖乍覺此身孤。石崇樓畔田橫島，魂到重泉見得無？」《積雨臥痾口占》：「光憑畫燭當晴日，藥為荒廚續斷煙。」二。《與魏大倫玉谿生詩作》，按凡七絕九首，即《合肥學舍札記》卷五「玉溪詩」一則之意，皆附會肊斷語，陽湖派論詩詞習氣也。如云：「眼看河朔感淮西，我識韓碑是借題。苦憶聖皇兼聖相，不關文字重昌黎。」余仿此。

卷十六《記惲子居語》：「子居讀相人書，自言精其術。余年十九，與子居初相見，遽目余曰：『狀元也。』後七年見子居錢塘，復相之曰：『為臺諫。』比子居罷官歸，乃熟視余曰：『君非仕宦中人，曩相君皆誤。』已而告魏曾容

〔註 4〕錢鍾書《容安館札記》，商務印書館 2003 年版，第 450～452 頁。（文本參微信公眾號鍾書掠影）

曰：『吾非真能相人也。祁孫少年時，正堪作狀元耳。』」按舒鐵雲《瓶水齋詩集》卷四《毘陵舟次贈別惲子居孝廉》第一首自注：「惲好讀相人書，多奇中。」

《續集》卷三《與吳仲倫書》：「姬傳續出之文，頗有違心徇人之作，而序王惕甫集為尤甚。足下服姬傳過，當知其言之失，而將蒙不知文之誚也。曲為護前之說，以為反言譏之。夫君子之於文也，惡有所謂反言者哉。」按《惕甫未定稿》卷八《與姚姬傳先生第二書》云：「苣孫不幸有傲一世名，顧獨心折於先生。自量所知所能，不足以居先生弟子之列」云云，甘言曲意以媚之，遂得佳評耳。仲倫語見《初月樓文鈔》卷一《書王惕甫文集》，以惜抱之譽惕甫比退之之稱樊宗師。《初月樓文續錄》卷一《復王守靜書》之四則為祁孫此書而作。

《三集》卷四《巘筠先生與客譚古韻成詩十章見示奉和如數》，按祁孫頗深於古韻通轉之學。《合肥學舍札記》中屢及之，如此韻第七首云：「凡鳥題門訝客狂，當時古韻未全亡。詩人逸句分明在，不似樊南弄鳳皇。」自注：「義山詩『侍女吹簫引鳳凰』，近有改為『弄鳳』者，云與『驚鸚』作疊韻也。不知『鳳』字『凡』聲。《荀子》引詩『有鳳有凰』，與『心』字為韻。」即《札記》卷十二所云：「近人改義山詩『郎君下筆驚鸚武，侍女吹簫引鳳皇』為『弄鳳皇』，可笑。《中庸》：『栽者培之，傾者覆之』；『齊莊中正，足以有敬也；文理密察，足以有別也。』皆上句雙聲或疊韻，而下句則否。」

卷五《後春陰詩》第三首自注：「海樹詩：『畫雨畫晴都不似，最難著筆是春陰。』」海樹即劉珊。

《合肥學舍札記》卷二載：「張船山齋中楹帖云：『相見又無話，不來還憶君。』薛畫水玉堂最賞之。」按陳後山《後山詩集》卷十二《答王立之》云：「每逢無可語，暫阻即相求。」任天社注：「前輩詩：『相見又無事，不來還憶君。』」船山之聯本此。魏了翁《經外雜鈔》卷一：「前輩云云，後山亦云云，此用阮修『意有所思，率爾褰裳，不避晨夕，至或無言，但忻然相對。』」李山甫《秋日訪同人》：「見後卻無語，別來長獨愁。」項斯《荊州夜與友親相遇》：「別來何限意，相見卻無詞。」洪芻《老圃集》卷上《戲用荊公體呈黃張二君》：「只願無事常相見，有底忙時不肯來。」卷下《次韻謝無逸送謝幼槃》：「相逢草草來何暮，索去匆匆有底忙？」

張舜徽《清人文集別錄》〔註5〕

崇百藥齋文集〔二十卷〕　續集〔四卷〕　三集〔十二卷〕嘉慶二十五年至道光八年刻本

　　陽湖陸繼輅撰。繼輅字祁孫，一字修平。嘉慶五年舉人，選合肥訓導。以修《安徽省志》敘勞，授江西貴溪縣知縣。到官三年，因疾乞休。道光十四年卒，年六十三。繼輅始肆力為詩，故是集亦以詩為多。《一集》自十四卷以下始為文，《續集》惟卷三、卷四為文，《三集》惟卷十一、十二為文，餘皆詩也。常州自張惠言、惲敬以古文名，繼輅與董士錫同時並起，世遂推為陽湖派，與桐城相抗。而繼輅則曰：「自望溪方氏，別裁偽體。一傳為劉海峰，再傳為姚惜抱。桐城一大縣耳，而有三君子接踵輝映其間，可謂盛矣。乾隆間錢伯坰魯思，親受業於海峰之門。時時誦其師說於其友惲子居、張皋文。二子者始棄其考據駢儷之學，專志以治古文。蓋皋文研精經傳，其學從源而及流。子居泛濫百家之言，其學由博而反約。二子之致力不同，而其文之澄然而清，秩然而有序。則由望溪而上求之震川、荊川、遵岩，又上而求之廬陵、眉山、南豐、新安，如一轍也。以二子之才與識而治古文，實自魯思發之。」（《續集》卷三《七家文鈔序》）其意蓋以桐城、陽湖之文，皆導源於方氏，以上求之唐宋諸家之矩矱，初未嘗各為畦畛，於宗派之說，不甚謂然也。繼輅論文，雖推尊方氏，顧又以其溺宋學而詆漢儒，至言訾詆程、朱，類多絕世而不祀，為其一生之陋（見《文集》卷十四《刪定望溪先生文序》）。故是集中論及學術，無文士叫囂詬厲之習，而識議多通。其能持論，自在董士錫上，而文辭亦過之。集中以碑誌、傳狀之文為多，皆應俗之作也。繼輅別有《合肥學舍札記》十二卷，自抒讀書所得，語多精詣。亦足以覘其學養湛深，非泛泛文章之士可比矣。

張舜徽《清人筆記條辨》〔註6〕

合肥學舍札記十二卷道光十六年刻本

　　　　陽湖陸繼輅撰。繼輅字祁孫，嘉慶五年舉人，官江西知縣。與武進董士錫交最密，以承張惠言、惲敬古文之緒，世遂推為陽湖派，以與桐城相頡頏。有《崇百藥齋文集》、《續集》、《三集》共三十六卷。

〔註5〕張舜徽《清人文集別錄》卷十三，華中師範大學出版社 2004 年版，第 329～330 頁。

〔註6〕張舜徽《清人筆記條辨》卷六，華中師範大學出版社 2004 年版，第 225～227 頁。

是編卷一《阮孫二公小學》條云：「阮雲臺先生（元）言：『夫佳兵者不祥之器。』佳兵二字不可解，乃夫惟之誤也。孫淵如丈（星衍）云：『鄭康成高足弟子。』高足二字不可解，乃高疋之誤也。一經道破，乃覺精不可言。」 按惟字在金文中作🐦，變而為佳，與佳形近，故惟兵誤為佳兵耳。阮氏所言，足成定論。雖盧文弨《抱經堂文集》有《佳兵者不祥解》駁正之，力主照原文讀，不容改字，而亦不足以服眾也。《說文·疋部》云：「疋，足也。上象腓腸，下從止。古文以為《詩·大雅》字，亦以為足字。」蓋疋與足實即一字，其形為🦶，上象腓腸，下象足趾。《說文·㿂部》旋下云：『從㿂從疋，疋，足也。」是許君固以疋為足矣。古文既以疋為《詩·大雅》字，後之書雅俗字者，亦多以疋為之，且多與足字相亂。《世說新語·文學篇》云：「鄭玄在馬融門下，三年不得相見，高足弟子傳授而已。」又《規箴篇》云：「高足之徒，皆肅然增敬。」高足二字，皆高疋之誤，以形近而亂，謂高雅弟子也。

卷一《姬傳先生論文》條云：「姬傳先生《答徐季雅書》云：『文章之事，有可言喻者，有不可言喻者。可言喻者，韓、柳諸公論之詳矣。若夫不可言喻者，則在乎久為之自得而已。震川有《史記》閱本，但有圈點，然極發人意，愈於解說。可借一部仿為之，熟玩必覺有大勝處。」 按姚氏此論，非於文章之事深造而有得者不能道也。所謂有不可言喻者，即魏文《典論·論文》所云「雖在父兄，不能移其子弟」者也。全在己之心領而默喻之耳。姚氏既推崇歸震川讀《史記》之法，故其所選《古文辭類纂》，亦不施一字一句評論之語，由斯道也。反觀世俗選本若《古文觀止》、《古文筆法百篇》、《古文析義》、《古文釋義》之類，指點文法，批語雜沓。塾師奉局圭臬而模擬之，蹊徑既謬，義法全乖。故讀文雖多，而下筆之頃，乃至辭不達意，余生平所遇此等人為不少矣。蓋文章之事，有天籟焉，固不可以一定之格局繩之也。即近人專治文法、語法者，亦多不能美厥文辭，其病同也。

卷三《姪字》條云：「姑、姪字皆從女，《左傳》所謂『姪其從姑』是也。然《爾雅》『女子謂晜弟之子為姪』，則似兄弟之男子子亦可稱姪矣。《顏氏家訓》云：『晉世以來，始呼叔姪。』吾意叔乃對嫂之稱，非可施於從父；姪乃對姑之號，可以通於丈夫。相習即久，差不悖於禮者，從之可也。」 按《儀禮·喪服傳》：「謂吾姑者，吾謂之姪。」本兼男女言之也。莊公十九年《公羊傳》：「諸侯娶一國，則二國往媵之，以姪娣從。姪者何？兄之子也。」此則偏言女矣。《釋名·釋親屬》云：「姑謂兄弟之女為姪。姪，迭也，共行事夫，更

迭進御也。」此則就偏義而申釋之辭,非達詁也。伯、仲、叔、季,本長幼次第之名。施於父之兄弟,當連父字而稱伯父、叔父,不可單呼為伯、叔,今俗則淆亂久矣。

卷四《玉字》條云:「上兩畫微近、下一畫稍遠者王字,所謂一貫三也;三畫遠近均者,玉字也。本屬兩字,無煩加點。加點者,朽玉也。《周禮》九嬪:『贊王。』注不云王當作玉,而云王讀為玉,自是漢儒注經之慎;然學者或疑王字本有玉音矣。」 按《周禮》九嬪:「凡祭祀,贊玉齍。」鄭注云:「故書玉屬王,杜子春讀王為玉。」是鄭玄所據之本作玉,故書始作王耳。杜子春讀王為玉,明其以傳鈔致譌,故特為讀正之也。陸氏此條引書與原文不符,殊嫌疏略。

卷十一《㷹字》條云:「《韓子》:『齊伐魯,索讒鼎,以其雁往。齊人曰:雁也。魯人曰:真也。』段大令云:『雁,蓋即㷹之假借字。』火字隸體,多作四點,若鳥名之雁,隸書祇應兩點。此字誤在書佳作鳥,為傳本之謂,非假借也。凡偽作古尊彝青綠斑駁之色,非火不成,故齊人以偶作之鼎為㷹鼎。㷹,火色也。」 按此解非也。《韓非子·說林篇》所云「以其雁往」、「齊人曰雁也」,兩雁字蓋本作「偽」,傳寫者以形近而謂為「雁」耳。真偽二字,相對成文,其義自見。不必就譌文而傅會為㷹之假借也。此字致譌之跡,蓋「偽」字初變為「僞」,後又變局「雁」,由寫書者亂之。

袁行雲《清人詩集敘錄》〔註7〕

《崇百藥齋詩集》十二卷續集二卷三集十卷　嘉慶二十五年至道光九年刻本

陸繼輅撰。繼輅,字祁孫,一字祁生,號季木,又號修平,江蘇陽湖人。嘉慶五年舉人。官合肥縣訓導。以修《安徽通志》敘勞,選江西貴溪知縣。尋以疾去官。道光十四年,沒於南昌,年六十三。著《崇百藥齋文集》十二卷、《合肥學舍札記》十二卷、《碧桃記》雜劇,《洞庭緣》傳奇等。《詩集》十二卷,初刊於嘉慶末年,阮元序。《續集》二卷刊於道光三年,有自記。三集十卷,道光九年宋翔鳳序。繼輅古文與董士錫並起,世稱陽湖派。考據之作,不甚精詣。詩負盛名,又善曲。方其少時,受教於同里洪亮吉、孫星衍,《續集》卷二有《黃壚感舊詩四十首》,所敘事實甚悉。又與丁履恒、吳廷敬、莊曾詒、

〔註7〕袁行雲《清人詩集敘錄》卷五十四,人民文學出版社 2016 年版,第 1947～1948頁。

莊逵吉、莊綬甲、張琦、惲敬、洪飴孫、劉嗣綰等人相契。以後遍交海內，師友中如阮元、秦瀛、唐仲冕、錢維喬、趙懷玉、伊秉綬、吳錫麒、法式善、姚文田、張惠言、曾燠、張敦仁、楊倫、王蘇、吳嵩梁、樂鈞、劉珊、孫爾準、舒位、鄧顯鶴、劉鳳誥、孫原湘、包世臣、金學蓮、袁廷檮、李兆洛、陳用光、鄧廷楨、陶澍、徐松、盛大士、周濟、改琦、宋翔鳳、汪全泰、郭麐、吳垲、蔣因培、馬瑞辰、劉喜海、管同、劉開、張際亮以及朝鮮申在植等，交往贈答，均可考見。繼輅學有本原，詩亦鍛鍊工切。《為趙味辛先生校定詩集題後》、《為盧先駱點定詩集因題簡端》、《題趙希珍詩集後》、《題存悔齋詩》、《題陳森詩》、《題甘亭遺集》，位卑而言高，儼然大家。然究其全集，實以切劘章句聲音為能事。《昆陵竹枝變詞四首》、《題秦淮海祠》、《論詩二首》、《謝皋羽晞髮集書後》、《琵琶行》並序、《題陸錫熊中丞書像》、《讀唐詩十六首》、《論醫再贈鄒處士》、《記玉谿生詩作九首》、《悲湖堤六首》，但能擺脫酬俗，另闢境界。所謂「學如牛毛，成于麟角」，信然。從子耀遹亦以詩文名，與有「二陸」之目，今集中有《題耀遹雙白燕堂集》。趙懷玉《亦生有齋詩集》有《讀繼輅詩題贈》，盛大士《蘊愫閣詩集》有《書同年陸祁生孝廉繼輅詩稿》。

中國古代詩文名著提要（明清卷）〔註8〕

崇百藥齋文集四十八卷　（清）陸繼輅撰

　　陸繼輅（1772～1834），字祁生，一作祁孫，號修平，又號又商、霍莊、商對、季木，江蘇陽湖（今武進）人。嘉慶五年（1800）舉人，官合肥縣訓導。任滿以修《安徽省志》敘勞，授貴溪知縣，在任三年，以疾乞休，不復出。生平事蹟見《清史稿》卷四八六、《清史列傳》卷七二、李兆洛《貴溪縣知縣陸君墓誌銘》。

　　陸繼輅頗通考訂之學，詩文與兄子耀燨齊名，時有「二陸」之稱。與惲敬、張惠言、董士錫、吳德旋等同學為友，為陽湖派古文代表作家。「其文不苟依傍，通達事理，洋洋乎職千頃之波，而勁氣昭質充然炯然，按之皆有物」（劉聲木《桐城文學淵源考》）。「其詩詞婉篤深遠，淡而彌永」（《晚晴簃詩匯》）。著作另有《崇百藥齋詩集》、《合肥學舍札記》、《清鄰詞》及《詞律評》、《詞綜評》及傳奇《洞庭緣》。

〔註8〕傅璇琮總主編《中國古代詩文名著提要（明清卷）》，河北教育出版社2009年版，第426～427頁。

《崇百藥齋文集》四十八卷。凡正集二十卷，卷一至一二為詩，卷一三為詞，卷一四至一九為文，卷二〇為其母年譜；續集四卷，前二卷為詩，後二卷為文；三集十二卷，分別為《傷逝集》、《梅心集》、《望雲集》、《玳梁集》、《玳梁乙集》、《玉燕集》、《焚巢集》、《望雲乙集》、《鄉溪集》、《息會集》，後兩卷則為序、記、碑、銘、述和墓表、墓誌。正集有阮元所撰序錄。三集是其甲申（道光四年，1824）以來四年之詩作。宋翔鳳編其目並為之序。另有《合肥學舍札記》十二卷，附陸妻錢惠尊《五真閣吟稿》一卷，有宋翔鳳序。《崇百藥齋文集》有嘉慶二十五年（1820）至道光十六年刊本，有阮元序。另有光緒四年（1878）興國州署重刊本。《續修四庫全書》集部第一四九六、一四九七冊收入《崇百藥齋文集》二十卷、《崇百藥齋續集》四卷、《崇百藥齋三集》十二卷。（馬亞中　韓逢華）

《續修四庫全書總目提要》（集部）〔註9〕

崇百藥齋文集二十卷　（清）陸繼輅撰（第1496～1497冊）

陸繼輅（1772～1834），字祁生，一作祁孫，號修平，又號又商、霨非、商對、季木。陽湖（今江蘇武進）人。嘉慶五年（1800）舉人，官合肥縣訓導。授貴溪知縣。著作另有《合肥學舍札記》、《詞綜評》等。傳見《清史稿》、《清史列傳》卷七二等。

陸繼輅頗通考訂之學，詩文與兄子耀燨齊名，時有「二陸」之稱。與惲敬、張惠言、董士錫、吳德旋等為友，為陽湖派古文代表作家。「其文不苟依傍，通達事理，洋洋乎職千頃之波，而勁氣昭質充然炯然，按之皆有物」（劉聲木《桐城文學淵源考》）。「其詩詞婉篤深遠，淡而彌永」（《晚晴簃詩匯》）。

《崇百藥齋文集》二十卷，卷首有阮元序。卷一至十二為詩，編年，分為《寒綮集》、《定香集》、《邗上題衿集》、《滬瀆集》、《歸帆集》、《宣南集》、《熊耳集》、《伊闕訪碑集一》、《伊闕訪碑集二》、《蕭寺養痾集》、《餐術集一》、《餐術集二》。卷十三為《清鄰詞》，卷十四至卷十九為文，卷二十陸繼輅為其母所作年譜。

《崇百藥齋文集》二十卷，得友人劉穎州之助，清嘉度二十五年刻於合肥學舍，今據湖北省圖書館藏該本影印。（馬亞中　楊年豐）

〔註9〕傅璇琮主編《續修四庫全書總目提要（集部）》，上海古籍出版社2014年版，第225～226頁。

崇百藥齋續集四卷　崇百藥齋三集十二卷　（清）陸繼輅撰（第 1497 冊）

　　《崇百藥齋續集》四卷，為道光元年至三年所作詩文，編年。前二卷為詩《箏柱集》、《香適集》，後二卷為文。卷首有作者自序。《崇百藥齋三集》十二卷，收道光二十四年至二十七年詩作。宋翔鳳編次目錄並作序。前十卷為詩集《傷逝集》、《梅心集》、《望雲集》、《玵梁集》、《玵梁乙集》、《玉燕集》、《焚巢集》、《望雲乙集》、《鄉溪集》、《息陰集》，後兩卷為序、記、碑、銘、述及墓表、墓誌。

　　《崇百藥齋續集》四卷，門人徐漢蒼、蔡邦紱等校勘及醵貲刊版，清道光四年刻於合肥學舍，今據湖北省圓書館藏該本影印。《崇百藥齋三集》十二卷，宋翔鳳、葉方志為編次目綠，葉方志捐資，清道光八年刻於安徽臬署。今據復旦大學國書館藏該本影印。此二集與《崇百藥齋文集》及《合肥學舍札記》十二卷（附陸妻錢惠尊《五真閣吟稿》一卷）合為《崇百藥齋文集》全帙。全帙本另有清光緒四年興國州署重刊本。（馬亞中　楊年豐）

孫克強、楊傳慶、裴哲《清人詞話》〔註10〕

陸繼輅

　　陸繼輅（1772～1834）字祁孫，又作祁生，一字季木，號霍莊，別號修平居士，江蘇陽湖人。嘉慶五年（1800）舉人，授合肥縣學訓導，官江西貴溪知縣。精音韻，喜金石，長於戲曲。撰有《崇百藥齋集》三十六卷，有《清鄰詞》，又著《詞律評》、《詞綜評》若干卷。另有傳奇《碧桃記》等。

　　1. 鄭善長：

　　《詞選》刻既成，余謂張子：詞學衰且數百年，今世作者寧有其人耶？張子為言其友七人者，曰惲子居、丁若士、錢黃山、左仲甫、李申耆、陸祁生、黃仲則，各誦其詞數章，曰：此幾於古矣。

《詞選附錄敘》（《詞選》）

　　2. 張德瀛：

　　陸祁生繼輅詞，如謝家子弟，玉立森森。陽湖人，有《清鄰詞》。

《詞微》卷六

　　3. 徐珂：

　　惠言……其友人惲敬、錢季重、丁履恒、陸繼輅、左輔、李兆洛、黃景仁、

<hr />

〔註10〕南開大學出版社 2012 年版，第 1110 頁。

鄭善長輩，亦皆不愧一時作家。

《近詞叢話》

桐城派文集敍錄〔註11〕

陸繼輅集

　　陸繼輅（1772～1834），字祁孫，一字又商，別字季木，號霍莊，又號修平居士。江蘇陽湖人。九歲而孤，母林氏教養之。與惲敬、莊曾貽等交遊，學日進。與兄子耀遹齊名，人稱「二陸」。儀幹秀削，讀書如夙成，吐辭雋婉，常傾座人，人皆禮敬之。嘉慶五年（1800）舉人。大挑二等，選合肥縣訓導，甚得士譽。以修《安徽省志》敍勞，選江西貴溪縣知縣。道光九年（1829）人鄧廷楨安慶幕中。繼輅之學，尤致力於詩；所為文，宗陽湖、桐城外，能自樹一幟。其《刪定望溪先生文序》云：「以聖清儒術之盛，一百七十餘年之間，為之而工者，方苞、劉大櫆、姚鼐、張惠言、惲敬數人而已。」《清史稿》、光緒《武陽縣志》有傳。

《崇百藥齋文集》四十卷

　　凡十二冊，光緒四年（1878）興國州署重刊。署「外孫洪用懃校字，男光迨、曾孫佑勤、楠重刊」。南京大學圖書館藏，《續修四庫全書》有影印本。

　　《初集》二十卷，凡六冊。嘉慶廿五年（1820）合肥學舍初刊，前有嘉慶三年（1798）九月阮元撰《文集序錄》。卷一至卷十二錄詩集十種；卷十三錄《清鄰詞》；卷十四錄賦、序、書後、書；卷十五錄記、辨、說、戒、銘、贊、辭；卷十六錄書事、傳、家傳、別傳、傳論；卷十七、十八錄墓誌銘、墓表；卷十九錄祠版文、哀辭、行狀、祭文；卷二十錄年譜。

　　《續集》四卷，凡二冊。道光四年（1824）合肥學舍初刊。卷一、卷二錄詩集；卷三錄賦、序、書後、贈序、書、雜記；卷四錄銘贊、書事、墓誌、壙誌、權厝志、哀辭、行狀、祭文。

　　《三集》十二卷，凡四冊。道光八年（1828）安徽臬署初刊。「長洲宋翔鳳為次第其目而序之」。卷一至卷十錄詩集；卷十一錄序、記、碑、銘、述；卷十二錄墓表、墓誌。附錄其妻錢惠尊《五真閣吟稿》。

《合肥學舍札記》十二卷

〔註11〕徐成志、王思豪主編《桐城派文集敍錄》，安徽大學出版社 2016 年版，第 244～245 頁。

　　嘉慶二十五年合肥學舍初刊，凡十卷。道光十六年（1836）再刊，凡十二卷。光緒四年興國州署重刊，凡十二卷，《續修四庫全書》據以影印。前有李兆洛《序》。皆短篇隨劄，少則數十字，多則數百字，間錄《書後》。張舜徽《清人文集別錄》稱其「語多精詣」。（武黎嵩）

司馬朝軍《續修四庫全書雜家類提要》〔註12〕

合肥學舍札記十二卷　　（清）陸繼輅撰

　　陸繼輅（1772～1834），字祁孫，陽湖（今屬江蘇常州）人。嘉慶五年（1800）舉人，歷官合肥縣訓導、江西貴溪縣知縣。陸氏為陽湖派代表作家，其古文婉摯多情，獨具一格。著有《崇百藥齋文集》。

　　此書為繼輅主講合肥學舍時所作札記，書中以論詩之語為多。如「江西詩」條稱：「予交江西詩人最多，曾賓谷先生燠、蔣藕船知讓、吳蘭雪嵩梁、樂蓮裳鈞，殆可稱四大家矣。然三家託興深遠，深得古人所言在此、所指在彼之旨。藕船有賦而無比興，固應不逮。且三家如側生果，色香味俱備。藕船如檳榔，非癖嗜不能時時下嚥也。」又如「唐人詩學漢魏」條稱：「義山五七律，極有似老杜者，然遂以為義山學老杜，則非也。義山志潔物芳，深得國風、騷辨之旨，變為今體，生面獨開，可謂自致青雲，不由依傍。宋、明人推尊老杜太過，凡中晚間作者，輒謂瓣香所在。其實樂天、長吉、文昌、仲初，學漢魏而各得其性之所近，亦非肯遠捨古人，別求規範者也。即以杜詩言之，《石壕》諸吏，《新昏》諸別，前後《出塞》等作，皆力追漢魏長篇。如《北征》苦心學蔡文姬，形跡未化，已雄視一代矣。其縱筆自為之者，即間有粗率生硬牽湊之病，學古亦何負於人哉？彼還珠買櫝者，不足引為口實也。」又卷十一「詩學舉隅」條論詩學曰：「詩以意為主，氣韻次之，至於字句，其粗跡也。然非字句之工，即意何所附以傳世而行遠？」又曰：「五言短篇，須令氣格寬縱。」又曰：「作詩雖不尚考據，然亦不可過於牽湊。」又曰：「作詩尤忌趁韻。」又曰：「讀靖節詩，胸中便有沖淡二字；讀香山詩，胸中便有坦率二字；讀昌穀詩，胸中便有傲詭二字；讀玉溪詩，胸中便有繁縟二字。自論者唱之於前，耳食者和之於後，並為一譚，可為三歎。」又如「今之學者為人」條稱：「古之學者但為己而已，無為人之責也。自司徒之屬皆廢其職，學者當以世道人心為己任。孔子

―――――――――

〔註12〕司馬朝軍《續修四庫全書雜家類提要作》，商務印書館 2013 年版，第 261～263 頁。

誨人不倦，無行不與，不得中行，必也狂狷，何其孳孳於為人也，自來注家，皆誤會經意。」

　　書前有李兆洛序，稱其書義理不必深微，考證不必精鑿，要是隨學力所及，平心易氣而出之，不為矯亢，無有偏詭，足以引翼後學，於王阮亭《居易錄》最為近之云。楊鍾羲《雪橋詩話》亦稱此書稱心而言，老輩談藝語亦多見其中云云。

　　此本據華東師範大學圖書館藏清光緒四年興國州署重刻本影印。

附錄五：陸耀遹《雙白燕堂集唐詩》

雙白燕堂集唐詩序錄

　　劭文年二十餘，自泗上歸館於外族莊氏，忽好為集唐詩。余時在家課弟，居相近也。每一篇出，即欣然過從，互為吟諷，以相怡悅。不數年，業益進，其勝者有清遠微至、無跡可尋之妙。前之為集唐者，無過乎庤堂黃氏。而黃之詩皆託於香奩，其境寬；劭文則寓諸實事，其境仄。以實境而言之，如自己出。方之黃氏，殆有過之。余性疏而躁，劭文則覃覃沉邃，殫精竭思，研幾窮理，無不曲當，固余之藥石也。即其餘技，已星聯曜合，渾然天成如此。今劭文已歸道山，而余亦就耆焉，求往日攜詩相質、歌呼自樂之境，尚可得乎？校共全稿，竟得此卷，因為序而刊之。時道光十八年五月十三日，同里周儀暐譔。

雙白燕堂集唐詩卷上

武進陸耀遹劭文

將之西汀別草堂諸子

江上東風吹柳絲，明朝拂曙與君辭。花經宿雨香雖拾，路入寒城去獨遲。竹葉於人既無分，野吟何處最相宜。疏燈自照孤帆宿，空向滄江夢所思。

　　溫庭筠　高適　鄭谷　李益　杜甫　杜荀鶴　杜甫　崔塗

客中春盡寄草堂諸子

草綠裙腰一道斜，斑騅嘶斷七香車。從來有淚非無淚，才見開花又落花。家在

夢中何日到，病來簾外是天涯。亦知自惜難判割，且雌芳尊戀物華。

白居易　李商隱　杜荀鶴　雍陶　盧綸　裴夷直　王建　杜甫

把酒相看日已曛，人生何處不離羣。鶯啼燕語芳菲節，促漏遙鐘動靜聞。獨在異鄉為異客，別來如夢亦如雲。梨花落盡成秋院，惟有松枝好贈君。

韋莊　李商隱　毛熙震　李商隱　王維　吳融　李賀　盧綸

遇南城梅枝山明經傑於吳郡陽丈琦席上詩以貽之

暫憑杯酒長精神，莫厭傷多酒入唇。世上方為失途客，眼前猶見詠詩人。時光不定花光亂，山色初明水色新。正是清相好時節，綠楊宜作兩家春。寓齋西偏為枝山讀書處。

劉禹錫　杜甫　白居易　張籍　李商隱　白居易　韋莊　白居易

世上悠悠不識真，枉拋心力作詞人。莫嫌恃酒輕言語，但覺高歌有鬼神。刻意傷春復傷別，與君相見即相親。此身欲罷無歸處，值迴逢高駐馬頻。

柳宗元　溫庭筠　牛僧孺　杜甫　李商隱　王維　杜甫　盧綸

西江秋夕寄婦

門掩殘陽積翠蘿，水精簾卷近秋河。出門回首成陳跡，便我傷懷奏短歌。直道相思了無益，不知經世竟如何。今霄始覺房櫳冷，起聽鳴蟬步淺莎。

周賀　顧況　杜甫　劉禹錫　李商隱　溫庭筠　白居易　王涯

晴灘水落漲虛沙，門柳蕭蕭燥暮鴉。瑤瑟玉簫無意緒，露床風簟半欹斜。繡囊畏並茱萸結，遠信閒封豆蔻花。昨夜雨涼今夜月，居人思客客思家。

許渾　皮日休　關盼盼　吳融　司空曙　皮日休　許渾　白居易

爐中香氣盡成灰，幾度閒眠卻覺來。莫怪臨風倍惆悵，起行殘月影徘徊。離腸似線長憂斷，淚眼逢秋不喜開。坐到天明吟未足，紫梨紅棗墮莓苔。

孟浩然　皮日休　溫庭筠　顧況　徐鉉　白居易　許渾

附寄答詩　李引孫華平

桂枝梧葉共颼颼，簾下三重幙一鉤。斜漢沒時人不寐，傷心不獨為悲秋。

劉禹錫　韓偓　竇常　李益

只因偏照兩人心，無眼新詩月下吟。又恐清光不同見，有時惆悵值雲陰。

劉禹錫　劉禹錫　白居易　裴夷直

無題十四首次梅枝山韻

一度相思一度吟，相思空有夢相尋。長疑好事皆虛事，料得君心似我心。金鳳
臺前波漾漾，水精簾外冷沉沉。多情只有春庭月，卻鎖重門一院深。

　　戎昱　毛文錫　李山甫　劉得仁　元稹　曹唐　張泌　李涉

聘婷仙子曳霓裳，一曲歌聲繞翠梁。金屋糚成嬌侍夜，羅衣欲換更添香。簾垂
粉閣春將盡，酒泛金尊月未央。置向漢宮圖畫裏，鬈鬟狼藉黛眉長。

　　崔澹　曹松　白居易　薛逢　李建勳　劉兼　羅虬　韋莊

丹青任寫不如真，星月相逢現此身。蘄簟蜀琴相對好，臉檀眉黛一時新。江城
夜別瀟瀟雨，花市香飄漠漠塵。可惜亭臺閒度日，一溪春色屬何人。

　　盧士衡　朱慶餘　崔玨　羅虬　許渾　韋莊　白居易　崔魯　張籍

霏霏霧雨杏花天，舊事思量在眼前。十五翠蛾羞水色，一雙纖手語香弦。虛生
芍藥何勞妒，願作鴛鴦不羨仙。明月自來還自去，可能無礙最團圓。

　　溫庭筠　白居易　李邕　李群玉　徐凝　盧照鄰　崔魯　張籍

脈脈悠悠倚檻情，醉聞花氣睡聞鶯。煙縣碧草萋萋長，風弄紅蕉葉葉聲。萬種
保持圖永遠，一場春夢不分明。自從邂逅芙蓉帳，瘦去誰憐舞掌輕。

　　戎昱　元稹　杜甫　杜荀鶴　孫光憲　張泌　史鳳　韓偓

寂寞堂前日又矄，看朱成碧思紛紛。蘭釭尚惜連明在，繡被應羞徹夜薰。閒倚
屏風笑周昉，欲書花葉寄朝雲。舊來好事今能否，行樂三分減一分。

　　趙嘏　武后　崔魯　羅虬　元稹　李商隱　杜甫　白居易

蓬萊無路海無邊，織女佳期又隔年。強整嬌姿臨寶鏡，重梳短鬢下金鈿。梁間
燕子聞長歎，樓上花枝笑獨眠。雨意定知無說處，封書寄與淚潺湲。

　　張籍　李群玉　李珣　王建　李商隱　劉長卿　李山甫　杜甫豔

粉紅脂映寶鈿，鳳樓迢遞憶鞦韆。傳情寫念長無極，對影聞聲已可憐。殘燭依
依香嫋嫋，星河耿耿漏縣縣。晚來悵望君知否，月過花西尚未眠。

　　張柬之　李商隱　李康成　李商隱　徐鉉　白居易　白居易　陸龜蒙

錦茵羅薦夜凄凄，花外煙濛月漸低。卻擁木縣吟麗句，曾書舊葉寄新題。微波
有恨終歸海，玉水清流不貯泥。銀燭未消窗送曙，流鶯已向樹邊啼。

　　顧況　陸龜蒙　賈島　方干　薛逢　李商隱　韓愈　錢起

織得迴文幾首詩，淚痕點點寄相思。乍啼羅袖嬌遮面，貪弄金梭懶畫眉。單影
可堪明月照，此情惟有落花知。寸心卻似丁香結，結作雙葩合一枝。

　　徐鉉　劉禹錫　常理　施肩吾　吳融　李後主　尹鶚　韋莊
簾額侵鉤繡辟邪，小樓高閣謝娘家。銜杯微動櫻桃顆，移宴多隨茉莉花。紅日
已高三丈透，繡屏愁背一燈斜。與郎酣夢渾忘曉，深掩粧窗臥碧紗。

　　秦韜玉　韋莊　趙鸞鸞　皮日休　李後主　張泌　史鳳　王渙
說著瑤臺總淚垂，寒窗羞見影相隨。麗詞珍眎難雙有，南國東鄰各一時。此日
別離那可久，他生緣會更難期。無人說向張京兆，竊得燈花自掃眉。

　　韋應物　施肩吾　楊巨源　羅虬　駱賓王　元稹　陳陶　司空圖
玉佩呵光銅照昏，此心難捨意難論。落花不語空辭樹，深院無人獨閉門。舉世
只知嗟逝水，回頭惟恐更銷魂。鱗綃霧縠籠香雪，何忍將身臥淚痕。

　　李商隱　韋洵美　白居易　韋莊　釋貫休　韋莊　魏承班　杜牧
無限春愁生翠眉，前年曾見兩鬟時。未容言語還分散，早是疏頑耐別離。細路
獨來當此夕，好風偏似送佳期。不明不暗朦朧月，生魄隨君君豈知。

　　張祜　劉禹錫　李商隱　唐彥謙　李商隱　陸龜蒙　白居易　韓偓

續無題三十首

桐花暗淡柳惺忪，小閣涼添玉蕊風。寶匣鏡昏蟬鬢亂，彩雲天遠鳳樓空。須知
化石心難定，願託仙槎路未通。不熱不寒三五夜，思量多在月明中。

　　元稹　鄭畋　魚玄機　楊巨源　女威　蔡希周　裴夷直　羅隱
檻外花低瑞露濃，曾如劉阮訪仙蹤。凝蹋斂笑心相許，浩態狂香昔未逢。寶髻
巧梳金翡翠，麝薰微度繡芙蓉。天明又作人間別，玉女窗扉報曙鐘。

　　羅虬　顧瓊　顧況　韓愈　章孝標　李商隱　徐鉉　溫庭筠
飛花寂寂燕雙雙，莫把瑤池並曲江。零露乍凝寒悄悄，殘燈無焰影幢幢。只留
皎月當層漢，多下朱樓閉瑣窗。要喚麻姑同一醉，仍斟昨夜未開缸。

　　武元衡　徐夤　■■■　元稹　唐彥謙　杜牧　曹唐　李商隱
曾睹夭桃想玉姿，因何重有武陵期。長林偏是相思樹，悶繡先描連理枝。景狀
入詩兼入畫，歸來如夢復如癡。春川莫共花爭發，花性飄揚不自持。

　　魚玄〔註1〕機　薛濤　徐凝　段成式　韓偓　元稹　李商隱　李白
蜂黃蝶粉兩依依，一樹繁花偃繡帷。對此獨吟還獨酌，則時相賞莫相違。瓊枝
璧月春如昨，繡軛香轝夜不歸。早是自家無氣力，旁人相勸易羅衣。

〔註1〕「玄」，底本原作「元」。

韓偓　羅虯　劉禹錫〔註2〕　　杜甫　張元幹〔註3〕　　崔塗　張泌　儲光羲

少年為事要舒徐，心每相親跡且疏。為我躊躇停酒盞，喚人相伴洗裙裾。久為
膠漆嗟難並，欲報瓊瑤恨不如。昨夜東風還入戶，玉樓珠箔但閒居。

元稹　賈島　白居易　王建　杜甫　司空曙　郎士元　權德輿

臨邛為用枉當壚，救得相如渴病無。縱使有花兼有月，所須非玉亦非珠。莊生
曉夢迷湖蝶，鄭谷新詞唱鷓鴣。春色惱人遮不得，勞將素手卷蝦鬚。

薛能　羅隱　李商隱　白居易　李商隱　■■■　羅隱　陸暢

古苔陰地冷萋萋，春半如秋意轉迷。自是夙緣應有累，先拚一飲醉如泥。重簾
悄悄無人語，落日亭亭向客低。相見或因中夜夢，鷓鴣休傍耳邊啼。

王建　柳宗元　羅隱　杜甫　溫庭筠　劉長卿　羅鄴　韓愈

獨向花間掃玉階，曾隨阿母漢宮齋。風條月影皆堪重，雨散雲飛自此乖。無復
新粧豔紅粉，強將纖手整金釵。驚鴻瞥過遊龍去，何日重逢語舊懷。

王建　劉言史　薛能　司空圖　孫逖〔註4〕　　盧肇　唐彥謙　王季友

遙聞笑語自天來，珠箔銀屏迤邐開。更欲題詩滿青竹，豈無香跡在蒼苔。千回
消息千回夢，一寸相思一寸灰。卻共海棠花有約，與春先作斷腸媒。

李端　白居易　杜甫　韓偓　戎昱　李商隱　鄭谷　皮日休

綠蘿如帳草如茵，石上青苔思殺人。蝴蝶有情牽曉夢，芙蓉何處避芳塵。殷勤
留滯知何事，行步欹危實怕春。應是水仙梳洗處，魂消目斷未逢真。

許渾　樓穎　羅隱　羅隱　羅虯　杜甫　雍陶　嚴休復

窄羅衫子薄羅裙，此地相看未忍分。明鏡懶開長在匣，博山香重欲成雲。彩箋
曾擘欺江總，繡被何須屬鄂君。蕭管曲長吹未盡，人間能得幾回聞。

張泌　李白　白居易　溫庭筠　張麗華　陸龜蒙　盧綸　杜甫

金屋無人見淚痕，年年惆悵與誰論。憂花惜月常如此，嫚綠妖紅半不存。人世
幾回傷往事，思量長自暗銷魂。錦窠不是尋常錦，欲棄空箱似少恩。

劉方平　薛逢　胡宿　韓愈　劉禹錫　韓偓　司空圖　白居易

幾許幽情慾話難，轉身應把淚珠彈。偶逢新雨書紅葉，想見清才倚畫闌。草樹
總非前度色，風流空記往年歡。數行玉札存心久，會被東風暗拆看。

〔註2〕按：底本原為墨釘。原出劉禹錫《張郎中籍遠寄長句開緘之日已及新秋因舉目
　　　　前仰酬高韻》，據補。
〔註3〕按：底本原為墨釘。原出宋・張元幹《蘭陵王・春恨》，據補。
〔註4〕按：底本原為墨釘。原出孫逖《途中口號》，據補。

薛逢　韓偓　王建　唐彥謙　曹唐　李益　皮日休　錢珝

謝家門戶約花關，路在春風縹緲間。翠幌青燈風灔灔，碧桃紅杏水潺潺。數枝
瓊玉無由見，十斛明珠也是閒。遙想洞房眠正熟，夢魂何處訪三山。

孫光憲　趙蝦　元稹　許渾　武元衡〔註5〕　羅虬　權德輿　曹唐

花須終發月須圓，只是當時已惘然。且盡醲醨消積恨，豈容華髮待流年。鴛衾
久別難成夢，繡被焚香獨有眠。想得那人垂手立，不知何處玉樓前。

溫庭筠　李商隱　唐紀夫　柳宗元　錢起　李商隱　韓偓　權德輿

玉塵隨馬度藍橋，憶昨歡娛常見招。為報長卿休滌器，偶避神女學吹簫。象床
寶帳無言語，羅襪金蓮何寂寥。誰謂波瀾纔一水，中流相去忽成遙。

元稹　杜甫　李端　陸暢　溫庭筠　韓偓　王勃　朱慶餘

三秀靈芝五術苗，誰知藥性是誰教。暫因微疾須防酒，不破工夫漫解嘲。幾處
曉鶯爭暖樹，頻來語燕定新巢。花間似欲徘徊立，石徑人稀蘚色交。

吳融　白居易　杜牧　司空圖　白居易　杜甫　劉言史　杜荀鶴

片片輕花落翦刀，洞房西室女工勞。只宜醉夢依華寢，願拂餘香到縕袍。風颺
檀煙消篆印，詩成珠玉在揮毫。比於黃絹詞尤妙，好織迴文寄竇滔。

沈亞之　羅隱　羅鄴　薛逢　溫庭筠　杜甫　陸龜蒙　竇鞏

誰把相思號此河，春風不改舊時波。一鉤冷霧懸朱箔，百尺清潭寫翠蛾。競挽
春衫來比併，自應妝鏡笑蹉跎。嬋娟流入襄王夢，香炧燈光奈爾何。

令狐挺　賀知章　馮延巳　李白　韓愈　杜牧　孟浩然　李商隱

自說歸山事事賒，繞闌干外散瑤華。茗鑪盡日燒松子，石阪無人掃桂花。欲就
麻姑買滄海，便隨王母上煙霞。縱令奔月成仙去，少得團圓足怨嗟。

羅鄴〔註6〕　陸龜蒙　皮日休〔註7〕　皮日休〔註8〕　李商隱　劉禹錫
包何　李商隱

細環清佩響丁當，暫醉佳人錦瑟旁。酒蕩襟懷微馺霫，笑和嬌語太猖狂。尋知
世界都如夢，不信年華有斷腸。可惜鶯啼花落處，重帷深下莫愁堂。

曹唐　杜甫　韓偓　毛熙震　吳融　李商隱　白居易　李商隱

落英頻處乍聞鶯，偷折花枝傍水行。花若有情應悵望，鶯雖為說不分明。此生

〔註5〕見武元衡《春暮寄杜嘉興昆弟》。底本原為墨丁，據補。
〔註6〕羅鄴《送張逸人》：「自說歸山人事賒。」底本原為墨丁，據補。
〔註7〕見皮日休《夏景沖澹偶然作二首》其一。底本原為墨丁，據補。
〔註8〕見皮日休《寒日書齋即事三首》其二。底本原為墨丁，據補。

只合償詩債，一顧難酬覺命輕。為問蓬萊近消息，願隨仙女董雙成。

　　李紳　花蕊夫人　溫庭筠　白居易　司空圖　韓偓　鮑溶　項斯

覺來紅樹背銀屏，臥看牽牛織女星。嬌淚半垂珠不破，宿妝猶在酒初醒。得成
蝴蝶尋花樹，與說蜉蝣坐竹櫺。敲徹玉釵歌轉咽，莫教不得意人聽。

　　韋莊　杜牧　薛能　顧夐　元積　陸龜蒙　韓偓　白居易

夜色樓臺月數層，曲闌愁絕每長憑。夢為遠別啼難喚，病帶春寒去未能。定是
風光牽宿醉，共尋花思極飛騰。莫教回首勻粧面，粉薄香殘恨不勝。

　　花蕊夫人　唐彥謙　李商隱　陸龜蒙　沈佺期　陸龜蒙　羅虬　來鵠

夜來攜手夢回遊，夢到花橋水閣頭。香火一鑪燈一盞，碧天如鏡月如鉤。豈能
無意酬烏鵲，好與裁書謝白鷗。最是五更留不住，淚珠時傍枕函流。

　　白居易　白居易　白居易　溫庭筠　李商隱　陸龜蒙　韓熙載　袁不約

正薰龍薦暖鴛衾，一炷胡香抵萬金。卻掛羅幃露纖指，自拈裙帶結同心。簾斜
樹隔情何限，月淡花閒夜已深。身又不來書不寄，瑤臺無路可追尋。

　　司空圖　溫庭筠　王堙〔註9〕　盧綸　李商隱　陸龜蒙　歐陽炯　李遠

流水桃花滿禊潭，斷腸春色在江南。同心攜手今如此，悶影看身又自慚。曉色
入樓紅靄靄，柳絲妨路翠毿毿。新齋結誓如相許，不怕吹簫事未諳。

　　張籍　韋莊　徐鉉　杜牧　趙嘏　徐鉉　李端　魚玄〔註10〕機

樹底薔花夜雨沾，病容愁思苦相兼。春樓不閉葳蕤鎖，秋月空懸翡翠簾。羅帶
繡裙輕好繫，金鑪檀炷冷慵添。雙眉淡薄藏心事，青鏡無情未我嫌。

　　韓偓　陸龜蒙〔註11〕　顧況　權德輿　徐夤　劉兼　牛嶠　陸龜蒙

把詩吟去人嵌巖，錦字愁教青鳥銜。醉扣玉盤歌嫋嫋，漫揎羅袖指纖纖。相思
南國愁芳樹，更上西樓望遠帆。別恨轉深何處寫，四絃琴撥語喃喃。

　　李洞　女袞　趙嘏　花蕊夫人　方干　韋應物　李端　魚玄機

錢唐官舍與蔣仲質徵蔚夜話即送歸元和

賓楊容居最上頭，應陪秉燭夜深遊。留君到曉無他意，送客逢春可自由。啼鳥
歇時山寂寂，落花飛處水悠悠。明朝又向江頭別，草暖沙長望去舟。

　　曹唐　曹松　白居易　杜甫　李紳　■■■〔註12〕　白居易　李群玉

〔註 9〕「卻掛羅帷露纖指」出王諲《夜坐看搗箏》，見《全唐詩》卷一百四十五。
〔註10〕「玄」，底本作「元」。
〔註11〕見陸龜蒙《病中秋懷寄襲美》。底本原為墨丁，據補。
〔註12〕按：嚴維《丹陽送韋參軍》：「寒鴉飛盡水悠悠。」

甌江夜泊聞歌同張子白進士若采作

休向津頭問去程，偶停征櫂已三更。共看明月應垂淚，無那春風欲送行。人世難逢開口笑，誰家巧作斷腸聲。此辭聽者堪愁絕，更與殷勤唱渭城。

　　司空圖　羅隱　白居易　高適　杜牧　杜甫　白居易　劉禹錫

台州試院四照樓夜飲奉和阮閣學芸臺先生

丹霄能有幾層梯，飛閣頻登意轉迷。燈影山光滿牖入，淡煙斜月照樓低。高齋既許陪雲宿，冷句遍宜選竹題。莫忘使君吟詠處，玉壺春酒正堪攜。

　　司空圖　鄭元祐〔註13〕　陳閏　長孫無忌　薛逢　鄭谷　白居易　岑參

從撲香塵拂面飛，行雲莫自濕仙衣。芳尊細浪傾春釀，極浦遙山合翠微。樹影悠悠花悄悄，星河漾漾月輝輝。陽春唱後應無曲，一幅蠻箋夜款扉。

　　陸龜蒙　杜甫　溫庭筠　皇甫冉　李群玉　崔魯　黃滔　陸龜蒙

天台惆悵溪並序

　　　相傳劉晨、阮肇出山，別仙子於此。溪之得名，蓋以曹唐詩語也。

　　兩岸山花中有溪，清泉間洗灌花泥。寸心誓與長相守，一臂初交又解攜。翠嫋紅飄鶯寂寂，露濃煙重草萋萋。無情最是東流水，晨肇重來路已迷。

　　吳融　皮日休　高適　胡宿　吳融　溫庭筠　唐彥謙　王渙

水邊山曲更深村，翠羽幽禽滿樹喧。處士不生巫峽夢，避人何必武陵源。天星墜地能為石，溪水如雲欲到門。仙路迷人應有術，為君惆悵又黃昏。

　　陸龜蒙　韋莊　蓮花妓　吳融　張籍　■■■〔註14〕　李涉　羅隱

蘭溪舟中與元和張溁卿詡吳江程竹廠邦憲華亭張子白烏程閔辛田思尹分體限春遊二韻集成六首

輕小休誇似燕身，纔勝羅綺不勝春。好同范蠡扁舟興，幾見星妃度輦塵。秋水為神玉為骨，煖雲如粉草如茵。畫橈摻摻柔荑白，爭奈嬌波不顧人。

　　羅虬　花蕊夫人　吳商皓　王初　杜甫　杜牧　李咸用　玄宗

多病無心選勝遊，願為雙鳥泛中洲。但將竹葉消春恨，不覺桃花逐水流。見我

〔註13〕按：此非唐詩，出元·鄭元祐《至元丁丑夏五，宣城汪叔敬、吳人干壽道、丹丘柯敬仲、國人泰兼善同僕遊天平，次往靈巖，有作奉和二首》其二：「飛閣重登意轉迷。」

〔註14〕此句見《全唐詩》卷二十六，作張籍《遠別離》；又見卷三百八十二，作朱鷺《遠別離》。

佯羞頻照影，泥人無語不抬頭。若能許解相思佩，百斛明珠未易酬。

　　韓偓　李白　韋莊　顧況　李商隱　顧夐　何光遠　崔珏

雲滿衣裳月滿身，少年應遇洛川神。香肌冷襯琤琤佩，寶帳迎回暗暗春。覺後
始知身是夢，從來祇得影相親。應知子建憐羅襪，微步凌波暗拂塵。

　　殷堯藩　韋莊　李商隱　吳融　徐凝　項斯　范元凱　羊士諤

碧天如鏡月如鉤，惟向花間水畔遊。不是對花長酩酊，大都為水也風流。鴛鴦
豔錦初成匹，翡翠橫釵舞作愁。把酒送春惆悵在，約開蓮葉上蘭舟。

　　溫庭筠　張籍　韋莊　李山甫　溫庭筠　王昌齡　韓偓　曹松

再到天台訪玉真，博山爐煖玉樓春。推帝瓊樹朝朝見，流出桃花片片新。每度
暗來還暗去，等閒相見莫相親。漫教鸚鵡呼桃葉，鸚鵡嫌籠解罵人。

　　曹唐　羅隱　李商隱　胡曾　王建　元稹　方干　李山甫

更疑神女弄珠遊，冶袖飄香入淺流。空遣橫波傳意緒，續教啼鳥說來由。重吟
細把真無奈，眼意心期卒未休。花下偶然吹一曲，醉時堪賞醒堪愁。

　　孟浩然　上官儀　歐陽炯　白居易　李商隱　韓偓　曹唐　曹唐

寫眉圖為子白

香生玉帳曉光遲，睡起心情不自持。近日後廳無一事，便將濃墨掃雙眉。綠鬢
女伴含愁別，班管前人早費思。何物把來堪比併，青山常對捲簾時。

　　■■■　■■■〔註15〕　白居易　花蕊夫人　殷堯藩　王烈　羅虬　劉
長卿

紗帷畫煖墨花春，留著雙眉侍畫人。紅粉樓中應計日，珍珠簾外淨無塵。何當
歸去重攜手，贏得馨香暗上身。菱鏡也知移豔態，賀筵花畔玉蟾新。

　　李賀　徐安期　杜審言　和凝　譚用之　李建勳　劉兼　羅鄴

華亭女士丁寄生晏秋花畫冊為子白

嫩蕊商量細細開，一時傳喜到粧臺。不堪紅葉青苔地，曾向金扉玉砌來。幸有
西風好憑仗，莫將芳意更遲回。畫屏見後常回首，數朵檀心體勝裁。

　　杜甫　韓溉　白居易　溫庭筠　司空圖　黃滔　唐彥謙　秦韜玉

余乞寄生畫於子白子白欲再題集句輒復成此

豔采芳姿相點綴，正憐標格出華亭。好將花下承金粉，寫向人間作畫屏。多病

〔註15〕按：非唐詩，出宋·趙佶《宮詞》其二十二。

所須惟藥物，畫中桔梗花鮮翠可愛。微辭祇欲播芳馨。求之不得心常愛，敘事聯編盡殺青。

　　權德輿　韓偓　陸龜蒙　羅虬　杜甫　柳宗元　韋應物　陸龜蒙

將歸常州汪絳人通判初送予湖上賦詩志別集此答之

遠山如畫雨初晴，處處樓臺歌板聲。懶出任從遊子笑，夢歸偏動故鄉情。灘頭鷺占澄波立，池面魚吹柳絮行。無限別懷吟不得，繫帆何惜片時程。

　　■■■〔註16〕　杜牧　薛逢　盧弼　韋莊　韓偓　韋莊　杜甫

吳門口占贈蔣竹坪縣丞維時

門外蕭郎白馬嘶，女墳湖北虎丘西。深知身在情長在，不是花迷客自迷。遙夜獨棲還有夢，為他沉醉不成泥。月明記得相尋處，未可恩恩便解攜。

　　溫庭筠　張籍　李商隱　李商隱　陸龜蒙　張泌　張喬　方干

上巳泊皖江同呂孟岩子珏仲英子班作

細槳輕樺下白蘋，野航恰受兩三人。偶因暫出猶思伴，同有詩情自合親。山下古松當綺席，雨餘芳草靜沙塵。但將酩酊酬佳節，莫厭傷多酒入唇。

　　陸龜蒙　杜甫　白居易　薛能　郎士元　羊士諤　杜牧　杜甫

江雲斷續草連縣，風景依稀似去年。丁巳三月赴鄱陽過此。纔見早春鶯出谷，更逢晴日柳含煙。此時月色同霑醉，何處風光最可憐。心似百花開未得，夕陽吟罷淚潸然。

　　李紳　趙嘏　韋莊　蘇頲　陳去疾　白居易　曹松　韋莊

晚過彭澤

門前五柳幾枝低，遠映征帆近拂隄。且欲近尋彭澤宰，長歌深入武陵溪。暖風遲日濃於酒，細草新花蹈作泥。處處回頭盡堪戀，一鉤新月未沈西。

　　劉長卿　溫庭筠〔註17〕　崔曙　司空圖　韓琮　岑參　白居易　王周

訪妹壻劉漢陽斌題其署中小蓬壺仙館

岸夾桃花錦浪生，溯流還喜範舟輕。瓊枝璧月春如昨，粉辭紅窗畫不成。盡寫

〔註16〕盧延讓《樊川寒食二首》其一：「一川如畫雨初晴。」
〔註17〕見溫庭筠《楊柳八首》其五。底本原為墨丁，據補。

風流在軒檻，直疑蹤跡到蓬瀛。樹間好鳥知人意，欲別頻啼四五聲。

　　李白　劉兼　■■■〔註18〕　花蕊夫人　陳陶　成彥雄　司空圖　戎昱

寒食偕孟嚴仲英小飲踏青晴川閣下

惟到尊前似故鄉，不辭楚酒醉椒漿。亭皋寂寞傷孤客，樓殿參差倚夕陽。夢好易隨流水去，閒多翻笑野雲忙。落花踏盡遊何處，得見春陽已斷腸。

　　盧綸〔註19〕　許渾　郎士元　白居易　■■■〔註20〕　韋莊　李白　王初

攜手林泉處處行，秉蘭時節近清明。閒階雨過苔痕潤，野館風來竹氣清。此境只應詞客愛，何人不起故園情。一尊酒盡青山暮，相其馮闌看月生。

　　李白　■■■〔註21〕　陸龜蒙　朱慶餘　韋莊　杜甫　許渾　馮延巳

春江月夜寄懷草堂諸子

故鄉山水路依稀，一夜風帆去似飛。晚浦更無船並宿，寒塘好與月相依。不知謝客離腸斷，爭得東陽病骨肥。惟有別時今不忘，河梁返照上征衣。

　　羅鄴　許渾　杜荀鶴　李商隱　陸龜蒙　胡宿　杜牧　王初

何處春陽不斷腸，露如輕雨月如霜。十年失路誰知己，一夜征人盡望鄉。若恨親交多契闊，可憐天氣好年光。辭芳暗逐花枝盡，怪得東風送異香。

　　沈亞之　盧綸　錢起　李益　李中　白居易　司空曙〔註22〕　崔澹

東風沉醉百花前，不羨乘槎到漢邊。吳國地遙江接海，洞庭春盡水如天。相思相見知何日，多病多愁損少年。若有片帆歸去好，晴窗檢點白雲篇。

　　韓翃　蘇頲　韓偓　柳宗元　韋縠〔註23〕　張泌　韋莊　杜甫

一片花飛減卻春，柴門空復鎖松筠。不知貧病關何事，幾許悲歡並在身。卜肆至今多寂寞，桃源一向絕風塵。何如相見長相對，一盞寒燈禮共故人。

　　杜甫　杜甫　杜甫　劉長卿　李商隱　王維　崔玨　譚用之

〔註18〕見宋・張元幹《蘭陵王・春恨》（卷朱箔）。
〔註19〕見盧綸《贈別李紛》。底本原為墨丁，據補。
〔註20〕宋・慕容嵓卿妻《浣溪沙》：「好夢易隨流水去。」
〔註21〕張籍《喜王起侍郎放牒》：「東風時節近清明。」司空圖《楊柳枝壽杯詞十八首》
　　　　其十七：「大堤時節近清明。」
〔註22〕見司空曙《殘鶯百囀歌同王員外耿拾遺吉中孚李端遊慈恩各賦一物》。底本原
　　　　為墨丁，據補。
〔註23〕按：作「韋縠」誤。「李白《三五七言》：「相思相見知何日。」

卻扇詞為呂仲英

青鸞飛入合歡宮，宜在紗窗繡戶中。羅幬畫堂深皎潔，玉壺紈扇亦玲瓏。鮫綃帳暖春杯綠，孔翠屏開寶幄紅。處處風光今日好，疑將仙子隔房櫳。

　　王昌齡　韓偓　鮑溶　韋應物　■■■　張泌　趙彥昭　羅鄴

笑倚東窗白玉床，蘭缸斜背解鳴璫。閒搜好句題紅葉，遙想清吟對綠觴。鸂鶒未知狂客醉，芙蓉不及美人粧。流蘇斗帳香煙起，臥後清宵細細長。

　　李白　裴思謙　釋齊己　白居易　許渾　王昌齡　閻朝隱　李商隱

留著雙眉待畫人，鉛華不禦得天真。冰肌玉骨清無汗，金縷羅衫軟著身。紅日已高三丈透，醉煙輕罩一團春。青蛾莫怪頻含笑，似有微詞動絳唇。

　　徐安期　玄〔註24〕宗　孟昶　張祜　李後主　李山甫　胡曾　唐彥謙

近來詞客似君稀，詩詠　洲暮鳥飛。荷葉團團莖削削，星河漾漾月輝輝。笑呼使女秉明燭，賺得佳人出繡幃。好是隔簾花樹動，兩心和影共依依。

　　白居易　羅隱　元稹　崔魯　■■■〔註25〕元凜　韋莊　崔鈺

暮春闌檻有佳期，比翼連襟會肯遲。綠樹碧簾相掩映，玉珂瑤佩響參差。通宵道意終無盡，昨夜銷瑰更不疑。雲髻罷梳還對鏡，須教張敞畫新眉。

　　李中　魚玄〔註26〕機　吳融　杜牧　何仲諲　唐彥謙　薛逢　■■■

不使珠簾下玉鉤，水精簾下看梳頭。閒拈蕉葉題詩詠，醉折花枝作酒籌。同有搜吟遣懷抱，只將羞澀當風流。相攜花下非秦贅，卻引絲黃上翠樓。

　　薛濤　元稹　白居易　白居易　元稹　駱賓王　李商隱　李中

赤簫吹罷好相攜，百步新廊不踏泥。偶語閒攀芳樹立，夜吟應訝玉繩低。庭前芍藥妖無格，砌下梧桐葉正齊。翠羽帳中人夢覺，流鶯千萬莫長啼。

　　■■■〔註27〕白居易　白居易　李商隱　劉禹錫　趙盧舟　無名氏　吳融

鴛鴦相對浴紅衣，願逐鸞凰次第飛。銀燭形迴仙態近，博山爐煖麝煙微。金窗繡戶長相見，玉檻瑤軒任所依。三寸紅箋替傳語，好題春思贈江妃。

　　杜牧　劉威　李郢〔註28〕魚玄〔註29〕機　李白　羅鄴　李涉　皮日

〔註24〕「玄」，底本作「元」。
〔註25〕按：（元）鄭奎妻《惜花春起早》：「笑呼侍女秉明燭。」
〔註26〕「玄」，底本作「元」。
〔註27〕出李商隱《玉山》。
〔註28〕按：唐・李郢《中元夜》：「紅燭影回仙態近。」
〔註29〕「玄」，底本作「元」。

林〔註30〕

雙白燕堂集唐詩卷下

武進陸耀遹劭文

留滯荊南送二呂北上兼寄張皋文_{惠言}莊傳云_{曾儀卿}珊_{綬甲}錢持美_{瀛斯}

只向尊前詠舊詩，我詩多是別君辭。貧交此去無他贈，故國平居有所思。莫倚善題鸚鵡賦，相期更在鳳皇池。江城春日追隨處，惟有垂楊綰別離。

　　李建勳　元稹　郎士元　杜甫　嚴武　姚鵠　■■■〔註31〕　劉禹〔註32〕
客中相見客中憐，忽漫相逢是別筵。魂夢俱隨花隖下，行吟多在酒旗前。高人屢解陳蕃榻，壯志仍輸祖逖鞭。徒有寸心思會面，不知何地又何年。

　　李白　杜甫　李昭象　陸龜蒙　李白　張泌　戎昱　白居易
東郊風物正薰馨，愁見河梁酒幔青。此別應須各努力，昔年相見已忘形。因思往事成惆悵，直欲題詩問杳冥。莫道騷人在三楚，醉中高詠有誰聽。

　　崔日用　竇叔向　杜甫　陸龜蒙　卓英英　魏樸　■■■〔註33〕　張籍
天涯風俗自相親，況復荊州賞更新。縱酒欲謀良夜醉，蹋花同惜少年春。非窮非達非高尚，多賤多貧多苦辛。倘見吾鄉舊知己，還應說著遠遊人。

　　杜甫　杜甫　杜甫　白居易　李咸用　白居易　來鵠　白居易

荊南道署東園懷呂氏兄弟

空使王孫見即迷，非關春草綠萋萋。蝶銜芳蕊蜂銜粉，樹繞仙鄉路繞溪。對酒最宜花藻發，彈琴常到月輪低。從來此地黃昏散，卻下朱闌手共攜。

　　王祝　■■■〔註34〕　李商隱　孟賓于　白居易　李中　李商隱　白居易

舟發居鄎寄別戴九煙維昆兼呈宁史春蕪

欲謂潸然便淚垂，春風送客使人悲。更為後會知何地，相望長吟有所思。惜別莫睽千里信，論交卻憶十年時。新愁舊恨多難說，又指煙波算路岐。

〔註30〕按：出皮日休《奉訓魯望見答魚箋之什》，作「皮日林」誤。
〔註31〕劉禹錫《赴蘇州酬別樂天》：「江城春日追遊處。」
〔註32〕劉禹錫《楊柳枝》：「唯有垂楊管別離。」
〔註33〕白劉禹錫《舍人自杭州寄新詩有柳色春藏蘇小家之句因而戲酬兼寄浙東元相公》。
〔註34〕溫庭筠《楊柳八首》其五：「不關春草綠萋萋。」

■■■〔註35〕　高適　杜甫　■■■〔註36〕　范堯佐　高適　雍陶　崔塗

相見時難別亦難，幾株方樹昨留歡。林間煮茗燒紅葉，竹裏行廚洗玉盤。此處正安吟榻好，時宿九煙齋中。誰家數去酒杯寬。樸齋主人及亡史、春蘿連日招飲。殷勤留滯緣何事，細雨霏霏弄晚寒。

李商隱　羊士諤　白居易　杜甫　■■■　杜甫　羅虬　■■■

片帆難駐好風生，空羨煙霞得送迎。蕩槳遠從芳草渡，尋山莫計白雲程。殘花爛漫開何益，白日蕭條夢不成。光景漸消惆悵在，淒淒長是別離情。

李中　■■■〔註37〕　胡宿　皇甫曾　■■■〔註38〕　李賀　韓偓　■■■〔註39〕

回頭城郭暮煙籠，悵望雲泥路不通。何處野花何處水，滿山殘雪滿山風。可憐顏色經年別，且喜琴尊數日同。珍重仙曹舊知己，思量多在月明中。

李中　羅隱　許渾　■■■〔註40〕　元稹　■■■〔註41〕　譚用之　羅隱

唐宮曉糚圖元人院本

逢花直欲替花羞，每到花前免獨遊。惟有美人多意緒，定知神女謝風流。煙分頂上三層綠，春入眉心兩點愁。安得千金遺侍者，水精簾下看梳頭。

盧綸　張籍　徐鉉　武元衡　崔玨　白居易　文茂　元稹

先將芍藥獻妝臺，天賜胭脂一抹䐉。曾向春窗分綽約，輕梳小髻號慵來。紅樓翠幄知多少，珠蕊瓊花鬥翦裁。盡日君王看不足，長眉畫了繡簾開。

李賀　羅隱　鮑溶　羅虬　羅隱　王初　白居易　李商隱

遲雲居士見示別蘭圖詠越日花還戲書冊後兼博玉臺粲笑

結託蕭娘只在詩，因來相賀語相思。能消忙事成閒事，莫遣佳期更後期。入夜正宜明月滿，此情惟有落花知。今宵好向郎邊去，鶯語丁寧已怪遲。

〔註35〕耿湋《路傍老人》。
〔註36〕劉禹錫《再授連州至衡陽酬柳柳州贈別》。
〔註37〕姚鵠《送費鍊師供奉赴上都》。
〔註38〕按：見（明）黃佐《倫子席上賞菊觀戲》。
〔註39〕韋莊《搖落》：「淒淒長似別離情。」
〔註40〕元稹《雪後宿同軌店上法護寺鐘樓望月》。
〔註41〕韋莊《鄜州留別張員外》。

元稹　陳羽　白居易　李商隱　釋法振　李後主　李後主　楊巨源

引得流鶯送好聲，已教紅袖出門迎。更深欲訴蛾眉斂，瘦去誰憐舞掌輕。驚起鴛鴦豈無恨，來頻鸚鵡亦知名。開緘試讀相思字，今日銷魂事可明。

釋齊己　徐鉉　李商隱　韓偓　杜牧　張蠙　徐鉉　吳商皓

牧丹畫扇

矜紅掩索自多才，便覺春光四面來。見倚小窗親襞染，且將團扇共徘徊。俱飛蛺蝶元相逐，羞殺攻瑰不敢開。昨夜倚闌枝上看，莫教零落委蒼苔。

杜牧　令狐楚　陸龜蒙　王昌齡　杜甫　徐凝　韓愈　徐夤

秋荷畫冊

仙頭向水自看妝，千葉蓮花舊有香。昨夜秋風今夜雨，雨中留得蓋鴛鴦。

白居易　皮日休　盧綸　鄭谷

趙子綱少尹春江折柳圖

早潮纔落晚潮來，拂曙殘鶯百囀催。別易會難君且住，柳綿相憶隔章臺。

白居易　錢起　施肩吾　李商隱

相見時難別亦難，玉容寂寞淚闌干。江邊一樹垂垂發，落了楊花也怕看。

李商隱　白居易　章碣　章碣

無事將心寄柳條，曉來簾外正飄搖。不知別後誰攀折，莫損愁眉與細腰。

李益　胡宿　趙嘏　李商隱

藥欄選夢圖

名花傾國兩相歡，乘興還來看藥欄。忽地下階裙帶解，和風搭在玉闌干。

李白　杜甫　王建　徐仲雅

團情團思醉韶光，嫋娜腰肢淡薄妝。若問玉人殊易識，一枝濃豔露凝香。

李群玉　韓偓　盧綸　李白

醉煙輕罩一團春，贏得馨香暗上身。見欲闌邊安枕席，日高深院斷無人。

李山甫　李建勳　薛能　李商隱

亭亭紅豔照階墀，花性飄揚不自持。欹枕醉眠成戲蝶，蝶矯頻採臉邊脂。

劉兼　李白　劉禹錫　蜀太妃徐氏

雲想衣裳花想容，春光懶困倚微風。不知紅藥闌干曲，一隻橫釵墮鬢叢。

李白　杜甫　花蕊夫人　毛熙震

芙蓉帳暖度春宵，願作輕羅束細腰。今日分明花裏見，春嬌滿眼睡紅綃。

白居易　劉希夷　李群玉　元稹

何曾得見此風流，宿酒猶酣懶卸頭。啼鳥休啼花莫笑，阮郎惟有夢中留。

王昌齡　韓偓　盧仝　魚玄〔註42〕機

與奴方便送卿卿，道是無情卻有情。花影深沉遮不住，晚簾疏處見分明。

韓偓　劉禹錫　殷堯藩　孫光憲

不知迷路為花開，不許閒人入看來。雲鬢半偏新睡覺，暫煩煙月掩妝臺。

李商隱　■■■〔註43〕　白居易　李郢

滿身花影倩人扶，許到風前月下無。春色惱人眠不得，後堂連遣侍兒呼。

陸龜蒙　趙嘏　羅隱　孫棨

雙姝攬鏡圖

兩朵芙蓉鏡裏開，濃妝美笑面相偎。願為明鏡分矯面，曾與如花竝照來。

魚玄〔註44〕機　劉商　劉希夷　羅鄴

惟有妝臺狀明鏡知，相偎相倚看人時。願留今日交歡意，結作雙葩合一枝。

陳陶　李郢　包佶　韋莊

竝蒂芙蓉本自雙，南塘晏起想秋江。莫教回首勻妝面，惜別愁窺玉女窗。

杜甫　李商隱　羅虯　李白

眼前珠翠與心違，願逐鸞鳳次第飛。桃葉桃根雙姊妹，兩心和影共依依。

崔道融　劉威　李商隱　崔玨

蓮影圖

眷分依依直至今，藕花落盡見蓮心。當時可愛人如畫，閒夜思量淚滿襟。只為從來偏護惜，自知明豔更沉吟。重衾幽夢他年斷，一炷胡香抵萬金。

賈島　孫光憲　韋莊　羅隱　司空圖　張籍　李商隱　溫庭筠

春風簾裏舊青蛾，腸斷風流奈別何。欲就麻姑買滄海，曾隨織女渡天河。好將花下承金粉，只向波間見纈羅。惟有綠荷紅菡萏，擘開蓮子苦心多。

王涯　趙嘏　李商隱　劉禹錫　陸龜蒙　夏侯審　皇甫松

〔註42〕「玄」，底本作「元」。
〔註43〕按：張籍《玉真觀》：「不許閒人入看花。」
〔註44〕「玄」，底本作「元」。

華清賜浴圖

溫泉水滑洗凝脂，背接紅巾掬水時。仔細尋思底模樣，九重爭得外人知。

　　白居易　趙光遠　杜荀鶴　王建

小婢將行力未禁，密垂珠箔畫沉沉。玉為通體依稀見，自試香湯更怕深。

　　李後主　胡宿　韓偓　韓偓

一枝瓊豔不勝嬌，須把風流暗裏消。初似洗花難抑按，半胸酥嫩白雲饒。

　　何光遠　李山甫　韓偓　李洞

金似衣裳玉似身，巫山雲而洛川神。春風流水還無賴，流出桃花片片新。

　　韋莊　權德輿　曹唐　胡曾

蟬翼輕綃傅體紅，春光嬾困倚微風。侍兒扶起嬌無力，碧玉搔頭落水中。

　　杜甫　杜甫　白居易　白居易

滿池春水蘸紅妝，笑倚東窗白玉床。應是天教相暖熱，避風新出浴盆湯。

　　花蕊夫人　李白　白居易　王建

慢回嬌眼笑盈盈，初著單肢體輕。花影深沉遮不住，晚廉疏處見分明。

　　張泌　白居易　殷堯藩　孫光憲

並房宮女笑相呼，莫羨鴛鴦入畫圖。今日君王看不足，薄羅衫子透肌膚。

　　王建　吳融　白居易　花蕊夫人

霏紅杳翠晚氤氳，異國名香滿袖薰。春色惱人遮不得，紡花紗袴薄於雲。

　　孟浩然　章孝標　羅隱　白居易

蘭浴初休曲檻前，酥凝背胛玉槎肩。雪膚花貌參差是，只得相得不得憐。

　　孫光憲　韓偓　白居易　裴

轉覺情深玉體柔，何曾得見此風流。柳條無力花枝軟，盡向丹青也合羞。

　　呂喦　王昌齡　徐凝　花蕊夫人

粉落香肌汗未乾，太真無力憑闌干。當時可愛人如畫，常得君王帶笑看。

　　崔珏　羅隱　韋莊　李白

題同年周海樵訓導詩文集即送歸廬州

先惠高文謝起予，不惟文體似相如。髭鬚雖白身輕健，今上求賢早上書。

　　韓愈　劉禹錫　王建　高適

此藝知音自古難，暫煩賓從駐征鞍。君才幸是清如水，為報時人洗眼看。

　　崔珏　權德輿　陸龜蒙　章孝標

每逢詩卷即情親，曾把文章謁後塵。今日送行偏惜別，自憐身是憶歸人。

　　元積　牛僧孺　姚合　雍陶

蚤聞聲價滿京城，相送河橋羨此行。東道若逢相識問，登科記裏是閒名。

　　張籍　李郢　劉長卿　姚合

因來相賀語相思，問我歸期未有期。我亦好閒求老伴，閉留君不住益淒其。

　　陳羽　李商隱　韓偓　高適

盡道窮途未必窮，此心明與故人同。匡衡抗疏功名薄，得就閒官即至公。

　　韓偓　郎士元　杜甫　韓愈

秋來四面足風沙，節物驚心兩鬢華。莫怪送君行較遠，春明門外即天涯。

　　張祜　高適　雍陶　劉禹錫

聽雨詞並序

　　　　王蒙聽雨樓圖，明初諸公題詠多清逸可誦，復有錄宋蔣捷《虞
　　美人》詞者。都門話雨，偶及此圖，因用樓字韻，遂題五首，兼採
　　竹山詞意焉。

離人掩袂立高樓，桐葉心孤易感秋。無限別懷吟不得，一時和雨到心頭。

　　薛濤　羅鄴　韋莊　杜荀鶴

好雲無跡不遮樓，半下珠簾半上鈎。多少綠荷相倚恨，美人驚起為花愁。

　　羅隱　王建　杜牧　羅鄴

楚天涼雨在孤舟，客散江亭雨未收。過盡千帆皆不是，誰家紅袖倚高樓。

　　李端　岑參　溫庭筠　杜牧

倚遍江南寺寺樓，且將絲綷繫蘭舟。夜深雨絕松堂靜，風緊雲輕欲變秋。

　　杜牧　陸龜蒙　司空圖　杜牧

一聲聲入雨眉愁，又恐芭蕉不耐秋。還似昔年殘夢裏，滿天風雨下西樓。

　　韓偓　竇鞏　溫庭筠　許渾

聽雨變詞並序

　　　　新秋對雨，客感紛如，復拈高常侍「多雨殊未已」句，集為變
　　詞。促剌陳言，自忘尋摘，奉寄草堂諸子，兼邀都下詞人屬和之。

多雨殊未已，歌竟還復歌。請君看取百年事，少壯幾時奈老何。腸斷天涯草空
碧，碧草迷人歸不得。地上漸多枝上稀，坐見落花長歎息。落花和雨滿中庭，

直是當時夢裏聽。隨風飄向何處落，散入珠簾濕羅幬。淒淒不似向前聲，梧桐葉上偏蕭索。

　　高適　岑參　李泌　杜甫　戴叔倫　溫庭筠　張籍　劉希夷　韓偓　李冶　劉長卿　岑參　白居易　戎昱

多雨殊未已，夜半不能休。至今猶在耳，零淚緣纓流。前聲後聲不相及，此時聽者堪愁絕。三更風作切夢刀，夢斷美人沉消息。請君為我側耳聽，一任空階滴到明。的應未有諸人覺，獨是君家秋雨聲。

　　高適　白居易　錢起　韋應物　韋應物　白居易　施肩吾　李中　李白
■■■〔註45〕　元積　劉言史

多雨殊未已，滿院生秋草。辭君還憶君，見顧何不早。雲搖雨散各翻飛，天若有情天亦老。寂寂江城無所聞，垂楊不動雨紛紛。我時憔悴在書閣，停辛佇苦留待君。願作輕風暗相觸，願作流泉鎮相續。來聽蕭蕭打葉聲，何當共剪西窗燭。

　　高適　戎昱　李白　李華　宋之問　李賀　戎昱　盧綸　李商隱　李商隱　元積　李冶　韓愈　李商隱

多雨殊未已，行行見雲收。清風明月不用一錢買，請公一來開我愁。長安雨洗新秋山，荷葉荷花淨如拭。與君對此歡未歇，反思前夜風雨急。月明不能去，雨落不上天。無人為決天河水，萬里寫入胸懷間。閒花踏遍蒼苔地，還是平時舊滋味。莫教不得意人聽，從今有雨君須記。

　　高適　李白　李白　杜甫　韓愈　杜甫　李白　杜甫　錢起　李白　李賀　李白　張仲素　韓偓　白居易　韓愈

南海地韓明經_{衛勳}題其桃花春浪渡江圖冊子即送歸揚州

此心曾與木蘭舟，山水圖中入勝遊。沉醉不辭歸櫂遠，淺深紅樹見揚州。

　　賈島　劉禹錫　張蠙　李紳

岸夾桃花錦浪生，知君到處有逢迎。明朝又向江頭別，相送河橋羨此行。

　　李白　高適　白居易　李郢

雲際溶溶雪水來，州城回繞拂雲堆。誰人正得風濤便，郭裏殘潮蕩月回。

　　劉禹錫　元積　崔塗　曹松

汀州雲樹共茫茫，陂水蘆花是故鄉。若許移家相近住，綠蘿陰下到山莊。

〔註45〕溫庭筠《更漏子》：「一葉葉，一聲聲，空階滴到明。」

李益　羅鄴　白居易　劉禹錫

渡頭荒草憶前年，獨戍臨江夜泊船。嶺北歸人莫回首，五羊城在蜃樓邊。

崔櫓　劉長卿　許渾　皮日休

集杜少陵句為呂瓊州子班題秦淮遊客張寶自寫泛槎圖

張公一生江海客，神仙中人不易得。揮毫落紙如雲煙，知我憐君畫無敵。壯哉崑崙方壺圖，元氣淋漓障猶濕。氣酣日落西風來，舟子喜甚無氛埃。怪底江山起煙霧，鯨魚跋浪滄溟開。愛客滿堂盡豪翰，夙昔傳聞思一見。見之座右久更新，已令拂拭光凌亂。尤工遠勢古莫比，雲白山青萬餘里。濯足洞庭望八荒，今之畫圖毋乃是。偓佺權奇難具論，必逢佳士亦寫真。知君此計成長往，何用浮名絆此身。

訪夢篇為陳厚甫兵備鍾麟並序

　　　　道定八年春，集厚甫兵備粵秀書院，出示《溪山訪夢圖》，自記
　　云：曩寓京邸，夢至一水閣，閣中彝鼎琴書歷歷可數。老嫗飲之，
　　命垂髫者導遊。蒼松翠壁間，石樑跨澗，引之而度，地極幽曠。異
　　花仙卉，掩映池臺。林中白石牆迤邐數折，牆內瓊樓玉宇，上倚雲
　　霄，顏曰天香深處。方欲叩扃，垂髫止之，曰：「此非君所得入也。」
　　醒而記之，補圖索以詠。

陳遵投轄正留賓，喜奉清光笑語頻。本意由來是山水，已知仙客意相親。因思往事成惆悵，故獨寫真傳世人。世人那得知其故，秋月春花等閒度。雲峰苔壁繞溪斜，惟有幽人自來去。昨夜閒潭夢落花，綠波蕩漾玉為砂。遙看一處攢雲樹，疑是層城阿母家。桃花亂落如紅雨，此時花下逢仙侶。一飲瓊漿百感生，垂露娃鬟更傳語。長松亭亭滿四山，花深橋轉水潺潺。上界真人足官府，君但能來相往還。長鬚如雲衣似霧，雙節飄颻下仙步。時時仙蝶隔雲來，指點虛無是征路。借問吹簫向紫煙，天香未散經行處。好雲無處不遮樓，山火圖中人勝遊。覺後始知身是夢，依依殘月下簾鉤。聞道神仙不可接，自是君身有仙骨。豁達常推海內賢，早持畫省郎官筆。三十年前此院遊，青袍白簡風流極。謫居猶得住蓬萊，天衣拂盡蒼苔色。仙路迷人應有術，綠暗紅藏人不識。覺時枕席非碧山，此情可待成追憶。臥枕芸香春夜闌，回頭笑梧西窻客。只應圖畫最相宜，殷勤勸向君邊覓。

　　　駱賓王　　劉禹錫　　王季友　　杜甫　　卓英英　　杜甫　　杜甫　　白居易　　沈佺
期　孟浩然　　張若虛　　劉希夷　　王維　　■■■〔註46〕　　李賀　　秦韜玉　　裴航
李賀　元稹　　溫庭筠　　韓愈　　王維　　劉禹錫　　韋應物　　錢起　　杜甫　　盧照鄰
劉長卿　羅隱　　劉禹錫　　徐凝　　王昌齡　　張說　　杜甫　　高適　　王維　　王播
李商隱　元稹　　盧綸　　李涉　　韋莊　　李白　　李商隱　　李商隱　　溫庭筠　　杜牧
韋莊

煙花幻劫圖

花月香寒悄夜塵，醉煙輕罩一團春。相思莫救燒心火，貪作馨香忘卻身。
　　　張泌　李山甫　釋齊己　羅隱
飄颻身似在寥天，零落殘魂倍黯然。見說平時燈影裏，美人長抱在胸前。
　　　白居易　柳宗元　元稹　裴誠
生魄隨君君豈知，舊游回首漫勞思。多情更有分明處，一點窗燈欲滅時。
　　　韓偓　■■■〔註47〕　鄭谷　■■■〔註48〕
撩亂芳情最是君，霏紅沓翠曉氤氳。返魂無驗青煙滅，氣味濃香幸見分。
　　　元稹　孟浩然　溫庭筠　杜甫
與春先作斷腸媒，覺後精神尚未回。斜拔玉釵燈影畔，爭教紅粉不成灰。
　　　皮日休　王　張祜　白居易
須把風流暗裏消，只應連夜復連朝。無身尚擬魂相就，願作輕羅若細腰。
　　　李山甫　元稹　元稹　劉希夷
風流大抵是倀倀，怪得輕風送異香。垂死病中驚坐起，盡消心火夢魂涼。
　　　韓偓　崔澹　元稹　譚用之
晚落風波委世途，滿身花影倩人扶。亦知自惜難判割，試割相思得斷無。
　　　白居易　陸龜蒙　姚合　彭亢妻張
一顧難酬覺命輕，一場春夢不分明。早知有此關身事，風月煙花豈有情。
　　　韓偓　張俌　秦韜玉　韋莊
醉時堪賞醒堪愁，寫向丹青也合羞。自是夙緣應有累，他生未卜此生休。
　　　白居易　花蕊夫人　羅隱　李商隱

〔註46〕顧況《曲龍山歌》其二：「夜宿層城阿母家。」
〔註47〕李群玉《湘陰江亭卻寄友人》。
〔註48〕白居易《禁中夜作書與元九》。

附集陶詩二首題朱君世沄讀書秋樹根圖障即送歸宿遷

檢素不獲展，久去山澤遊。藹藹堂前林，慨然知己秋。涼風起將夕，班坐依違流。枯條盈北園，嘉穟養南疇。吾駕不可回，吾行欲何求。遊好非久長，顧瞻無匹儔。不學狂馳子，悠悠迷所留。時還讀我書，忘彼千載憂。

得知千載外，歷覽千載書。此中有真味，此語真不虛。辭家夙嚴駕，直至東海隅。每每顧林園，綿綿歸思紆。既來孰不去，誰謂形跡拘。荊扉長晝閉，繞屋樹扶疏。詩書敦宿好，棲遲固多娛。願言躡輕風，挈杖還西廬。

後　記

一

　　前天（週二）下午講完古代文學史（四）的最後兩節課，本學期的教學任務就算結束了。課前打開 U 盤，無意在裏面發現了漢語言師範專業 17（10）的古代文學（四）作業，突然想到，那個班的學生去年已經畢業離校，有的成了教師，有的成了公務員，有的成了在讀研究生，有的還在今年參與了考研二戰……窗外正在趕著拍畢業照的 18 級學生，過幾天也要離開這個生活了四年的地方，很多同學從此就失掉了附著了十幾年的學生標籤。

　　畢業的當口，總忍不住會來個大學回顧，回播一遍這四年的生活，自己都經歷了哪些事兒。或許，每個大學生都一樣，都曾經對自己的大學心存不滿，想著早點畢業，想著早點離開這個該死的地方。我當年也是如此！我曾經不止一次，甚至是很多次嫌棄重慶工商大學，我想逃離。然而 2009 年那個盛夏六月，我陸續送走宿舍的五個室友，回到空蕩的南區六棟，一個人面對著那間一直很狹窄的房間，突然覺得異常的空曠。走在空空蕩蕩的走廊，看到一個個奔赴前程的身影，或是豪情萬丈，或是一片迷茫，我猛然發現，原來這個「該死」的地方，那破舊的宿舍樓，那逃課的教室，那糟糕的食堂，……竟這麼富有魔力，使我竟然捨不得離開。我開始羨慕校園裏的花草樹木，畢竟它們可以年復一年地在這裡生長，而我們注定只是這裡的一個匆匆過客，一屆又一屆的學生在這裡上演著一幕又一幕匆匆那年的故事。後來的湖大、華師，我遭遇了同樣的經歷。既有平日的嫌棄，又有畢業的惆悵。原來畢業是一劑良藥，宛如創可貼一般，能癒合你所有的傷口。那一刻，所有的怨言，甚至所有的仇恨，都將

伴隨畢業而煙消雲散。留給你的，只剩下難捨難分，以及離別後的魂牽夢繞。

六月是離別的季節，也是傷感的季節。因為，朝夕相處的同伴們，大家從五湖四海而來，在共同的天地裏生活了四年，但最終還是到了客車的終點站。大家開始打包收拾，大家開始在校園裏面到處轉悠，大家開始相互告別，各道珍重。臉上寫滿燦爛的微笑，裝作若無其事，告訴大家都要好好的，一起合影留念。然而回到宿舍，卻抑制不住內心的情感，終於彼此抱頭痛哭。然而，時間從來都不憐憫人。那一夜注定是無眠的！一晚上的輾轉反側，腦中掠過無數的曾經美好的回憶，心中編織了無數的言語，甚至還構想著未來某天的重逢，就在這一幀幀的預設裏，時間並沒有停下腳步，還是迎來了東方的一片白光。推開門，扛著大包小包，就這麼相互再見了。本來準備了很多話，但一句輕輕的「再見」便取代了所有，彼此要說的千言萬語終於沒有說出口。於是各自轉身，默默流淚。「各自奔前程的身影，匆匆漸行漸遠。」（《老男孩》歌詞）這是六月的主旋律。我們總憧憬電影《九品芝麻官》中的經典道別——「我們幾時再見呀？」「明年春暖花開日，就是我們再會之時。」然而，現實並沒有那麼美好。那一揮手，那一轉身，可能就是永遠……

《九品芝麻官》是 1994 年上影的，那時的星爺才 32 歲。追星爺的電影追到今天，達叔已經出世一年多了，星爺也已年過六旬，白髮蒼蒼。唉！電腦裏保存了一首歌——《明天，你好》，循環播放的模式，時不時就輪到了它，寫在這裡是很應景的：

看昨天的我們走遠了
在命運廣場中央等待
那模糊的肩膀
越奔跑　越渺小
曾經並肩往前的夥伴
在舉杯祝福後都走散
只是那個夜晚
我深深的都留藏在心坎
長大以後　我只能奔跑
我多害怕　黑暗中跌倒
明天你好　含著淚微笑
越美好　越害怕得到

每一次哭

又笑著奔跑

一邊失去　一邊在尋找

明天你好　聲音多渺小

卻提醒我

勇敢是什麼

當我朝著反方向走去

在樓梯的角落　找勇氣

抖著肩膀哭泣

問自己在哪裏

曾經並肩往前的夥伴

沉默著懂得我的委屈

時間它總說謊

我從不曾失去那些肩膀

2005 年 9 月到重工商上大學，我不喜歡那學校，不喜歡那城市。曾經以調侃的語氣寫了一篇《搞不懂的重慶公交車》，投給了《經濟》雜誌。時隔多年之後，我在知網看到了這篇文章，刊發於 2006 年 12 月，這應該是我第一篇上知網的文章。我當時對重慶該是不喜歡到了什麼地步！然而，一轉眼，離開重工商 13 年了，我都沒有機會回去一次。多少回，我忍不住想起曾經攀爬的南山，忍不住想起小麵，想起酸蘿蔔老鴨湯，還有南區的那一幫兄弟們……可是，「我們幾時再見呀？」我並不知道答案。離開湖大 10 年了，離開華師已快滿 6 年。曾經那個懵懵懂懂的少年，也已快到了奔四的年紀。

二

5 月 20 日，湖南衛視《乘風破浪的姐姐 3》開播，30 名姐姐中，我只認識王心凌、黃奕，聽說過許茹芸、twins（蔡卓妍、鍾欣桐）、譚維維，──高中開始就經常聽她們的歌。還有郭采潔、張天愛、吳謹言。其他的聽都沒聽過包括那個人氣超高的鄭秀妍。

讀高中時，臺灣歌壇有「四大教主」之稱（流行教主蔡依林、電眼教主張韶涵、甜心教主王心凌、可愛教主楊丞琳），非常火熱。王心凌長相清甜，曲風輕快，當年買了好多她的磁帶。諸如《第一次愛的人》、《睫毛彎彎》等，幾

乎每天都聽。然而她由於遭遇情感風波，已經好長時間沒有出現在舞臺上，沉寂了很久。這一下就火了。（專業說法叫懷舊經濟。）唉，80後已經老了，王心凌還那麼年輕。

《浪3》的舞臺上，39歲的王心凌綁著高馬尾，一身學院風的打扮，依舊甜美可愛，少女感十足。一首18年前的《愛你》，活力四射，帶動全場。抖音上說，前奏一出，大批的80、90後宅男大呼「爺青回」。刷了下抖音，很多中年「王心凌男孩」都伴隨著節奏，紛紛起舞。

於是，王心凌又火了！

於是很多人感慨：「18年過去了，我們都長大了，而她還是記憶中的模樣。」我也是其中很多人中的一個。「王心凌男孩」基本是80後、90後。最大的80後已經42歲了，最小90後也已經23歲了，歲月催人老，這是無可奈何的現實。

今天，抖音直男財經有一期關於王心凌的視頻，從內地和港臺經濟變化的角度，解讀了王心凌爆火的原因，並指出：「年輕人們只會記住由內娛資本打造出來的，不再帶著天然港臺腔的什麼大冪冪啊，王甜甜啊，四字弟弟啊，或是迪巴and娜札。所以啊，那些初聽王心凌還是高三，現在卻已經『三高』；曾經還是斜劉海，再聽已是地中海的中年男人們，到底為什麼會邊愛你邊投票，屏幕面前癡漢笑呢，其實，他們不過是在緬懷再也回不去的18歲和已經一去不復返的港台風時代。」這也許是80後、90後的情懷。

三

還是回到這本書吧。還是那個17（10）班。2019年春學期給他們講古代文學史（四），其實講得很粗糙，——當然，現在依然還很粗糙。不過，問題的癥結不在我。畢竟，在浩瀚的古代文學史面前，我實在太過渺小，其他人大多數人也一樣。時間有限，精力有限，加之又不能像學生時代那樣安靜地、專心致志地看書，面對浩渺的作家作品，我讀的、懂的也就那麼一點兒。所以課堂講授，只能挑些相對熟悉的來談談。那一次上課，突然扯到了陽湖學派。說到四個代表人物，惲敬、張惠言的集子已經整理出版了，李兆洛的集子聽說南京大學有人在做，只剩下陸繼輅的集子還無人問津。我當時就提了一句：「如果明年還沒有人整理陸繼輅的集子的話，我就來整理。」時間很快過了一年，然而還是沒有聽到有關消息，於是便開始了這項工作，而且進度很快，在當年

就基本完成了。2020 年是很拼的一年，做了不少事！所以，這本書和《詩經世本古義》一樣，都是課堂上誇的海口。好在都付諸實踐了，而非流於吹噓。

　　有一點遺憾的是，原來的計劃，是在完成《陸繼輅集》之後，然後完成陸耀遹集，包括《雙白燕堂文集》二卷、《雙白燕堂外集》八卷、《雙白燕堂詩集》八卷、《集唐詩》二卷，作為附錄。但後來發現體量太大，不太適合作附錄，於是僅選取了篇幅不大的《集唐詩》二卷加以整理。他日如果有機緣，或可再單獨整理陸耀遹集。

　　五月又這麼溜走了，雖然每天也沒閒著，然而該做的事似乎一點也沒少，還是繼續努力吧！

2022 年 5 月 26 日下午 2：00～3：40 草就

麻城陳開林於翡翠國際